그거 사전

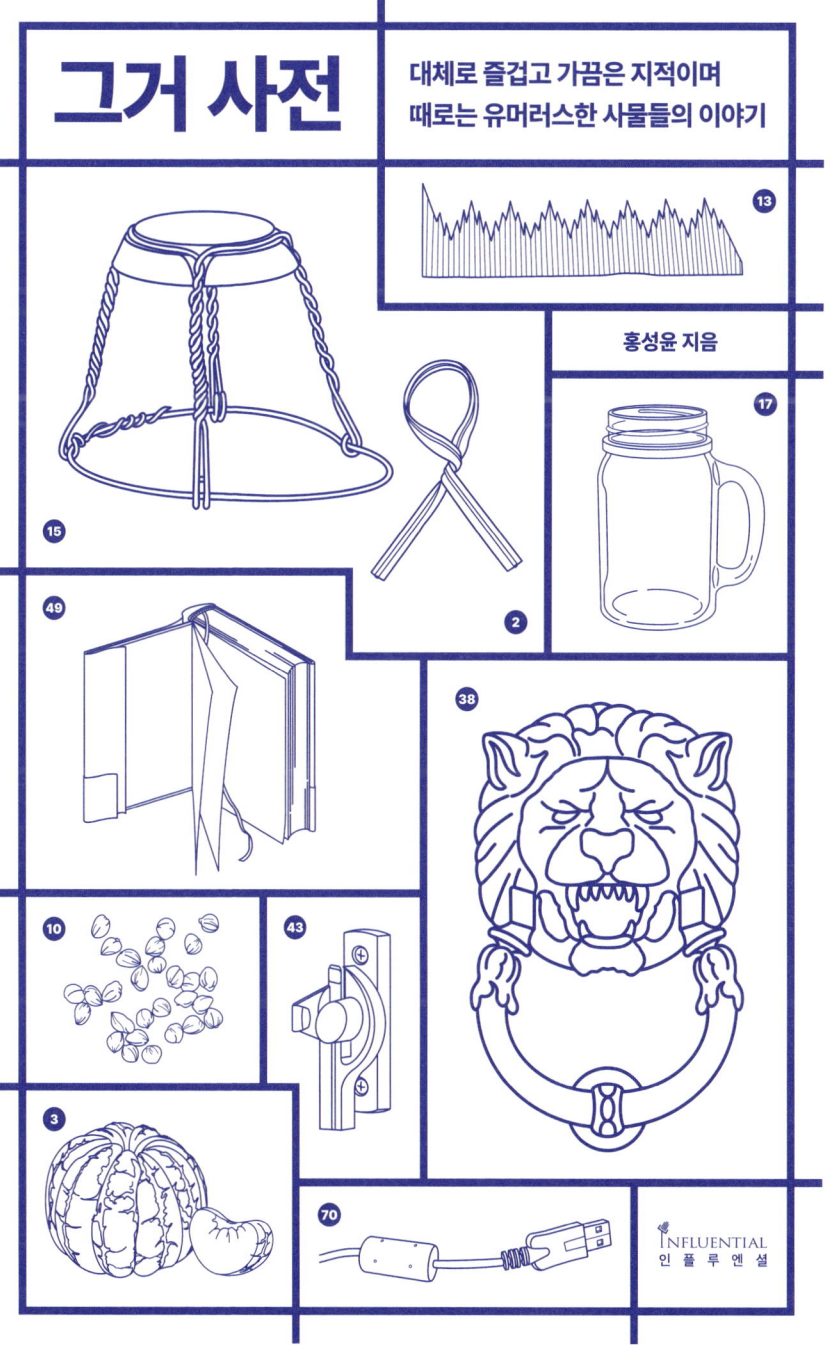

프롤로그

"그거 있잖아, 그거."

일상에서 흔히 접하는 물건이지만 이름은 모른다. 그래서 '그거'나 '이거'로 부르며 답답해한다. 대부분의 경우 '그거'는 몰라도 상관없고 알아도 딱히 내세울 곳 없는, 보잘것없는 물건일 뿐이다. 하지만 모든 사물에는 이름과 의미와 쓸모가 있다. 흔하고 대단찮더라도 이름을 알면 달리 보인다.

이 책의 시작은 샴푸 용기의 펌프가 눌리지 않도록 고정해두는 플라스틱 부품 '그거'였다. 위에서 보면 C자형으로 생긴 이 부품은 펌프를 누를 때 함께 움직이는 지지대를 감싸 펌프가 임의로 눌리지 않게 한다. 샴푸 등 펌핑 용기의 펌프 부분이 유통 과정에서 멋대로 눌려 내용물이 새는 사태를 방지하기 위해 사용되는 몇 가지 방법 중 하나다. 다른 방법으로는 뚜껑에 오버캡overcap을 씌워 펌프 전체를 감싸거나 펌프 머리 부분 하단에 나사선을 배치해 누른 상태에서 시계 방향으로 돌리면 눌린 상태로 고정되는 방식이 있다. 모두 제품 사용 전에 펌프를 임시로 고정할 목적으로 사용되는 부품인지라 보통은 빼자마자 버려진다.

원래 가장 쓸데없는 생각은 화장실에서 나오기 마련 아닌가. 새 샴푸 용기에서 빼낸 그거를 들고 있으려니 문득 궁금해졌다. 제조

프롤로그

사에서 이 부품을 사용할 때 공식적으로 쓰는 명칭이 있지 않을까. 적어도 '그거'라고 불리지는 않을 테니 말이다. 한번 의문을 갖기 시작하자 일상 속 수많은 그거가 눈에 띄기 시작했다. 비단 나뿐만이 아니었다. 인터넷 커뮤니티에도 잊을 만하면 '그거 뭐라고 부르죠?'라는 제목의 게시물이 올라오곤 했다.

이런 이유로, 그거의 이름을 수집하기 시작했다. 제조사에 전화하고, 사전을 뒤지고, 100년도 더 된 특허 서류를 파헤치기도 했다. 근거 없는 헛소문이나 과장된 일화가 정설로 굳어져 교양서적이나 언론 기사를 통해 수차례 소개된 것을 보고 실소하기도 여러 번이었다.

적절한 우리말 어휘가 없는 경우도 적지 않았다. 막힌 변기를 뚫는 도구인 '뚫어뻥'은 아직 표준어가 없다. 얼마 전까지만 해도 화장실마다 비치되어 있을 만큼 흔한 물건임에도 무명無名의 설움을 겪고 있는 것이다. 국립국어원이 분기마다 새로운 어휘를 등재하고 있지만 그 수가 턱없이 부족하고, 이미 상용화된 단어일지라도 등재하지 않은 경우가 많은 탓이다. 새로운 개념과 사물 들이 쏟아져 나오는 요즘엔 표제어 부족 현상이 더욱 두드러진다. 사전 편찬이 지난한 작업임을 감안해도 아쉬운 일이다.

사전에 등재되지 않아 낯선 영단어를 그대로 쓰는 경우도 많았다. '곤포 사일리지梱包 Silage'처럼 여러 국적의 단어가 뒤섞인 기묘한 조어도 있었다. 국립국어원이 우리말 다듬기 사업으로 낯선 외래어와 외국어를 우리말로 바꾸고 있지만 한계가 있다. 누리터쪽그림(웹툰), 어른왕자(키덜트), 늘찬배달(퀵서비스) 등 억지로 끼워 맞추는 통에 공감을 얻지 못하고 사용되지 않는 경우가 많은 탓이다.

사물의 이름은 많은 의미를 담고 있다. 아무리 하찮은 물건이라도 당대를 풍미한 문화적 코드와 간절한 필요에 따라 야심찬 발명으로 꽤나 떠들썩하게 태어난다. 이름은 그 모든 흔적의 장부다. 이 책으로 독자들이 그 흔적을 조금이나마 따라가볼 수 있다면 더 바랄 것이 없겠다.

참, 그냥 지나갈 뻔했다. 샴푸 용기의 C자형 플라스틱 고리 그거의 이름은 '클립 록clip lock'이다. 국내 생활용품 업계에서는 '스토퍼stopper'라고 부른다.

이 책을 완성하기까지 감사한 분이 많다. 우선 성기고 거친 아이디어에 불과했던 짧은 글에서 가능성을 먼저 발견하고 용기를 북돋워주신 강무성 동문 선배님께 감사하다는 인사를 전하고 싶다.

프롤로그

스티븐 킹Stephen King은 《유혹하는 글쓰기》 서문에서 다음과 같이 밝힌 바 있다. "편집자는 언제나 옳다. 글쓰기는 인간의 일이고 편집은 신의 일이다." 전적으로 동의한다. 이리저리 튀어나오고 덜컹거리기 바쁜 이 책이 막힘없이 잘 읽힌다면, 그건 순전히 인플루엔셜 편집팀의 신묘한 솜씨 덕분이다.

내가 가진 성정性情과 재주 중에 쓸 만한 부분이 있다면, 그건 모두 아버지 홍기상 님과 어머니 안미희 님께서 주신 것들이다. 자식의 실없는 호기심도, 뭐든 파고드는 자못 피곤한 성격도 무한한 믿음으로 긍정해주신 덕에 지금의 내가 될 수 있었다. 나 역시 두 분 같은 부모가 될 수 있길 바랄 뿐이다.

존경하는 아내 김효정의 응원과 조언, 그리고 배려가 있었기에 이 책이 세상에 나올 수 있었다. 글쓰기를 업으로 하는 그녀의 문장과 사유는 항상 나를 추동하는 힘이었다. 가장 고마웠고, 지금도 고맙고, 앞으로도 고마울 예정이다.

마지막으로 사랑하는 '츄이와 요다' 세영·세정에게 이 책을 바친다.

2024년 9월

홍성윤

차례

프롤로그 4

먹다
음식에 관련된 사물들의 이야기

1	피자 한가운데에 꽂혀 있는 삼발이 그거	16
2	빵 봉지를 묶는 데 쓰는 그거	19
3	귤 알맹이에 붙은 하얀 실 같은 그거	23
4	과일이 손상되지 않도록 감싸는 그거	26
5	양꼬치 먹을 때 찍어 먹는 가루 그거	29
6	카레를 담는 램프 모양의 그거	32
7	돈가스가 고이 쉬는 그물망 그거	42
8	중식당 원형 식탁에 설치된 돌아가는 그거	47
9	중국집 단무지 옆에 놓인 그거	52
10	연어 요리에 곁들여 먹는 완두콩 같은 그거	55
11	생선회 밑에 깔린 젤리 같은 그거	58
12	배달 음식 용기의 포장을 뜯는 일회용 칼 그거	61
13	포장한 초밥 사이에 초록색 그거	69
14	제사상에 오르는 알록달록한 사탕 그거	73

마시다
마실 것을 둘러싼 사물들의 이야기

- 15 샴페인 코르크 마개를 고정하는 철사 그거 78
- 16 와인병 바닥에 움푹 팬 부분 그거 82
- 17 유리병인데 음료 잔으로 쓰는 그거 88
- 18 테이크아웃 컵에 씌우는 그거 92
- 19 카페에서 빨대와 헷갈리는 그거 96
- 20 열지 않고 마실 수 있는 테이크아웃 컵 뚜껑 그거 100
- 21 테이크아웃 컵 뚜껑의 구멍을 막는 그거 104
- 22 소주 병뚜껑에 꼬리처럼 달린 그거 107
- 23 영화 속 술꾼들이 애용하는 납작한 술병 그거 111

걸치다
몸에 걸치고 다니는 사물들의 이야기

- 24 가방끈 길이 조절하는 네모난 그거 118
- 25 배낭 가운데 돼지코 모양의 패치 그거 121
- 26 새 옷에 가격표를 달 때 사용하는 그거 127
- 27 청바지 주머니 속 주머니 그거 131

28	신발 끈의 올 풀림을 방지하는 그거	134
29	양말 두 짝을 하나로 묶는 금속 집게 그거	137
30	운동화 뒤축에 달린 고리 그거	140
31	결혼식에서 신부 부케 말고 신랑 가슴팍에 꽃 장식 그거	143
32	남성 속옷의 앞쪽에 난 구멍 그거	147
33	무슬림 여성들이 얼굴에 두르는 그거	150
34	군번줄로 쓰는 구슬 꿴 줄 그거	156
35	군인들 가슴에 주렁주렁 달린 그거	158
36	졸업 가운 위에 걸치는 길다란 그거	160
37	미대생들이 들고 다니는 바주카 같은 그거	162

살다
집집마다 있는 사물들의 이야기

38	영화 속 대저택 현관문에 달린 문고리 그거	166
39	아파트 현관문의 밖을 내다보는 구멍 그거	169
40	문이 자동으로 닫히는 것을 방지하는 그거	173
41	주방에 식탁도 싱크대도 아닌 그거	179
42	아파트에 딸린 실외 공간 그거	187
43	창문에 달린 180도 회전하는 잠금장치 그거	193

44	두루마리 화장지 다 쓰면 나오는 종이 심 그거	**198**
45	막힌 변기를 뚫을 때 쓰는 그거	**203**
46	택배 상자 속 물건들을 보호하는 뽁뽁이 그거	**207**
47	손톱깎이 세트에 들어 있는 손톱깎이 말고 그거	**210**
48	손톱 뿌리에 있는 반달 모양의 하얀 그거	**216**

쓰다
생활을 편리하게 만드는 사물들의 이야기

49	어디까지 읽었는지 표시해두는 책장 사이의 끈 그거	**220**
50	결혼식에서 뿌리는 반짝반짝 종잇조각 그거	**223**
51	동전 지갑을 여미는 구슬 모양 잠금쇠 그거	**229**
52	슉슉 눌러 등유를 빨아올리는 수동 펌프 그거	**231**
53	마트 계산대에서 앞사람 물건과 구분해주는 막대 그거	**235**
54	전자제품이나 문구의 뜯기 어려운 포장 그거	**240**
55	아기 둘러업을 때 쓰는 그거	**245**
56	시력검사표에 있는 고리 모양의 그거	**248**
57	세로로 읽고 거꾸로 읽고 말장난하는 그거	**253**

거닐다
걷다 보면 보이는 사물들의 이야기

58	전봇대 전깃줄 끝 회오리 감자 모양의 그거	262
59	차도와 인도 경계에 세워둔 말뚝 그거	269
60	진입 금지를 알리는 고깔 모양의 그거	275
61	자동차 문 손잡이 아래 파란색 스펀지 그거	278
62	고급 승용차 후드를 장식하는 그거	282
63	겨울철 가로수를 감싸는 볏짚 외투 그거	287
64	공원마다 보이는 덩굴터널 그거	291
65	추수 후 논밭에 동그랗게 말아놓은 커다란 마시멜로 그거	294
66	신장개업 가게 앞에서 춤추는 풍선 그거	298
67	바닷가 방파제 옆에 쌓여 있는 구조물 그거	304
68	서부영화에서 바람 따라 굴러다니는 풀 그거	311

일하다
직장에서 만나는 사물들의 이야기

69	연필과 꼭지 지우개 사이 이음쇠 그거	320
70	노트북 전원 케이블에 달린 원통 같은 그거	324
71	키보드 자판에 숫자, 문자 말고 그거	327
72	글자 대신 이상한 그림 나오는 폰트 그거	334
73	서류 뭉치를 철하는 형형색색 집게 그거	337
74	직장인들이 목에 걸고 다니는 그거	341
75	비상 상황에 누르는 빨간 버튼과 덮개 그거	346
76	이메일 제목 앞에 붙는 영문 약어 그거	350

참고 문헌 354
그림 출처 355
인덱스(가나다순) 356

일러두기
본문에 나오는 외래어는 국립국어원의 외래어표기법을 따르되, 일부는 통용되는 표기를 따랐다.

먹다

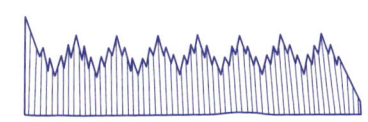

음식에 관련된
사물들의 이야기

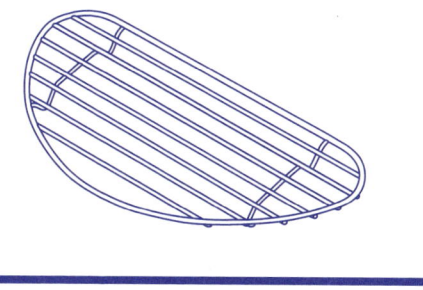

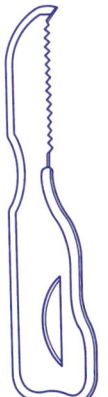

피자 한가운데에 꽂혀 있는 삼발이 '그거'

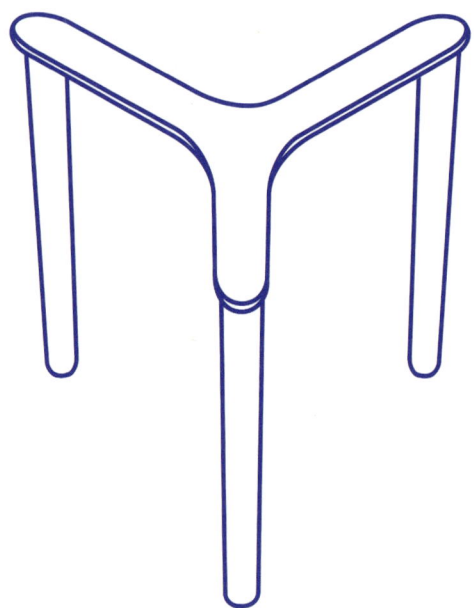

1. **피자 세이버**pizza saver
   피자 테이블pizza table
2. 피자 삼발이

피자 세이버의 가격은 1,000개에 9달러 내외다.

> **피자 세이버다. 피자를 배달시켜본 사람이라면 모를 수 없다. 피자 중앙에 다소곳이 꽂혀 있는 플라스틱 삼발이다. 무심코 버리는 물건이지만, 이름만큼은 굉장하다. 삼발이 탁자 같은 생김새 때문에 '피자 테이블'로 불리기도 한다. 피자 스택, 피자 오토만, 피자 니플 등 별칭도 있지만, 널리 쓰이는 편은 아니다.**

이름처럼 피자를 구원하는 그거

피자 세이버가 없었다면 피자의 열기와 습기로 인해 포장 상자가 우그러지면서 피자 표면과 맞닿을 것이다. 피자 상자를 열 때마다 우리는 토핑으로 골판지가 올라가 있을까 봐 두려움에 떨었을지도 모른다. 피자 세이버는 이름처럼 피자를 구원하는 존재인 셈이다.

피자 세이버의 시초는 1983년 미국 뉴욕에 사는 카멜라 비탈레Carmela Vitale가 발명하고 특허 출원을 낸 '포장 세이버package saver'다. 비탈레는 피자를 배달시킬 때마다 피자의 열기로 약해지는 피자 상자 문제를 직접 해결하기로 마음먹었다. 주부이자 시의회에서 활동한 바 있는 그녀는 전문 발명가가 아니었지만, 간결하면서도 저렴하고 무엇보다 기능적인 발명품을 만들어냈다. 2021년 기준, 전 세계 피자 시장의 규모는 1972억 4000만 달러(약 256조 원)에 달하며 미국 내에서만 해마다 30억 판의 피자가 판매된다. 수백조 원 규모에 달하는 거대한 시장이 한 사람의 덕을 톡톡히 보고 있는 셈이다.

안타깝지만 그녀는 피자 세이버로 돈방석에 앉지 못했다. 매년 납부해야 하는 특허료를 내지 않아 출원 10년 뒤인 1993년 특허권이 소멸했기 때문이다. 한편 포장 세이버가 등장하기 10년 전인 1974년, 아르헨티나에서는 이미 피자 세이버의 전신 격인 SEPI(스페인어 피자 분리기Separador de pizza에서 따온 이름)가 발명된 적이 있다. 이 특허 역시 갱신되지 않았고, 널리 알려지지 않아 최초 타이틀을 비탈레에 뺏기게 됐다.

아르헨티나 입장에서는 축구의 신 리오넬 메시와 함께 피자 세이버를 최대 수출 품목으로 올릴 기회를 놓쳐버린 셈이다. 이런 아디오스Adios!

2
빵 봉지를 묶는 데 쓰는 '그거'

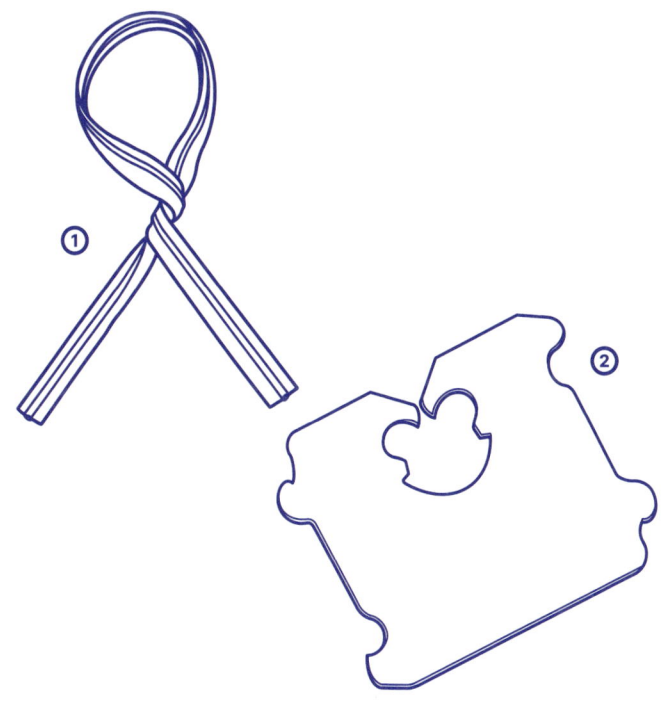

명사

1. **트위스트 타이**twist tie,
   빵 끈, 컬러 타이
2. **브레드 클립**bread clip,
   브레드 태그bread tag, 브레드 타이bread tie

예문

싱크대 서랍 속에 있는
트위스트 타이 좀 줄래?

철사 끈은 트위스트 타이, 비닐을 끼워 밀봉하는 C자형 플라스틱은 브레드 클립이다. 트위스트 타이는 트위스트 와이어 twist wire라고도 한다. 우리나라에서는 빵 끈, 전선 끈 등 용도에 따라 다른 이름으로 부른다. 브레드 클립 역시 브레드 태그, 브레드 타이 등 다른 명칭이 있다.

간단하게 빵 봉지를 밀봉할 수 있는 그거

트위스트 타이는 양 끝을 꼬아서 고정하기 때문에 이러한 이름이 붙었다. 빵 봉지뿐만 아니라 전선, 꽃다발 등 다양한 물건을 정리하고 한데 묶는 용도로 쓰인다. 얇은 철사를 종이나 플라스틱 필름이 감싸고 있어 끝을 비틀어 묶으면 풀리지 않는다. 철사만 사용할 때보다 결속력이 높으면서도 쉽게 묶이고 풀려 널리 쓰인다.

트위스트 타이가 최초로 제품화된 것은 1939년 미국 캘리포니아 소재 티앤드티인더스트리T And T Industries, Inc.가 내놓은 트위스트-EMS다. 이 제품은 '오리지널 트위스트 타이'라는 광고 문구를 제품 전면에 내세웠는데, 초기의 목적은 식물의 줄기 등을 묶는 원예용이었다. 티앤드티인더스트리는 현재 사명을 트위스트-EMStwist-ems로 바꿨다.

한편 미국의 《로스앤젤레스타임스》를 비롯한 지역 언론에서는 2013년 5월 기사에서 트위스트 타이를 발명한 찰스 E. 버퍼드Charls E. Burford의 부고를 알렸다. 이쯤 되면 트위스트 타이 발명가가 대체 몇 명인가 싶지만, 엄밀히 말하자면 버퍼드는 제외된다. 그의 업적은 제빵 공정에 트위스트 타이 포장 기계를 최초로 도입한 것이다. 그 덕분에 정원과 밭에서 쓰이던 트위스트 타이가 식탁 위로 올라올 수 있었다.

오클라호마에서 태어난 버퍼드는 고등학교를 졸업하고 농장에서 일을 시작했다. 하지만 그는 타고난 발명가였고 제빵 분야에서 재능을 발휘했다. 1961년 버퍼드Burford Corp.를 설립한 그는 농장일에 쓰이던 포장 끈 매듭 기술을 응용해 빵 포장 기계를 만들었다. 햄버거 번에 깨를 골고루 뿌려주는 기계도 그의 발명품이다. 그는 이러한 공로를 인정받아 2010년 미국베이킹협회 명예의 전당에 올랐다.

브레드 클립은 빵 봉지를 빠르고 간편하게, 그리고 무엇보다 저렴하게 밀봉하는 용도로 쓰인다. 최초의 브레드 클립은 미국의 발명가이자 사업가인 플로이드 G. 팩스턴Floyd G. Paxton이 발명했다. 1952년 출장에서 돌아오던 그가 비행기에서 먹다 남은 땅콩 봉지를 묶기 위해 자신의 신용카드를 클립 모양으로 잘라 봉지를 끼운 것이 시초였다.

이후 비닐봉지가 상용화되자 대박 사업의 기회를 포착한 그는 퀵록Kwik Lok Corp.이란 회사를 세우고 백 클로저bag closure라고 이름 붙인 브레드 클립을 대량생산한다. 당시 퀵록에서 생산한 브레드 클립은 빵이 아닌 사과 봉지에 쓰였다. 현재 퀵록은 팩스턴의 손녀가 경영권을 이어받아 6개 국가에 제조 공장을 두고 100여 개국에 브레드 클립을 수출한다.

귤 알맹이에 붙은
하얀 실 같은 '그거'

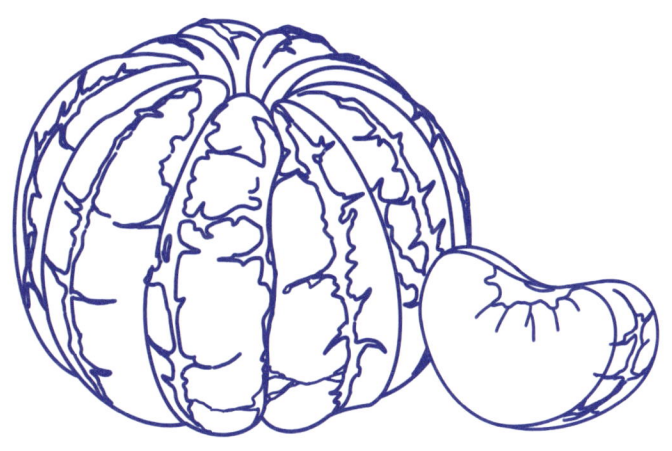

명사

1. **귤락**橘絡
2. 피스pith, 알베도albedo

예문

몸에 좋은 귤락을 왜 다 떼고 먹니?

귤락이다. 영어권에서는 피스 혹은 알베도라고 한다. 귤의 과육과 껍질 사이에 붙어 있는 하얀 실 같은 섬유질 부분을 일컫는다.

알고 보면 건강에 좋은 그거

식감을 위해 귤락을 제거하고 먹는 사람이 많지만, 과육과 함께 먹는 것이 건강에 좋다고 한다. 귤락에는 헤스페리딘hesperidin이라는 성분이 풍부해서 혈관의 탄력과 밀도를 유지해주고 모세혈관 벽을 튼튼하게 한다. 비타민C, 식이섬유도 많아 혈중 콜레스테롤 농도를 낮춰준다. 고혈압이나 당뇨 환자, 혈관이 약한 고령자에겐 귤락을 떼지 않고 먹으라고 알려주자.

귤락이라는 이름은 한의학에서 따왔다. 한의학에서는 기혈이 인체의 경맥經脈에서 갈라져 나와 전신으로 오가는 통로를 낙맥絡脈이라고 하는데, 귤락이 과육에 실처럼 퍼진 모습이 이를 연상해 귤락이라는 이름이 붙었다. 여담으로 경맥과 낙맥을 합쳐 경락이라고 한다.

열매의 겉껍질과 속껍질 사이에 있는 중과피中果皮, mesocarp는 열매의 종류에 따라 과육이 되기도 한다. 복숭아나 살구가 그렇다.

감귤류 열매의 중과피는 껍질 안쪽 하얀 부분, 즉 귤락이다. 귤락의 영문명인 알베도는 주로 물체가 빛을 반사하는 정도를 나타내는 용어로 쓰이지만, 감귤류에서는 이와 무관하게 '백색'을 뜻하는 라틴어 albēdō에서 유래된 것으로 본다. 우리나라에서 귤락의 영문명은 언론 기사나 건강 정보 등을 통해 알베도라는 용어로 알려졌지만, 영어권에서는 '피스'라는 단어가 더 일반적이다.

피스라는 단어에는 '골자', '핵심'이란 뜻도 있다. 식감과 맛을 해치는 불필요한 부분이라고 여겨 떼 버리는 귤락에 귤의 영양소가 꽤 많이 포함돼 있다는 점을 떠올려보자. 우리가 문제의 핵심을 놓치는 것과 귤락을 버리는 것은 크게 다르지 않다.

과일이 손상되지 않도록 감싸는 '그거'

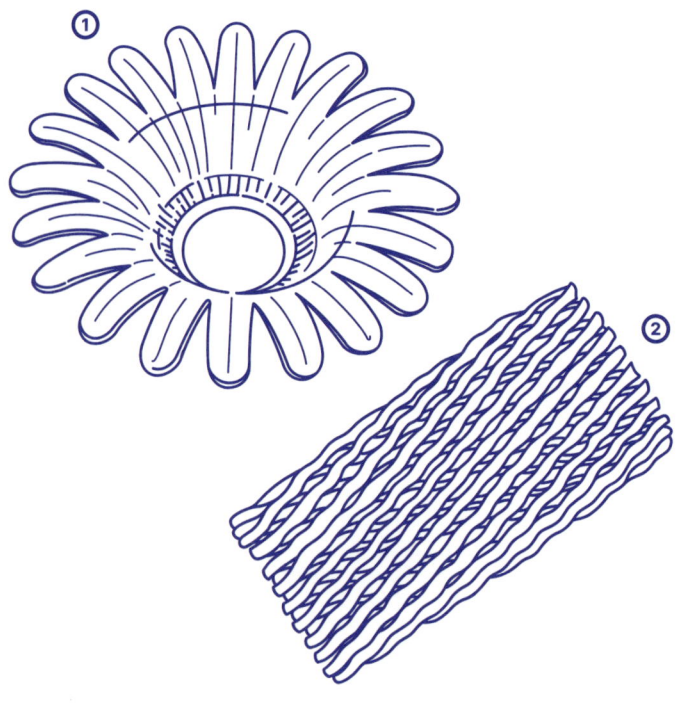

명사

1. (꽃 모양의 경우) **팬캡**pancap
2. (그물 모양의 경우) **과일망**

예문

배를 감싸고 있던 팬캡을 고양이 머리에 씌웠더니 프랑스 국왕처럼 보였다.

팬캡, 과일망이다. 폴리에틸렌으로 만든 완충 포장재의 일종으로, 외부 충격으로부터 과일을 보호한다. 과일 일부 혹은 전체를 보호하는 그물 모양 포장재는 과일망(그물망)이라고 하고, 과일 밑부분을 감싸는 형태의 꽃받침 모양 포장재는 팬캡이라고 부른다.

재활용할 때 고민되는 그거

팬캡이나 과일망 외에 종이 혹은 플라스틱 판에 과일이 흔들리지 않도록 여러 개의 반구 모양으로 틀을 잡은 '그거'는 난좌다. 바닥 완충재, 트레이라고도 한다. 종이나 플라스틱 따위로 만든 달걀판을 뜻하는 난좌卵座와 혼용된다. 난좌는 원래 어미가 알을 낳거나 품는 자리를 의미한다. 과일 난좌가 달걀판을 연상시켜 같은 이름을 쓰는 것으로 짐작된다.

과일 포장재는 재활용 난도를 확 끌어올리는 '킬러 문항' 쓰레기다. 팬캡과 과일망은 촉감부터 물성까지 스티로폼(발포 폴리스티렌) 같지만 실은 발포 폴리에틸렌으로, 다른 재질이다. 환경부 자원순환정책과와 한국폐기물협회에서는 재활용 가치가 낮고 수거가 어려운 팬캡과 과일망은 종량제 봉투에 담아 배출하는 걸 권장한다. 반면 난좌는 스티로폼이다. 발포 공정은 빠졌지만 재질은 스티로폼과 같은 폴리스티렌 페이퍼이기 때문이다. 단, 무늬가 있다면 재활용이 어렵기 때문에 일반 쓰레기로 버려야 한다. 까다롭기 짝이 없다.

요즘에는 과일 포장재들이 과실의 안전이라는 본래의 목적보다 고급 포장재로서 기능하면서, 과대 포장으로 생산·유통 비용 및 판매가의 상승을 부추기고 있다는 지적도 나온다. 사단법인 한국배연합회가 2010년께 내놓은 자료에 따르면 포장재 비용이 판매가의 최대 30퍼센트까지 차지하는 사례도 있었다. 이쯤 되면 '배보다 배꼽'이 아니라 '배보다 팬캡'이라고 말할 정도다.

상황이 이렇다 보니 정부도 팔을 걷어붙였다. 2023년 국립농산물품질관리원은 포장재 낭비를 줄이고 친환경 소재 사용을 유도하는 내용이 담긴 농산물 표준규격 개선 작업에 착수했다. 1992년 고시 이후 전면 개정은 30여 년만이다. 이르면 2024년 10월부터 시행될 개선안에는 농산물 품목별 포장재와 등급 규격, 품목별 포장공간 비율 기준, 팬캡·그물망 규정 등이 담긴다. 이 포장 규격을 지키지 않는 제품은 판매가 불가능하다.

환경부 역시 같은 해 친환경·자원 절약에 방점을 둔 농산물 포장 가이드라인을 내놨다. 팬캡·그물망·난좌의 과도한 사용을 지양하고, 꼭 써야 한다면 재활용을 위해 무색·백색 계통 및 종이 등 친환경 재질을 사용할 것을 권했다. 골판지 상자 역시 포장 중량에 따라 적합한 최소 강도와 재질의 제품을 사용하고 과일 외 빈 공간을 최소화하도록 제시했다.

5
양꼬치 먹을 때 찍어 먹는 가루 '그거'

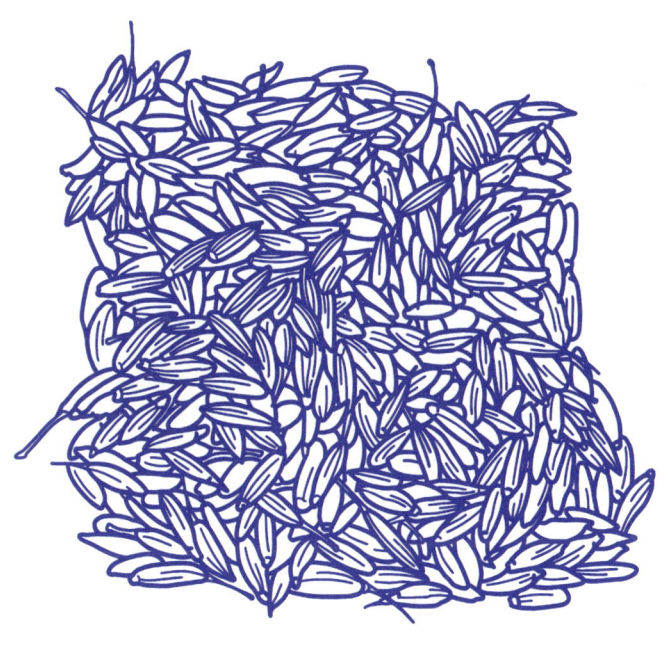

명사

1. **쯔란**孜然
2. (한국) 마근馬芹, (영국) 커민cumin

예문

양꼬치엔 칭○오가 아니라 쯔란이다.

쯔란이다. 우리말로는 마근, 영어로는 커민이라고 한다. 동명의 미나릿과 식물의 씨를 말린 향신료로, 맵고 톡 쏘는 향이 특징이다.

다양한 요리에 사용되는 향신료 그거

쯔란은 고대 그리스·로마 시대에서 중세 유럽을 거치며 오랫동안 사랑받아온 향신료다. 유럽은 물론 중동, 인도, 중국에 이르기까지 다양한 지역에서 요리에 쓰인다. 인도의 대표적인 혼합 향신료인 가람 마살라의 주재료이기도 하다. 쯔란이 많이 쓰이는 대표적인 요리로는 모로코·튀르키예의 케밥, 인도의 커리와 탄두리 치킨, 미국의 멕시코풍 요리인 칠리 콘 카르네 등이 있다. 특유의 강렬한 향으로 고기의 잡내를 효과적으로 잡아주어 양고기나 닭고기 요리에 많이 쓰인다. 소화를 촉진하고 복통을 가라앉히는 효과도 있다고 한다.

순댓국 전문점 계산대에 박하사탕이 있듯, 인도 요리 전문점 계산대에는 입가심용 씨앗이 놓여 있다. 무료라는 말에 혹해 한 움큼 집어먹었다가 캑캑거리며 뱉은 기억이 선명하다. 이것은 쯔란이 아니라 지중해 지역을 원산지로 하는 향신료인 회향茴香의 씨앗이다. 산미나리, 영어로는 펜넬fennel이라고 한다. 인도에서는 회향 씨앗을 송프sounf라고 하는데, 향신료의 나라답게 후식으로 즐겨 먹는다. 알록달록하게 설탕으로 코팅한 송프는 무크와스mukhwas라고 부른다. 일견 달콤한 디저트처럼 보이지만, 함정이다. 강한 향으로 입 냄새를 지워주는 것은 물론 소화도 촉진한다.

흔히 양꼬치 전문점에서 나오는 쯔란은 고춧가루, 볶은 깨, 고수 분말, 소금 등을 추가해 섞은 양념이다. 음식점에 따라 쯔란을 갈거나 통째로 넣기도 한다.

카레를 담는 램프 모양의 '그거'

명사

1. **소스 보트** sauce boat
2. 그레이비 보트 gravy boat

예문

소개팅 상대에게 카레가 담긴 소스 보트의 이름을 아느냐고 물었다. 망했다.

소스 보트다. 그레이비 보트라고도 한다. 소스를 담는 배 모양의 식기로, 보트라는 이름 역시 그와 연관된 것이다. 도자기, 은, 스테인리스 스틸, 유리 등 다양한 소재로 만든다. 한국에서는 주로 인도 카레 전문점에서 사용한다.

국경과 언어를 넘나들며 만들어진 카레의 동반자 그거

소스 보트는 뱃머리처럼 생긴 주둥이 부분으로 소스를 붓지만, 그러고 나면 주둥이 부분을 타고 흘러내리는 소스를 주체할 수 없는 경우가 많다. 카레처럼 점성이 높고 건더기가 많은 음식은 더더욱 그렇다. 그 때문에 소스 보트를 쓰는 카레 전문점에서는 소분용 숟가락을 따로 주기도 한다. 우비를 입고 그 위에 우산을 쓰는 격이다.

지금과 같은 형태의 소스 보트는 17세기 후반 프랑스에서 최초로 등장했다. 이후 영국으로 건너가 유명 도자기 업체의 주요 생산품으로 자리 잡았다. 본류를 따지면 유럽 태생이지만, 한국에서만큼은 카레 그릇 '그거'다. 카레와 소스 보트가 엮인 이유를 찾다 보면 카레(또는 커리)의 파란만장한 수천 년 역사와 대항해시대 신항로를 더듬어 올라가야 한다. 그리고 그 여정을 탐구한 사람이라면, 카레는 시대와 국경과 언어를 넘나드는 험난한 과정에서 길을 잃고lost in translation 말았다는 사실을 알게 된다.

태초에 '카리'가 있었다. 영단어 커리curry의 어원인 타밀어 카리 கறி는 국물, 소스를 뜻하는 단어다. 인도에서는 마살라मसाला라고 하는 혼합 향신료를 요리에 자주 사용한다. 마살라에 쓰이는 주요 향신료는 육두구, 강황, 회향, 고추, 팔각, 계피, 정향, 생강, 마늘, 레몬그라스, 고수, 고수씨, 라임, 월계수 잎, 흑후추, 백후추 등 다양하다. 인도와 남아시아에서 커리는 우리가 아는 '노란색 카레'가 아니라 각종 식재료에 마살라를 넣어 끓인 음식을 뭉뚱그려 부르는 이름이다. 즉, 향신료를 넣은 모든 요리가 바로 커리다. 커리는 인더스 문명 때부터 먹었던 것으로 추정한다.

카리가 커리가 되는 과정에 대해서는 여러 추측만 무성할 뿐이다. 17세기 한 영국인이 인도 민가에서 음식의 이름을 묻다가 착각했다는 설, 인도 고아 지역에 거점을 마련한 포르투갈인들이 현지 스튜를 카릴karil이라고 부른 데에서 유래했다는 설, 남부 인도에서 먹던 채소와 고기를 기름에 볶은 매콤한 요리 카리kari에서 비롯됐다는 설 등이 유력하지만 진실은 확인되지 않았다.

우리가 접하는 인도 커리는 영국식이다. 식민지 시기 인도에 거주하던 영국인들은 그들의 입맛에 맞게 스튜 형태로 바꾼 커리를 즐겨 먹었다. 1772년 동인도회사 소속의 워런 헤이스팅스Warren Hastings가 인도의 마살라와 쌀을 본국에 갖고 온 이래, 커리는 영국 상류층이 즐기는 음식으로 인기를 끌었다. 도자기로 만든 고급 식기 소스 보트가 커리와 만나게 된 계기다. 참고로 이 '커리 전도사'

헤이스팅스는 영국 동인도회사의 직원으로 출발해 초대 벵골 총독, 초대 인도 총독 자리에 오르는 입지전적인 인물이다. 식민지 인도 입장에서는 민중을 수탈한 악독한 인물이었지만 말이다.

 인도의 마살라는 정형화된 향신료가 아니다. 한국의 장맛처럼 집안과 사람마다 재료와 배합 비율이 다르다. 그런 자유분방함이 마살라의 매력이지만, 영국에서는 아니었다. 18세기 영국을 지배했던 규격화·표준화·대량생산의 거센 파고는 커리에도 영향을 미쳤다. 1780년대 영국 식품회사인 크로스앤드블랙웰Crosse & Blackwell, C&B이 주요 향신료를 배합한 커리 파우더를 세계 최초로 개발해 판매하면서 커리는 대중 음식으로 자리 잡는다. 특히 영국식 커리는 19세기 영국 해군의 승조원 급식으로 인기를 끌었다. 조리법이 단순한 데다 상태가 좋지 못한 식재료의 냄새와 맛을 가리는 데 제격인 탓이었다.

 치킨 티카 마살라chicken tikka masala는 영국에서 탄생한 인도 커리다. 1960년대 영국의 인도 요리 전문점에서 만들기 시작한 것으로 알려져 있다. 향신료와 요거트를 바른 닭고기를 화덕에 구워낸 치킨 티카에 토마토와 크림을 가미한 치킨 커리를 조합한 음식이다. 인도의 버터 치킨 커리와 비슷하다. 치킨 티카 마살라는 영국에서 엄청난 인기를 끌며 순식간에 대표 커리 메뉴로 등극했다.

 2001년 영국의 로빈 쿡Robin Cook 외무부 장관은 "치킨 티카 마살라야말로 진정한 영국의 국민 음식"이라고 선언했다. 그는 "(치킨 티카 마살라는) 영국에서 가장 인기가 많은 음식일 뿐만 아니라 영국이 다른 문화를 흡수해 적응한 방식을 완벽하게 보여준 사례"라고 덧붙였다. 제국주의 열강이었던 영국이, 자신이 침탈한 식민지 식문화를 '흡수해 적응시켰다'라며 국민 음식으로 정의한 것이다. 좋게 말하면 공감하기 어려운 주장이고, 솔직히 말하면 양심의 출타 여부를 묻게 된다.

일본의 국민 가정식이 되다

이제 무대는 일본으로 확장된다. 일본의 에도 막부는 1853년 미국의 매슈 페리Matthew C. Perry 제독의 '흑선黑船 내항 사건'을 계기로 개항을 결정했다. 이듬해 미일화친조약을 시작으로 여러 열강과 굴욕적인 통상 조약을 체결한 막부는 권위와 통제력을 상실했고, 막부 타도를 외치는 반대 세력이 융성하는 빌미를 제공했다. 일련의 흐름은 19세기 중후반 일본 근대화를 안착시킨 메이지유신으로 이어진다.

일본 해군 의무총감이었던 다카기 가네히로高木兼寬는 1883년 흰밥 위주의 식단이 각기병을 일으킨다는 사실을 발견한 인물이자 일본식 카레カレー(커리의 일본식 발음)의 산파다. 그는 영국 유학파 출신 군의관으로, 각기병을 예방하기 위해 영국 해군 승조원 급식을 참고해 빵과 육류 위주의 양식과 보리밥, 잡곡밥의 혼분식을 도입했다. 1884년 이 식단을 적용한 함정에서 장기간의 항해에도 불구

하고 각기병으로 인한 사망자가 발생하지 않자, 일본 해군은 이 식단을 전국으로 확장했다.

하지만 삼시세끼 귀한 쌀밥을 마음껏 먹을 수 있는 것이 유일한 위안이자 특권이었던 사병들에게 이 같은 조치는 개악이었다. 낯선 양식에 대한 거부감도 좀처럼 사라지지 않아서 빵을 바다에 버리는 일도 부지기수였다. 고심하던 해군은 쌀밥과 함께 먹을 수 있는 일본식 카레를 고안한다. 빵을 찍어 먹는 스튜 방식의 영국식 커리 대신 고기와 채소를 넣고 쌀밥에 부어 먹는 걸쭉한 소스 형태로 바꾼 '카레라이스'는 일본 해군을 거쳐 해상자위대의 전통적인 주말 고정 메뉴가 되었다.

카레가 군대 급식을 넘어 일본의 국민 가정식이 된 데에는 패망 이후 퇴역한 군인들이 '짬밥'을 못 잊어 고향에 가게를 낸 영향도 있고, 일본식 분말 카레가 상용화된 덕도 있다.

1926년 카레 마니아인 야마자키 미네지로山崎峯次郎는 일본식 카레 파우더를 개발·상품화하며 히가시야日賀志屋를 창업한다. 이후 1930년에 출시한 가정용 히도리표카레가루ヒドリ印カレー粉가 태양과 새를 모티프로 삼은 점에서 착안, 이듬해 선 앤드 버드의 머릿글자 S&B를 상표로 사용하기 시작했다. 아무리 봐도 영국 커리의 시조 격인 크로스 앤드 블랙웰C&B에서 영감을 얻은 것 같지만 진실 여부는 확인되지 않았다. 1949년에는 아예 사명을 에스비식품S&B食品으로 바꿨다.

1926년 하우스식품ハウス食品의 전신 우라카미 상점浦上商店도

카레 가루를 만들었고, 이후 에스비식품은 고체 블록 카레를 내놨다. 매운맛을 덜어내고 사과와 벌꿀을 넣어 달콤한 맛을 더한 바몬드 카레는 하우스식품이 1963년에 출시한 히트 상품이다. 일본에서의 정식 명칭은 바몬토 카레バーモントカレー로 미국 버몬트주에서 따온 이름이다. 1950년대 버몬트주에 살던 한 의사가 "사과식초와 벌꿀을 섞어 마시면 무병장수한다."라는 건강 요법을 주장한 것에서 영감을 얻어 개발했다고 한다.

한국인의 기억 속 노란색 카레

이제 한국 카레 차례다. 카레는 일제강점기 시기에 처음으로 들어와 1930년대 미쓰코시 백화점 4층 식당가에서 파는 '서양 점심' 난찌(런치의 일본식 발음)의 대표 메뉴로 자리잡았다. 이곳으로 모여든 경성 모던보이·모던걸에게 카레는 인도 음식이 아닌 고급스러운 양식이었다.

해방 이후 일본과 수교를 단절한 한국은 미국에서 커리 파우더를 수입했는데, 한국인 입맛에는 도통 맞지 않았다. 이후 몇몇 국내 업체에서 카레 가루를 생산하면서 한국 카레는 독자 노선을 걷게 된다. 국내 최초의 카레 타이틀은 제일식품화성주식회사에서 1963년 내놓은 '스타 카레분'이 가져갔다. 이후 1969년 오뚜기가 회사 설립과 함께 '오뚜기 즉석 카레'를 출시하여 한국식 분말 카레를 정립했다. 1981년 출시한 레토르트 식품 '오뚜기 3분 카레'도 카레의 대중화에 한몫했다. 일본식 카레는 볶은 양파와 브라운 루를 베이스로 해 갈색을 띠는 반면, 오뚜기 카레는 강황의 비율을 높여 노란색이다. 한국인의 기억 속 카레가 노란색인 이유는 오롯이 오뚜기의 공이다.

소스 보트 하면 카레, 카레 하면 소스 보트가 연상되는 것도 아마 이 시기부터 시작되었을 것이다. 오뚜기의 옛 TV 광고에는 소스 보트에 담긴 카레를 밥 위에 붓는 연출이 종종 등장했다. 가정에서 간편하게 만들어 먹는 음식일지라도 상차림에서 고급스러운 외식의 이미지를 빌리려는 의중으로 보인다. 라면 포장지에 넣는 조리예 사진에 칼집 넣은 표고버섯과 어슷썰기 한 대파, 익지도 않은 달걀 노른자를 다소곳이 올린 것과 비슷한 접근 방식이다.

매콤한 맛과 강황, 노란색, 큼지막한 돼지고기와 감자 고명 등이 특징인 한국 카레는 인도의 커리, 영국식 커리, 일본의 카레와는 다른 정체성으로 어린 시절의 추억 한편을 차지했다. 영국과 일본을 거치며 본토의 매운맛을 잃어버린 인도 커리가 한국에서 다시금 매운맛을 되찾은 점도 재미있다. 하루쯤 지나 맛이 깊어진 엄마표 카레에 신김치까지 곁들이면 도저히 거부할 수 없는 추억의 맛이 완성된다.

모든 것을 포용하며 전 세계의 음식이 되다

커리의 여정은 한국에서 끝나지 않았다. 기원전부터 이어진 향신료 무역, 15세기 대항해시대에서 근대식민주의·제국주의 시대로 이어지는 범세계적 교역 활동은 인류의 세계관을 확장했고, 연관된 모든 국가의 문화와 역사, 경제를 뒤섞고 재정립했다. 커리도 마찬가지다. 인도 상인들이 동남아시아 지역에 전파한 인도 요리는 독자적인 커리 요리로 이어졌다. 인도계 이주민들이 정착한 남아프리카 공화국과 인도·파키스탄 출신 노동자들이 대거 유입된 사우디아라비아에서도 커리는 일상의 풍경으로 침투했다. 대영제국이 전 세계 곳곳에 건설한 모든 식민지도 마찬가지다.

이제 커리는 세계적인 음식이 됐다. 태국의 푸팟퐁커리, 트리니다드 토바고의 길거리 음식 로티, 싱가포르의 피시 헤드 커리, 모리셔스의 달푸리, 독일의 서민 음식 커리부어스트(독일 선거철의 길거리 먹방 인기 메뉴), 스리랑카의 람프라이스, 피지의 통조림 생선 커리, 남아프리카공화국의 패스트푸드 버니 차우 등 문화권에 따라 다양한 모습으로 변신해 사랑받는 음식으로 자리매김했다. 세계 각국의 커리는 본류를 따지는 것이 무의미할 정도로 완전히 다른 음식으로 진화했다. 국내에도 입점한 일본식 카레 전문점 코코이찌방야는 2020년 인도 뉴델리에 첫 매장을 열었고 2024년 기준 세 개의 현지 매장을 운영 중이다.

이제 서두에 꺼냈던 말을 거둘 차례다. 카레에 대해 '시대와 국경과 언어를 넘나드는 험난한 과정에서 길을 잃고 말았다'라고 성급히 결론을 내렸지만, 카레는 통번역의 대상이 아니다. 불변의 정체성이나 의미를 모든 사람이 똑같이 이해하는 존재가 아니란 뜻이다. 커리가 향신료가 쓰인 모든 요리를 뜻하는 말이었던 것처럼, 카레는 문화권에 따라 다양하게 변주되고 개성 있게 자리 잡은 모든 요리를 총칭한다. 냉장고의 무슨 재료든지 특유의 풍미로 품어버리는 카레의 포용성은, 시대와 국경과 언어를 넘나들며 어떠한 식문화를 자신의 것으로 만들어버릴 때도 발휘된다.

영화 〈킹덤 오브 헤븐〉에서 주인공 발리앙은 이슬람 지도자 살라딘에게 "예루살렘이 뭐란 말입니까?"라고 묻는다. 그러자 살라딘은 "아무것도 아니라네Nothing."라고 대답하고 돌아선다. 그렇게 자신의 진영으로 돌아가는 듯했던 살라딘은 다시 돌아서며 외친다. "모든 것이기도 하지Everything!"

영국풍 인도 커리를 벤치마킹한 일본 카레는 한국에서 노란색 강황 카레로 자리 잡았다. 카레는 길을 잃은 적이 없다. 발길 닿는 모든 길을 카레 색으로 물들이며 탐험하고 개척할 뿐이다. 카레는 아무것도 아니고, 동시에 모든 것이다.

돈가스가 고이 쉬는 그물망 '그거'

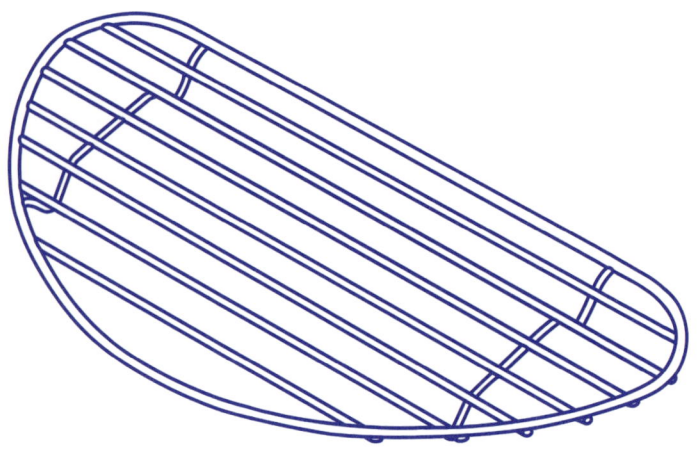

명사

1. **돈가스망**, **튀김망** 2. 고기받침망, 불판받침망
3. 식힘망 4. 밧드망
5. (일본) 돈가스아미とんかつあみ, 아부라키리油切り, 아부라키리아미油切り網
6. (미국) 쿨링 랙cooling rack, 와이어 랙wire rack, 베이킹 랙baking rack

예문

"돈가스망 덕분에 끝까지 바삭하게 먹을 수 있어."
"어리석군. 눅눅해지기 전에 먹어치우면 된다."

돈가스망이다. 맞춤법을 따르면 돈가스망이지만, DNA에 각인된 우리의 기억은 '돈까스망'이라고 외친다. 실제로 온라인 쇼핑몰에서도 모두 돈까스망으로 표기하고 있다. 예상에서 벗어나지 않는 뻔한 이름이지만, 나라와 쓰임새마다 이름이 달라지는 점이 재미있다.

뜨거운 무엇인가를 올려놓는 그거

돈가스망은 스테인리스 소재로 만든 금속 망으로 반원, 원형, 사각형 등 형태가 다양하다. 망의 아랫부분은 바깥 방향으로 구부러져 있어 망을 바닥에서 띄워준다. 돈가스나 튀김 요리를 올려 기름을 빼주며 튀김옷이 기름과 습기로 눅눅해지는 상황도 막아준다. 주방에서는 튀김망이라 불리며 그 역할에 충실했지만, 일부 일식 돈가스 전문점에서 작은 튀김망을 접시 위에 올려 서빙하기 시작하면서 돈가스망이라는 이름을 얻었다. 하지만 달콤한 소스를 듬뿍 뿌려 먹는 한국식 경양식 돈가스와는 궁합이 맞지 않는다. 일본어 명칭 아부라키리 역시 한국의 튀김망과 동일하게 여분의 기름油을 빼는切る 용기를 뜻한다. 튀김 냄비 가장자리에 거는 형태도 있고, 금속 접시 위에 망(아부키리아미·유절망)을 올리는 형태도 있다.

한국의 일자형 돈가스망과는 달리 일본에서는 그물 형태의 돈가스망이 일반적이다. 덕분에 생긴 이름이 돈가스아미다. 돈가스 군대도 아니고, 돈가스 방탄소년단 팬클럽도 아니다. 아미あみ는 그물을 뜻하는 한자 망網의 일본어 훈독이다. 돈가스망과 일맥상통한다. 튀김망과 혼용하는 한국과는 달리 돈가스 전용인 점이 다르다. 음식을 서빙하거나 차린다는 의미의 모리즈케盛付를 붙여 모리즈케아미盛付あみ라고 부르기도 한다.

돈가스망과 비슷하지만 선배 격인 '그거'로는 식힘망이 있다. 제과 제빵에서 사용하는 것으로, 오븐에서 막 꺼낸 빵과 쿠키를 올려 식히는 용도다. 빵을 열기와 습기로부터 보호해 빵 바닥은 눅눅하지 않고 부드럽게, 쿠키는 바삭하게 해준다. 영미권에서는 쿨링 랙, 와이어 랙 또는 베이킹 랙이라고 부른다. 돈가스망에는 작은 반원형이 많다면 이쪽은 베이킹 시트 팬baking sheet pan 사이즈에 맞게 커다란 직사각형이 많다.

돈가스망의 세계를 탐험하다 보면 정체불명의 '밧드망'이라는 단어를 만나게 된다. 국내 온라인 쇼핑몰에서 튀김망을 검색했을 때 밧드망 혹은 바트망이란 표현이 계

제과제빵에서 사용하는 식힘망과 돈가스망은 사촌 관계다.

속 눈에 띄기 때문이다. 이 단어는 일본어 밧토バット에서 유래한 외래어로 추정된다. 밧토는 영단어로 vat, 즉 얕은 상자 모양의 그릇으로 요리하거나 사진을 현상할 때 쓰는 금속 재질의 깊은 쟁반이다. 부가가치세VAT가 아니다.

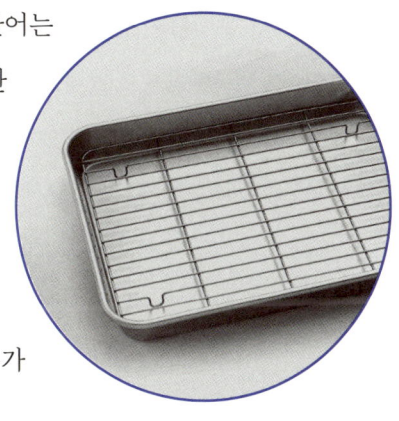

밧드망은 보통 밧드와 세트로 구성된다.

우리나라에서는 주로 요식업장에서 식재료를 미리 준비해 보관하는 데 사용한다. 돈가스망과 달리 밧드망은 주로 세척한 식재료의 물기나 육류와 어류의 수분을 제거하는 데 사용한다. 물론 갓 튀긴 튀김을 올려 기름을 제거하는 용도로도 사용한다.

금속 트레이를 뜻하는 시팬Cpan에서 파생된 시팬망도 밧드망과 같은 물건이다. 시팬은 한국에서만 쓰이는 표현으로, 쿠키팬을 축약하는 과정에서 생겨난 단어로 추정된다.

요즘 뜨고 있는 이름은 고기받침망, 불판받침망이다. 불판 구석에 놓고 다 익은 고기를 올려 타지 않도록 방지하는 용도로 사용된다. 고기 잘 굽기로 소문이 자자한 회식의 마에스트로도 수요가 공급을 따라가지 못하면 고기 굽기에 실패한다. 궁여지책으로 불판 위에 상추를, 상추 위에 고기를 올려보지만 불판의 열기를 막기에는 역부족이다. 까맣게 타들어가는 마늘만큼이나 마음이 아프다.

앞 접시마다 분배하는 방법도 있지만 식사 속도에 따라 싸늘히 식어가는 고기는 필연적으로 나오기 마련이다. 이제 음지에서 활약하던 돈가스망이 무대 위 양지로 나올 시간이다. 고기의 따뜻함은 유지하면서 태우지는 않는 적당한 거리감이 탁월하다.

돈가스 음식점에서는 돈가스망, 빵집에서는 식힘망, 고깃집에서는 받침망, 그리고 어디에선가는 밧드망. 분야를 가리지 않고 쓸모를 뽐내는 도구는 다양한 이름으로 대접받는다. 후대에 다른 쓸모가 발견되면 또 다른 이름이 붙지 않을까.

중식당 원형 식탁에 설치된 돌아가는 '그거'

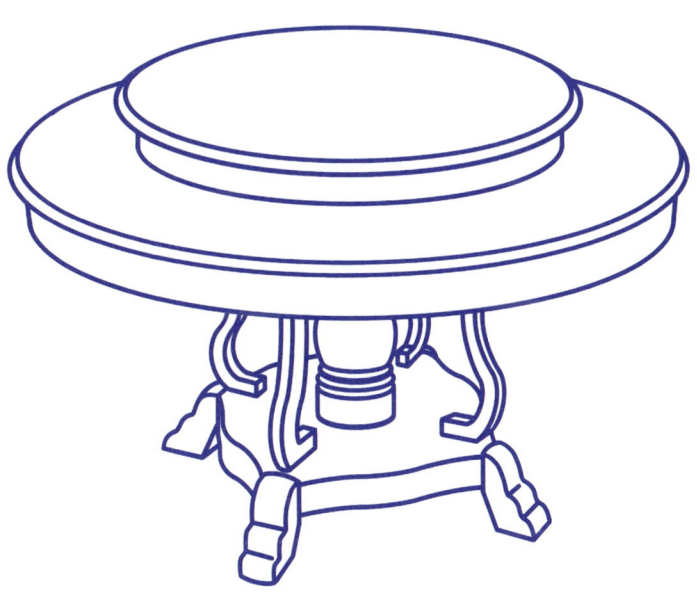

명사

1. **레이지 수잔**lazy susan
2. (중국) 찬쭤어주안판餐桌轉盤
3. (옛말) 덤웨이터dumbwaiter

예문

뒤늦게 레이지 수잔을 돌려봤지만 남은 건 탕수육 접시의 당근뿐이었다.

레이지 수잔(레이지 수전)이다. 고급 중식당에 가보면 테이블 중앙에 원형으로 된 돌림판이 설치되어 있다. 내 자리에서 멀리 놓인 요리를 먹고 싶다면 회전판을 돌리면 그만이다. 이 식탁 덕분에 손을 뻗거나 접시를 옮기지 않고도 여러 음식을 나눠 먹을 수 있다. 중국어로는 찬쭈어주안판이라고 하는 이 회전판의 이름은 한번 들으면 잊기 힘들다. 중식당을 대표하는 물건에 서양식 이름, 그것도 '게으른 수잔'이라니 말이다.

식사를 더 편하게 만들어주는 회전 테이블 그거

레이지 수잔은 중식당에 어울리는 이미지와 다르게 1950년대 미국에서 크게 유행한 제품이었다. 레이지 수잔이란 이름을 누가 붙였는지, 수잔이 누구인지는 확인된 바가 없다. 1933년 웹스터Webster 영어사전에 등재된 이 단어가 최초로 등장한 것은, 1917년 미국의 패션 잡지 《배니티페어》에 실린 광고였다. 이 광고는 오빙턴Ovington 회사에서 마호가니로 만든 레이지 수잔을 8.5달러에 판매한다고 명시하고 있다. 하지만 몇몇 기사는 레이지 수잔이 1917년 훨씬 이전부터 1903년 《보스턴저널》 등 각종 문헌에서 언급되었다고 말하기도 한다.

어원을 좇아 거슬러 올라가다 보면 18세기 영국의 '벙어리(조용한) 종업원'이 등장한다. (영단어 dumb은 벙어리가 아닌 농인이나 언어장애인으로 순화해서 써야 하지만 시대상을 고려한 번역이니 너른 양해를 구한다.) 레이지 수잔의 옛 이름인 덤웨이터는 여러 층으로 된 쟁반 혹은 회전하는 상판에 바퀴가 달린 작은 테이블을 가리키는 단어였다. 일부 문헌에서는 '하인의 작업을 수행하는 주방 도구'를 포괄하는 단어라고 설명하기도 한다. 비슷하지도 않은 온갖 물건에 덤웨이터, 레이지 수잔이란 이름이 붙은 이유다.

이후 의외의 인물이 유럽에서 유행하던 덤웨이터를 미국으로 들여왔다. 바로 제3대 미국 대통령인 토머스 제퍼슨Thomas Jefferson이다. 그는 저녁 식사 시간 동안 종업원이나 하인의 서빙으로 인해 대화가 끊기는 걸 반기지 않았다. 그래서 칸마다 코스별 식사가 담긴 덤웨이터를 애용했다. 제퍼슨의 딸인 수잔이 '내 식사는 항상 맨 마지막에 나온다'고 불평한 일 때문에 덤웨이터를 발명했다는 설도 있지만, 제퍼슨의 자녀 중에 수잔이라는 이름은 없으므로 낭설로 추정된다. 그는 미국 버지니아주 몬티첼로에 집을 짓고, 이곳에 자신이 발명하거나 영감을 얻은 장치들을 여럿 설치해뒀는데 덤웨이터도 그중 하나였다. 개중에는 회전문에 음식 접시 등을 올려두는 선반을 설치한 장치도 있었다. 그는 대통령 당선 이후 백악관에도 이 장치를 설치하고 덤웨이터를 도입했다.

시사 만화가 스튜어트 맥밀런Stuart McMillen은 〈덤웨이터가 은폐하고 있는 것What the Dumbwaiter Hides〉이라는 만화에서 발명가 제퍼슨의 이중성을 흥미롭고 날카롭게 비판했다. 제퍼슨은 미국 독립선언서를 작성한 개국 공신이자 개인의 자유와 인권을 강조한 인물이었으며 노예제를 공식적으로 반대한 지도자였다. 하지만 그 역시 흑인 노예들을 여럿 부려온 대농장주였다는 점에서 '내로남불' 격으로 모순적이라는 비판을 받는다. 맥밀런은 덤웨이터 역시 '식사 자리의 프라이버시'라는 명분 아래 자신의 저택에서 노예를 부리는 모습을 은폐하기 위한 방식이었다고 설명한다. 맥밀런은 여기에서 더 나아가 우리들 역시 제3세계의 고강도 노동과 무분별한 자원 채취 등 글로벌 공급망에서 비롯된 희생을 마치 덤웨이터에 가려진 노예처럼 '존재하지 않는 무언가'로 은폐하는 데에 동조하고 있다고 지적했다.

이후 정확히 알 수 없는 과정을 거쳐 덤웨이터는 게으른 수잔으로 개명한다. 수다스러운 시종을 덤웨이터가 대신한 것처럼, 회전 테이블 덕분에 식사 시중을 들 일이 없어 게을러진 하녀 수잔을 이름으로 삼은 것이다. 둘 다 지금의 시선에서는 다소 계급 차별적인 용어지만 발상이나 작명 센스는 인정하지 않을 수 없다. 19세기에 활발히 활동한 여성 인권 운동가 수전 B. 앤서니Susan B. Anthony에서 영향을 받았다는 주장도 있으나 확인된 바는 없다.

발명왕 토머스 에디슨이 레이지 수잔의 아버지라는 설도 있다. 그가 1877년 턴테이블의 전신 격인 축음기(포노그래프)를 발명한 것이 이후 레이지 수잔으로 이어졌다는 것이다. 축음기와 레이지 수잔의 공통점은 뭔가 돌아간다는 것밖에 없어 보이지만 말이다. 오히려 수잔은 하녀 혹은 가정부의 흔한 이름 중 하나였고, 냉소적인 유머로 쓰이다 자리 잡았다는 설이 재미는 없지만 가장 그럴듯하다. 그저 잘 어울리는 두 단어를 제품명에 쓴 것일 뿐이라는 주장도, 역시나 재미는 없지만 그럴듯하다.

그럴듯한 가설들을 걷어내고 검증된 자료만 찾으면 1891년 미국 미주리주에 거주하는 엘리자베스 하월Elizabeth Howell이라는 여성이 특허 출원한 '셀프 웨이팅 테이블'이라는 발명품이 등장한다. 이 디자인은 이후 1900년대 초 생산된 레이지 수잔의 원형으로 평가받는다.

생각보다 연식이 오래된 레이지 수잔은 1900년대 초에 이미 '구닥다리' 취급을 받았다. 하지만 1950년대 샌프란시스코에서 간장 공장을 운영하고 인근 차이나타운에서 중국 음식점을 여러 개 경영한 중국계 미국인 사업가 조지 홀George Hall이 자신과 동업자들의 식당에 새로운 디자인의 레이지 수잔을 도입하면서 다시 부흥을 이끈다. 미국에서 지금의 레이지 수잔 하면 떠오르는 '중화요릿집 식탁 위의 그거'를 정립한 셈이다. 이후 중국 본토를 비롯해 중국 음식점이 존재하는 국가에는 레이지 수잔이 보급됐다. 당시 냉전 시대상을 생각해보면 놀라운 일이다. 어떤 편리함은 이념을 넘어선다.

레이지 수잔에게 이름을 뺏긴 덤웨이터는 어떻게 됐을까. 다행스럽게도 새로운 직업을 찾았다. 조리된 음식을 다른 층으로 빠르게 서빙하는 요리 운반용 승강기의 이름이 바로 '덤웨이터'다.

중국집 단무지 옆에
놓인 '그거'

1. **자차이** 榨菜 · zhàcài, 짜사이

그 중국집에서는 단무지 대신 자차이가
나와 감격하지 않을 수 없었다.

자차이다. 짜사이라고 불리기도 한다. 한국의 김치처럼 중국인의 밥상에 빠지지 않는 반찬이다. 오독오독한 식감에 간간한 맛이 기름기 많은 음식과 제법 어울린다. 한국에서는 반찬으로 자차이가 나오냐 단무지가 나오냐에 따라 중국집의 첫인상이 결정된다.

중국의 대표 밑반찬 그거

볶은 땅콩과 함께 주문한 음식이 나오기도 전에 바쁘게 젓가락질하도록 만드는 주범이다. 누구나 한 번쯤은 메인 요리가 나오기도 전에 자차이와 볶은 땅콩을 리필한 경험이 있을 것이다.

자차이는 중국 쓰촨 지방에서 갓의 일종인 칭차이터우靑菜頭라는 채소의 울퉁불퉁한 줄기 아랫부분을 소금에 절여서 만드는 반찬이다. 절인 자차이를 얇게 썰고 물기를 짜내면 오도독한 식감이 되는데, 짤 착榨과 나물 채菜라는 이름은 여기에서 나왔다. 채 썬 자차이를 물에 담가 짠맛을 뺀 다음 식초와 설탕, 고추기름 등에 무치면 우리가 아는 자차이가 완성된다. 엄밀히 말하면 자차이 무침인 셈이다. 중국은 자차이를 두고 프랑스의 오이 피클, 독일의 양배추 절임인 사우어크라우트와 함께 세계 3대 절임 요리라고 주장하고 있다. 한국에서 주장했더라면 당연히 자차이 대신 김치가 들어갔을 것이다. 일본이라면 우메보시(매실 장아찌)였을 테고 말이다.

자차이의 지역별 판매량은 중국의 유동 인구 흐름과 도시화 수준을 가늠하는 지표로도 쓰인다. 자차이는 만드는 법이 간단하고 가격이 저렴해 소득 수준과 관계없이 소비되는 반찬으로, 자차이의 소비량은 도시 거주 인구수와 비례하기 때문이다. 이러한 '자차이 인덱스'는 정밀하지는 않지만, 정확한 인구 이동을 가늠하기 어려운 중국에서 지방 정부가 상주인구를 파악하고 민생 관련 예산을 편성하는 데 도움을 줬다. 2013년 중국 국무원발전연구센터와 국가발전개혁위원회는 2007년 이후 자차이 대표 브랜드인 푸링자차이涪陵榨菜의 지역별 판매량에서 화난華南 지역 매출이 줄고 화중華中, 중위안中原, 시베이西北 지역 매출이 늘어난 것을 바탕으로 화난 지역의 농민공들이 해당 지역으로 이동했다고 분석했다.

한국에서 음식으로 유동 인구와 도시화 관련 지표를 만든다면 어떤 음식이 후보에 오를까. 쌀밥? 배추김치? 답은 커피다. 한국보건산업진흥원이 발표한 2021년 국민영양통계에 따르면 대도시·중소도시에 거주하는 한국인이 가장 자주 먹은 음식은 밥도 김치도 아닌 커피였다. 읍·면 지역까지 포함한 전체 순위에서는 배추김치가 간신히 1위를 수성했지만, 쌀밥은 3위에 그쳤다.

연어 요리에 곁들여 먹는 완두콩 같은 '그거'

1. **케이퍼**caper
2. (일본) 서양풍조목西洋風蝶木

케이퍼 없는 훈제 연어는 팥소 없는 찐빵이다.

케이퍼다. 정확히는 케이퍼 피클이지만, 보통 케이퍼로 부른다. 케이퍼는 지중해 연안에서 나는 장미군 십자화목 카파리스과 식물의 꽃봉오리를 식초에 절여서 만든다. 겨자와 비슷한 매운맛에 상큼한 향이 나서 주로 육류나 생선에 곁들인다. 훈제 연어가 결혼식장 뷔페의 단골 메뉴로 정착하면서, 완두콩 같은 '그거' 케이퍼와 마요네즈처럼 허연 소스 '그거' 홀스래디시 소스도 꽤 익숙한 식재료가 됐다.

욕망의 열매인 그거

지중해 연안 지역에서는 2,000년 전부터 쓰인 역사와 전통의 향신료다. 카프리신이라고 부르는 꽃봉오리뿐만 아니라 새싹(티로롯), 열매(아비요나)까지 모두 요리에 쓰인다. 타르타르소스를 만들 때 잘게 다져 넣기도 한다.

케이퍼는 성경에도 나온다.

> 또한 그런 자들은 높은 곳을 두려워할 것이며 길에서는 놀랄 것이며 살구나무가 꽃이 필 것이며 메뚜기도 짐이 될 것이며 정욕이 그치리니 이는 사람이 자기의 영원한 집으로 돌아가고 조문

음식에 관련된 사물들의 이야기

예루살렘 통곡의 벽 틈새에서 자라난 케이퍼

객들이 거리로 왕래하게 됨이니라.(개역개정성경 전도서 12장 5절)

이 구절 중 '정욕이 그치리니'●라는 문장에서 정욕은 히브리어로 '아비요나הָאֲבִיּוֹנָה'라고 하는데, 이는 케이퍼 열매의 히브리어 이름과도 같다. 케이퍼 열매에 최음 효과가 있다고 생각한 히브리인들이 성경에서 욕망을 은유하는 단어로 쓴 것이다. 케이퍼 열매는 올리브나 포도와 비슷한 크기로 시큼한 맛과 작은 씨앗이 톡톡 씹히는 질감이 특징이다.

케이퍼는 성경에 등장할 만큼 유대인과 인연이 깊다. 예루살렘에 있는 유대교의 성지 '통곡의 벽'에 틈새마다 비집고 올라온 관목 역시 케이퍼다.

케이퍼는 소화를 돕고 식욕을 증진하는 것으로 알려져 있다. 이 책에서 다루고 있는 식재료들은 약속이라도 한 듯이 모두 '소화를 돕는다'라는 효능이 있는 것 같지만 넘어가자.

● 개역한글판에서는 좀 더 포괄적인 의미의 '원욕desire'으로, 표준새번역에서는 '원기energy'로 번역했다.

생선회 밑에 깔린
젤리 같은 '그거'

1. **천사채**天賜菜
2. (미국) 켈프누들kelp noodle,
   시위드누들seaweed noodle
3. (일본) 해조면海藻麵

회 한 점을 들어 올리자 천사채가 딸려 올라왔다.

천사채다. 생선회 밑에 깔린 반투명한 국수 같은 식재료다. 먹어도 될까 싶지만 엄연한 식품이다. 천사채는 다시마를 증류·가공해서 만들기 때문에 다시마 속 알긴산(해초산) 등이 주요 성분이다. 무미 무취로 오독거리는 식감과 낮은 칼로리 덕분에 샐러드로 만들어 먹기도 한다.

다이어트에 도움이 되는 그거

끓는 물에 식용 소다나 베이킹소다를 넣고 천사채를 끓이면 질감이 당면처럼 변한다. 이를 곤약 면처럼 면 대용으로 쓸 수 있다. 콜레스테롤·지방·글루텐은 없고, 칼슘·철분·비타민·아이오딘 같은 무기질이 풍부하다. 대한비만학회에서도 체중 조절을 위해 자유롭게 먹을 수 있는 식품으로 추천했다.

횟집에서는 주로 회의 양을 많아 보이게 하는 장식용 재료로 쓰인다. 종래에 같은 용도로 쓰였던 무채보다 가격 변동이 적고 보관이 쉬워 지금은 그 자리를 대체했다. 그 외에도 회가 건조해지거나 산화하는 것을 방지해주는 기능을 한다. 대부분의 전문가는 생선회의 장식용으로 사용된 천사채는 세균 번식 위험 때문에 섭취를 권하지 않는다.

천사채 개발자는 ㈜황금손의 배대열 대표로 알려져 있다. 따로 특허를 출원하지는 않았지만 여러 언론 등을 통해 개발자로 소개됐다. 배 대표는 1998년 먹어도 살이 찌지 않는 건강식품을 연구하던 중 천사채를 개발, 1999년부터 시판했다.

천사채란 이름은 "먹으면 몸이 가벼워져서 천사처럼 하늘을 날 수 있다."라는 의미로 지었다고 한다. 다만 한자는 '하늘의 사자'인 천사天使가 아니라, '하늘天이 내려준賜 채소菜'로 표기한다.

배달 음식 용기의 포장을 뜯는 일회용 칼 '그거'

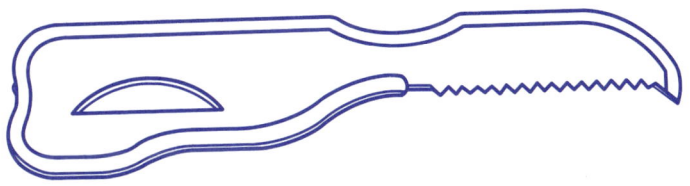

1. **랩칼**　　　갓 배달 온 떡볶이 위에서 랩칼이 현란하게 춤췄다.
2. 실링칼　　　네모반듯하게 잘린 필름이 그대로 국물에 잠겼다.

랩칼 혹은 실링칼(이하 랩칼)이다. 톱니 모양 날과 손잡이 부분이 일체형인 플라스틱 칼로, 배달 음식의 포장 용기 필름을 자르는 용도로 쓴다. 나무젓가락 같은 일회용품과 함께 묶여 있거나 포장 용기에 셀로판테이프로 부착되어 배달된다. 환경을 사랑하는 마음으로 '일회용품은 빼주세요' 옵션을 선택했어도, 랩칼만큼은 예외다.

효과적으로 비닐 포장을 제거하기 위해 태어난 그거

밀봉을 뜻하는 실링sealing, '둘러싸다·포장하다'를 의미하는 랩wrap에 우리말 칼이 붙은 다국적 조어다. 랩은 주방에서 식품을 포장할 때 쓰는 비닐 랩을 의미하기도 한다.

이름의 기원은 2001년 국내에서 출원된 실용신안 '랩칼wrap cutter'로 보인다. 고안자는 특허 출원 정보에서 "중화요릿집 등에서 배달되는 음식물은 용기 전체를 식품 포장용 랩으로 두세 번 포장하는데, 제거하기 상당히 번거롭다."라며 "본 고안은 음식물 용기를 싼 랩을 효과적으로 제거하기 위한 것"이라고 설명한다. 모양과 소재는 지금의 랩칼과 상당히 다르지만, 포장 용기의 랩 제거라는 목적성, 랩을 뚫는 뾰족한 핀과 랩을 자르기 위한 칼날, 그리고 몸체라는 기본 구성 및 형태는 유사하다.

여기에 더해 2005년 실용신안 출원된 '톱니형 칼날을 가지는 팩 절단용 기구'의 아이디어도 여러 제품에 응용됐다. 고안자는 팩 포장지를 절단하는 도구에 금속 칼날보다 안전한 톱니형 칼날을 더해 "편지봉투를 개봉하거나 반찬·두부 포장 팩의 접착 비닐을 자르는 데 사용할 수 있는 고안"이라고 설명하고 있다.

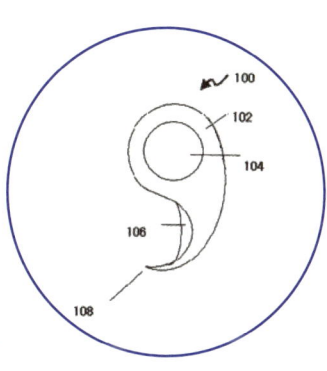

실용신안 20-2001-0028955
랩칼(손영호, 2001)

랩칼은 홀드필름 커터hold film cutter 등의 이름으로 외국에서 판매된 사례가 간혹 있으나 한국처럼 보편화되지는 않은 듯하다. '랩칼은 한국에서 발명했고 한국에서만 쓴다'라고 섣불리 주장하기는 어렵지만, 우리나라에서 가장 보편적으로 쓰이는 것만은 틀림없다. 이는 배달 문화의 대중화 정도, 배달 음식의 종류, 그리고 포장 방식의 차이에 따른 것으로 추정된다.

한국의 음식 배달 문화가 정착하는 과정에서 면 요리가 많은 중식, 국물이 많은 한식, 그리고 그 둘이 만난 '국물 많은 면요리' 짬뽕이 주를 이룬 덕분에 뚜껑만으로는 안전한 배달을 담보할 수 없었

실용신안 20-2005-0024801
톱니형 칼날을 가지는 팩 절단용 기구
(김상봉, 2005)

을 것이다. 이에 뚜껑 대신 랩을 여러 번 감싸는 방식이 보편화됐을 것으로 추정된다. 하지만 여러 겹의 랩은 벗기기도 어려울뿐더러 벗기는 과정에서 내용물을 흘리기도 쉬워 여러모로 식사를 방해했다. 뜨거운 음식이 식으면서 랩이 달라붙는 점도 포장 제거 난도를 높였다. 주방용 칼이나 사무용 가위·커터칼은 위생과 안전 면에서 포장을 벗기기에 적당하지 않았다.

랩의 바통을 이어받은 홀드필름 포장 용기 역시 같은 문제를 겪었다. 홀드필름은 음식 용기 포장기(실링 머신)를 사용해 부착하는 실링필름(포장용 필름)의 한 종류로, 손으로도 잘 뗄 수 있는 이지필름과 달리 단단하게 접착돼 도구를 이용해 잘라내야 한다.

재미있는 점은 랩칼의 정신적 동지가 '택배칼'이라는 점이다. 특허와 실용신안의 인용·피인용 사례를 살펴보면 디자인과 구조 등에서 그 두 종류가 서로 영향을 주고받고 있다. 포장을 손쉽게 벗겨내는 동시에 내용물은 손상이 없어야 한다. 거창한 전용 도구까지는 필요없고 값싼 일회용품이면 충분하다. 금속 칼날의 절삭력은 만드는 입장에서도, 쓰는 입장에서도 사치다. 이처럼 다양한 요구가 만나는 지점에 랩칼이 있다.

우리가 어떤 민족입니까

랩칼은 왜 탄생했을까. 기원을 따지자면 100년 전으로 시선을 돌려야 한다. 랩칼의 등장은 배달 음식의 역사와 궤를 함께하기 때문이다.

우리는 대대로 '배달의 민족'이었다. 100년 전에도 배달원은 나무 배달통에 넣은 음식을 두 다리로, 자전거로 부지런히 실어 날랐다. 《동아일보》 1931년 1월 2일자 기사를 보면 "다리 근로 중에서 제일 많은 것이 배달부라 할 것이니 그중에는 우편, 신문, 음식 배달이 있다."라는 문장이 눈에 띈다. 청요릿집(중화요리 전문점) 배달부가 차에 치여 다쳤다는 기사도 있다. 《조선일보》 1926년 7월 27일자에는 "인사동 설렁탕집 배달부 이중영의 자전거가 종로통에서 자동차와 충돌했다."라는 내용의 기사가 실리기도 했다.

너른 시각으로 본다면 '배달의 역사'는 더 거슬러 올라간다. 1768년 조선시대 실학자 황윤석은 《이재난고頤齋亂藁》에 "과거 시험을 본 다음 날 점심에 일행과 함께 냉면을 시켜 먹었다."라는 내용의 일기를 남겼다. 조선 말기의 문신 이유원도 《임하필기林下筆記》에 "순조 임금이 달구경을 하다 군직에게 명하여 냉면을 사 오라고 시키셨다."라는 기록을 남겼다. 해장국의 일종인 '효종갱曉鐘羹'을 식지 않도록 솜에 싸서 도성 안으로 보냈다는 기록도 있지만, 이를 배달 음식으로 봐야 할지에 대한 해석은 분분하다.

일제강점기에 자전거가 보급되면서 배달 음식은 일상으로 한 걸음 더 들어왔다. 1900년대 유명 냉면집에서는 배달부만 열다섯 명을 둘 정도였다. 짜장면이 냉면과 설렁탕을 제치고 배달 음식의 왕좌에 오른 것은 한참 뒤의 일이다.

중국집의 역사는 대한제국까지 거슬러 올라간다. 1882년 임오군란과 제물포조약, 1883년 인천항 개항, 1894년 청일전쟁 등 격동의 시기를 거치며 수많은 청나라 군사와 상인 들이 우리나라에 정착했다. 당시 인천에는 청나라 조계지도 있었다. 조계지란 외국인의 거주와 통상을 허가한 치외법권 지역을 말한다. 청나라 조계지는 1914년에 폐지되었지만, 그곳에 거주하던 중국인 중 상당수는 그대로 남아 화교 사회를 이뤘고 이것이 인천 차이나타운의 시초다.

여기에 더해 1910년대 후반 이후 중국인 노동자들이 혼란한 중국 내부 정세를 피해 인천항을 거쳐 한국에 정착했다. 중국인 막노동자들이 선창에서 손쉽게 때우던 끼니가 짜장면의 원조 격인 산둥 지방의 '작장면炸醬麵'이었다.

화교 청요릿집의 맏형은 1900년대 인천 차이나타운에 문을 연 산동회관山東會館이다. 이곳은 1911년 신해혁명을 기점으로 이름을 공화춘共和春으로 바꿨다가 1980년대에 폐업, 지금은 인천시에서 짜장면 박물관으로 리모델링했다. 산동회관을 시작으로 중화루, 동흥루, 아서원, 대관원, 동해루, 진아춘을 비롯해 수많은 청요릿집이 생겨났고, 1920년대에는 서울에만 100곳 가까이 문을 열 만큼 대중화됐다. 차에 치인 배달부가 생겨날 법도 했다.

청요릿집에서 먹던 '기름진 고급 음식'은 한국전쟁 후 발효된 미국 공법 480호 덕분에 외식 대표 메뉴로 대중화된다. 미국은 남아도는 농산물을 한국에 구호물자로 원조했는데, 그때 대량으로 들어온 밀가루가 청요릿집을 중국집으로, 중국식 작장면을 한국식 짜장면으로 바꾸는 데 일조했다. 1961년에 대한민국 정부가 외국인 토지 소유를 금지하면서 많은 화교가 요식업에 뛰어든 점과 1960년대 잡곡과 밀가루 소비를 장려했던 혼분식 장려 운동도 짜장면의 유행에 영향을 미쳤다. 배달 음식은 이처럼 오랜 역사와 함께 서울과 수도권·대도시에 밀집된 주거 환경 덕에 한국의 대표 식문화로 자리 잡았다.

이후 2020년 코로나가 확산되면서 배달 음식 시장은 외식 시장을 대체했고, 더욱 폭발적으로 성장했다. 2017년 2조 7326억 원이던 온라인 음식 거래액은 2022년 26조 5940억 원으로 5년 만에 열 배 가까이 커졌다. 같은 해 배달원 취업자 수는 45만 명에 달하기도 했다. 냉면과 설렁탕을 시작으로 짜장면, 치킨과 피자를 거쳐 배민·쿠팡이츠·요기요 등 배달 플랫폼에 이르는 거대한 산업이 완성된 것이다. 엔데믹 이후 시장의 성장세는 다소 꺾였지만 말이다.

배달원의 파트너는 나무 배달통에서 철가방, 플라스틱 가방으로 이어지다가 배달 라이더들의 보랭 가방으로 진화했다. 그와 함께 음식을 담는 그릇과 포장 방법 역시 변화했다. 지금은 일회용 플라스틱 그릇이 대세지만, 원래는 멜라민 수지 그릇이 기본이었다. 앞서 언급했듯이 짜장면의 질척한 소스와 짬뽕 국물이 넘치는 걸 방지하기 위해 랩으로 둘둘 싸맨 뒤에야 철가방에 담길 수 있었다. 포장이 꼼꼼해질수록 벗기기도 힘들어졌다. 그릇과 맞닿은 비닐랩 부분을 동봉된 나무젓가락을 이용해 긁어 벗겨내는 '젓가락 신공' 같은 기술도 등장했다.

이후 반자동 포장 기계가 대중화되고 '일회용 용기+견고한 홀드필름'의 구성이 대세가 되며 젓가락 신공도 더 이상 통하지 않게 됐다. 100여 년 여정의 끝에 드디어 랩칼이 등장하는 순간이다. 길고도 길었다. 랩칼계 평정을 꿈꾸며 등장한 수많은 발명품을 제치고 남은 최후의 승자는 바로 개당 10원 남짓한 보잘것없는 플라스틱이었다.

포장한 초밥 사이에
초록색 '그거'

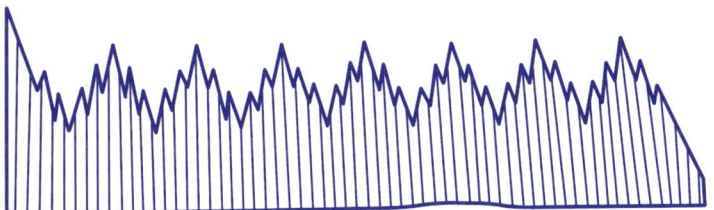

1. **인조대잎**, 바랑, 이개비
2. (일본) 바란 バラン

허겁지겁 도시락을 먹다가
인조대잎까지 씹고 말았다.

인조대잎이다. 일본에서는 바란이라고 부른다. 초밥이나 일본식 도시락에서 밥과 반찬 등을 구분해주는 플라스틱 소재의 잎사귀 같은 물건을 가리킨다. 장식용 같지만, 실은 다른 종류의 초밥이 맞닿아 맛이 섞이는 걸 방지하는 용도다. 도시락에서는 반찬들을 분리하는 역할로도 쓰인다. 진한 초록색 덕분에 음식이 신선해 보이는 효과도 있다.

초밥 사이에 나뭇잎도 아니고 먹지도 못하는 그거

이름의 어원은 엽란葉蘭이다. 넓고 긴 이파리가 특징적인 비짜루과(아스파라거스과)의 식물로, 일본에서는 하란ハラン이라고 읽는다. 우리나라에서는 거문도와 제주도에서 볼 수 있다. 일본에서는 예부터 칼로 모양낸 잎을 요리의 장식으로 활용했는데, 매번 생잎을 따다 쓸 수는 없는 노릇이라 하란 장식을 흉내 내서 저렴한 플라스틱 대체품, 인조 하란을 만들었다. 이후 합성어에서 뒷부분의 발음이 변화하는 일본어의 연탁 현상 때문에 '인조 바란'으로 바뀌었다가 '인조'가 떨어져 나가며 바란만 남았다. 뾰족뾰족한 산 모양, 나뭇잎 모양 등이 있고 1,000매 한 곽에 5,000원~1만 원 정도로 저렴한 편이다.

우리나라에서는 바란, 바랑, 이개비, 인조대잎 등으로 불린다. 대잎(댓잎)은 대나무 잎(죽엽)을 뜻하므로 처음 이름을 붙인 사람이 착각한 게 아닐까 싶다. 이개비는 뜻은 물론이고 어원조차 추측이 불가능하다.

소설 《1984》, 《동물농장》으로 유명한 작가 조지 오웰George Orwell은 《엽란을 날려라》라는 작품에서 돈이란 이름의 신을 거부하고 맞서는 고든 콤스톡이란 인물을 그려냈다. 이는 궁핍한 환경에서 분투한 자신의 삶을 반영한 것이다. 이 작품에서 엽란은 1930년대 영국에서 집마다 기르던 흔한 관상용 식물이자, 중산층의 삶이자, 주인공이 결국 타협하고 마는 자본주의 물질문명의 상징으로 그려진다.

화려하지도 않고 초록색 잎만 무성한 엽란이 관상용 식물로 주목받는 이유는 바로 끈질긴 생명력 덕분이다. 신경 쓰지 않아도 알아서 잘 자라고, 어느 정도의 추위도 이겨낸다. 영어 이름이 괜히 '무쇠식물cast iron plant'이 아니다.

> 그들에게는 나름의 기준, 포기할 수 없는 명예가 있었다. 그들은 '품위를 지켰다'-엽란을 계속 날렸다. 넘치는 활력으로 열심히 살았다. 그리고 자식을 낳았다. 영혼을 지키는 사람들과 성자들은 결코 하지 않을 일이었다. 엽란은 생명의 나무구나. 고든은 문득 이런 생각이 들었다. (조지 오웰, 《엽란을 날려라》)

영국에선 중산층의 상징, 미국에선 무쇠식물, 일본에선 도시락 장식. 용처와 이미지가 제각각이다. 각양각색의 상징과 쓰임의 근간에는 공통으로 꺾이지 않는 생명력이 있다. 결코 화려한 주연은 아니지만 척박한 환경에서도 타고난 성정인 푸르름을 지켜낸다. 엽란은 그런 존재다.

제사상에 오르는 알록달록한 사탕 '그거'

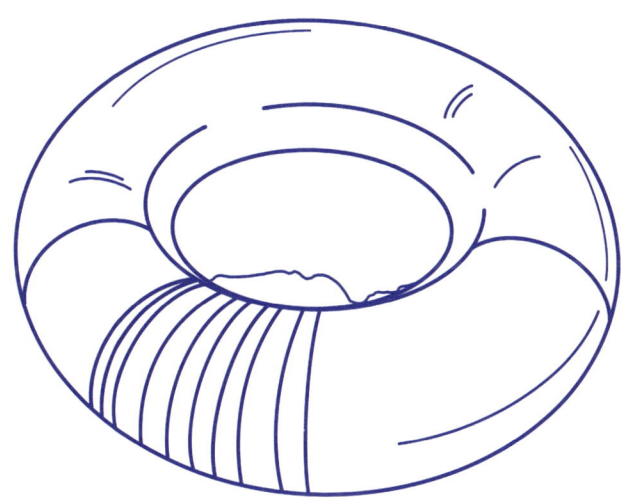

1. **옥춘당**玉春糖, **옥춘**
2. (북한) 색구슬사탕

시장에서 회갑상에 올릴 옥춘당을 사 왔다.

옥춘당이다. 옥춘으로 줄여서 부르기도 한다. 동글납작한 사탕에 빨간색, 흰색, 노란색, 초록색 등 다양한 색이 장식되어 있다. 쌀가루와 엿을 섞어 만드는데, 요즘에는 설탕과 물엿을 사용하는 경우가 많다. 화려한 색상은 색소로 만든다. 색색의 긴 반죽들을 겹쳐서 툭툭 끊어낸 뒤 동그랗게 굴린 사탕을 맷돌 모양으로 눌러서 만든다. 특유의 무늬가 제대로 나오도록 반죽끼리 합치고 납작하게 누르는 과정은 사람의 손을 거친다.

조상님 오시는 길을 밝히는 그거

겉보기엔 화려해 보이지만 맛은 '설탕 맛' 그 자체다. 최근에는 박하 맛을 가미하거나 강정이나 깨를 넣는 등 한 단계 진화한 옥춘당도 나온다. 결혼이나 회갑연 등 큰 상차림에 빠지지 않고 올라오는 단골손님이지만, 의례가 간소화되는 요즘에는 좀처럼 보기 힘든 추억의 음식이기도 하다.

옥춘당만큼 친숙하지는 않지만 중국식 졸임 사탕 팔보당八寶糖도 비슷한 용도로 사용된다. 팔보당은 설탕에 색소를 넣고 끓인 뒤 꽃잎 모양의 판에 부어서 식혀 만든다. 알록달록한 옥춘당과는 달리 한 가지 색만 사용하는데, 서로 다른 색의 팔보당을 높게 쌓아 상에 올린다. 팔보당을 비롯해 약과, 대추, 사과 등 잔칫상에 쓰는 음식을 높게 쌓아 올려 나란히 진열한 '그거'는 고임상이라고 한다.

한국의 전통 과자를 뭉뚱그려 한과韓菓라고 하는데, 옥춘당 역시 한과 중 하나다. 대표적인 한과로는 찹쌀가루 반죽을 찐 다음 기름에 튀기고 고물을 묻힌 유과油菓, 밀가루와 꿀·기름 등을 반죽해 튀긴 뒤 조청을 묻히는 약과藥果, 튀밥이나 견과류를 엿물에 버무려 굳힌 엿강정, 송홧가루나 콩가루 등을 꿀로 반죽해 무늬가 있는 틀에 찍어낸 다식茶食 등이 있다.

TV 프로그램에 출연한 한 개그맨은 "제사상에 자주 등장하는 옥춘당의 이름을 몰라 '저승 캔디'라고 불렀다."라고 밝히기도 했다. 다소 장난스러운 작명이지만 틀린 말은 아니다. 선조들은 제사상에 올리는 옥춘당을 '조상님이 오시는 길을 환하게 밝혀주는 등불'이라 여겼기 때문이다.

마시다

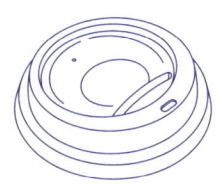

마실 것을 둘러싼 사물들의 이야기

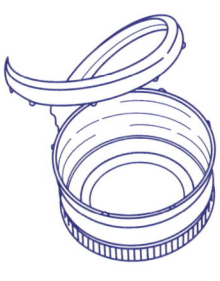

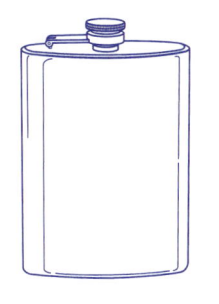

15
샴페인 코르크 마개를 고정하는 철사 '그거'

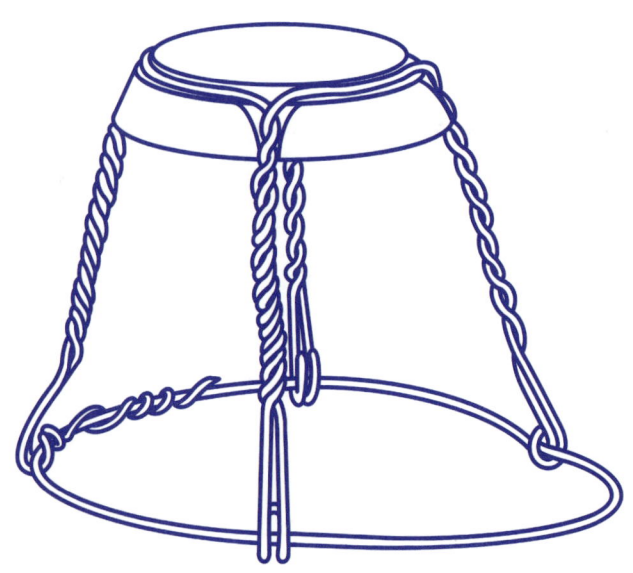

명사

1. **뮈즐레**muselet
2. 와이어후드wirehood, 샴페인 와이어champagne wire

예문

뮈즐레를 서둘러 벗기자, 샴페인 코르크가 기다렸다는 듯이 튀어 나가 친구의 콧잔등을 강타했다.

> 뮈즐레. 샴페인과 같은 발포성 와인의 코르크 마개를 단단히 고정하기 위해 철사 등을 꼬아 만든 안전장치다. 와이어후드 또는 샴페인 와이어라고 부르기도 한다. 철사 부분인 뮈즐레 외에도 코르크 마개 위에 올린 얇은 주석 판은 캡슐capsule 혹은 플라크plaque, 뮈즐레와 병 윗부분을 포장하는 알루미늄 포일은 쿠와프coiffe라고 한다.

샴페인 병을 봉인하는 안전장치 그거

뮈즐레는 '개 주둥이에 입마개를 씌우다', '입을 봉하다'라는 의미의 프랑스어 museler에서 유래했다. 같은 의미의 영단어 muzzle과 어원이 유사할 것으로 추정된다.

뮈즐레가 없다면, 코르크 마개는 샴페인 속 탄산에 밀려 발사되듯 튀어나오게 된다. 샴페인 내부의 압력은 5~6바bar 정도로, 승용차 타이어 압력(3바 내외)보다는 높고 시위 진압용 물대포(평균 10바)보다는 낮은 수준이다. 햇볕에 방치된 샴페인을 흔들어 코르크 마개를 발사할 경우 그 속도는 최대 시속 100킬로미터에 달한다. 독일 클라우스탈 공과대학 소속 과학자가 직접 실험한 결과다.

뮈즐레는 프랑스 남부 샹파뉴 지역에 살았던 수도승인 돔 피에르 페리뇽Dom Pierre Pérignon이 개발했다는 설도 있지만, 이는 사실과 다르다. 그가 샴페인의 생산 과정에 여러 혁신적인 방법을 도입한 건 맞지만, 뮈즐레의 아이디어는 아돌프 자크송Adolphe Jacquesson이 고안했다. 샹파뉴 지역에서 샴페인을 생산해온 자크송은 1844년 주석으로 된 금속판(플라크)을 코르크 마개 위에 놓고 이를 고정하는 방식을 발명해 특허를 등록했다. 금속판은 끈이 마개를 고정하는 힘을 고르게 분산시키는 것은 물론 코르크에 파고들지 못하게 막는 역할도 했다. 뮈즐레 등장 이전까지는 나무 마개를 기름에 적신 천으로 감싼 뒤 밀랍으로 봉하거나, 끈을 이용해 코르크 마개를 고정하는 방법을 썼다.

1855년에는 결속력이 강한 끈 묶는 장치에 대한 특허가 출원됐고, 1880년경에는 동일한 규격의 철사 마개 부분을 미리 제조해놓는 방식이 도입됐다. 덕분에 철사는 끈의 자리를 차지하게 되었다. 철사를 꼬아 강도를 높이고, 꼬인 부분을 풀면 쉽게 딸 수 있도록 만든 현대적인 뮈즐레는 1884년 모엣 샹동Moët & Chandon 샴페인에 처음 적용된 것으로 알려졌다. 이렇게 완성된 뮈즐레는 140년이 지난 지금까지도 원형을 유지한 채 현역으로 뛰고 있다. 물론 제조 공정은 기계화·자동화됐지만 말이다.

뮈즐레와 함께 샴페인 코르크 마개를 고정하는 플라크는 다른 병뚜껑과 마찬가지로 수집의 대상이다. 플라크 수집가를 지칭하는 플라코뮈소필placomusophile이라는 단어도 따로 있다.

샴페인 하면 '뻥' 하는 소리와 함께 거품이 쏟아져 나오는 이미지를 떠올리지만, 값비싼 술을 그렇게 버리는 건 사치다. 기분은 탄산수로 내고 샴페인은 입에 양보하자. 병목 부분을 감싼 뮈즐레의 철사를 정확히 여섯 바퀴 반 돌려 풀어주고 코르크를 단단히 쥔 채 병을 돌리면 안전하게, 그리고 덜 사치스럽게 샴페인을 딸 수 있다.

와인병 바닥에 움푹 팬 부분 '그거'

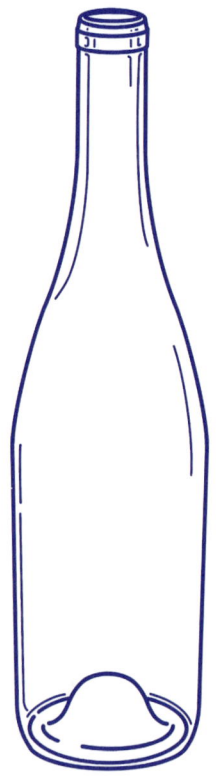

1. **펀트**punt
2. 딤플dimple, 킥업kick-up, 푸시업push-up

"리슬링 와인병에는 펀트가 없죠."라고 말하면 왠지 와인 전문가처럼 보인다.

펀트다. 와인병 바닥에 오목하게 들어간 부분을 지칭한다. 유리병 제조 업계에서는 보조개를 뜻하는 딤플 혹은 킥업, 푸시업이라고 부르기도 한다.

여러 가지 용도를 가진 그거

펀트라는 영단어는 다양한 뜻으로 쓰인다. 평탄한 구조의 선박인 평저선平底船, 내기·도박, 아일랜드 공화국의 옛 화폐단위, 그리고 미식축구에서 상대방 진영으로 공을 차버리는 행위. 이 중에 와인과 관련성이 있을 것 같은 뜻풀이는 보이지 않는다.

일단 이름의 유래는 차치하고, 펀트의 용도와 효과부터 짚어보자. 먼저 ① 와인의 침전물을 바닥 가장자리로 모아주는 효과다. 병을 기울이거나 살짝 흔들어도 침전물이 잘 떠오르지 않도록 돕는다. ② 병의 표면적을 넓혀 내부 압력을 분산, 병의 내구성을 높이는 효과도 있다. 알루미늄 캔의 바닥 부분이 오목하게 들어간 것과 마찬가지 원리다.

그 외에도 ③ 바닥이 납작한 병보다 안정성이 높아 병이 쓰러질 확률이 낮다거나, ④ 뜨거운 물로 병을 소독할 때 더 쉽고 확실하게 씻을 수 있다거나, ⑤ 펀트 부분에 엄지손가락이 향하도록 병을 잡고 따르면 폼이 난다거나, ⑥ 와인 용량이 실제보다 더 많아 보이도록 하는 착시 효과가 있다거나, ⑦ 선술집에서 빈병에 다른 술을 채워 넣는 꼼수를 방지하기 위해 바에 설치된 강철 핀으로 바닥에 구멍을 뚫는 용도라거나 하는 설도 있다. 충분히 납득되는 설명도 있고, '와인 따를 때 멋지거든요'처럼 꿰맞추기식 억지로 보이는 주장도 있다.

때로는 재미없는 진실을 찾아내는 것보다 흥미로운 추측으로 남기는 편이 나을 때도 있다. 펀트가 그렇다. 펀트라는 이름의 유래는 다소 싱겁다. 물론 이 해석도 정답은 아니며 설득력 있는 가설 중 하나라는 점을 미리 밝혀둔다.

펀트는 와인병의 전유물이 아니다. 전통적인 유리공예 방식 중 하나인 대롱불기glassblowing 기법으로 유리 제품을 생산하는 과정에서 발생한 흔적을 처리하는 방법일 뿐이다. 대롱불기 기법이란 긴 금속 대롱으로 유리를 풍선처럼 불어서 용기를 만드는 방식으로, 기원 전후 시기 지중해 시리아 지역 장인들이 창안했다. 고온의 가마에서 물엿처럼 용융된 유리를 금속 대롱 끝에 묻혀 입으로 불어 모양을 잡는다. 이때 대롱을 돌려가며 모양을 대략 잡고 나면 유리를 묻힌 금속 막대기 '폰틸pontil'을 바닥 면에 갖다 대 붙인다. 이후 입구 부분의 대롱을 떼어내고 병 입구와 목 부분의 성형을 마무리하는데, 폰틸은 이 과정에서 유리 용기를 고정 및 지탱해주는 역할을 한다. 마지막으로 폰틸을 떼어내고 용기를 천천히 식혀 마무리한다.

폰틸은 폰티ponty, 펀티punty라고도 하는데, 어원에 대해서는 이탈리아어로 점point을 의미하는 punto에서 유래했다는 설과 다리(교량)를 의미하는 ponte에 기원을 뒀다는 의견으로 나뉜다. 이쯤 되니 펀트의 출신이 짐작된다.

대롱불기 마무리 단계에서 폰틸을 떼어낼 때 생기는 흔적을 폰틸 마크pontil mark · pontil scar라고 한다. 재가열해 흔적을 어느 정도 없앨 순 있지만 대롱불기 기법, 그중에서도 폰틸을 이용하는 프리 블로잉free-blowing 공정에서는 필연적으로 발생한다. 문제는 유리병 바닥이 평평할 경우 툭 튀어나온 폰틸 마크가 균형 안정성을 해칠 수 있다는 점이다. 또한 용융된 유리는 완전히 식기 전까지 '흘러내리는' 물성이 남아 있어서 이때 병을 세워두면 중력에 의해 바닥 부분이 볼록해질 수 있다. 펀트는 두 가지 문제를 한 번에 해결한다. 그래서 대롱불기 기법으로 만든 유리병이라면 용도와 상관없이 병바닥이 움푹 들어간 경우가 많다. 구조적 안정성을 위해 틀에 넣고 불어서 만드는 몰드 블로잉mold-blowing 방식으로 만든 병 바닥에도 펀트가 있다.

다양한 모습으로 변화한 와인병

대롱불기 기법을 활용한 유리병이야 고대 로마 시대부터 만들었고 그때부터 와인을 담아 마셨지만, 와인을 보관하고 운반하는 용기는 주로 나무통이었다. 와인병은 16~17세기에 도입되었고, 뒤이어 코르크 마개가 등장했다. 와인병과 코르크 마개는 와인에 밀봉과 숙성의 개념을 선사한, 와인 역사에서 가장 중대한 전환점이었다.

와인병을 만들던 이들은 제조 공정 중 어쩔 수 없이 생긴 흠결을 보완하는 과정에서 펀트의 유용성을 발견했다. 그리고 이를 기능적·심미적으로 더 다듬고 발전해가는 과정에서 펀트는 와인의 정체성 중 하나가 됐다. 제조 기술이 발달하면서 대다수의 유리병에서 펀트가 사라졌지만, 와인병에는 여전히 자리 잡고 있는 이유다.

펀트가 깊을수록 고급 와인이라는 건 오해다. 펀트의 유무나 깊이는 와인의 '급'과 무관하다. 일부 전문가들은 펀트의 깊이에 따라 사용되는 유리의 양이 달라지기 때문에 저가 와인은 펀트가 없는 병에 담기는 경우가 많다고 지적하지만, 반대의 사례도 많다.

독일 리슬링 와인은 플루트 스타일의 병에 담긴다. 길고 날씬한 디자인의 이 병에는 보통 펀트가 없다. 리슬링은 최고급 화이트 와인으로 다른 와인보다 침전물이 적어 펀트의 역할이 미미할 뿐 아니라 독일 유리 세공업자들이 펀트 없이 매끈한 와인병으로 자신들의 기술력을 뽐냈기 때문이다.

최고급 샴페인이자 황제의 샴페인으로 유명한 '루이 로드레 크리스탈Louis Roederer Cristal'에도 펀트가 없다. 1776년 설립된 루이 로드레 샴페인 하우스는 1870년대 황제 알렉산드르 2세의 요청으로 러시아 황실에 샴페인을 납품하며 명성을 얻었다. 와인과 상극인 자외선을 막기 위해 보통 초록색이나 갈색으로 만드는 기존 와인

병과 달리, 투명하고 펀트도 없는 크리스탈 유리병으로 만들었다.

알렉산드르 2세는 개혁 군주였다. 농노제를 폐지했고 지방자치의 근간을 마련했다. 만인에게 평등한 법 원칙 아래 사법 제도를 개편했고, 국민징병제를 실시해 귀족을 비롯한 모든 계층이 병역 의무를 지게 하되 군 복무 기간을 단축했다. 하지만 전제군주정의 틀을 유지하면서 진행한 개혁은 내부의 불만을 키웠다.

당시 혁명 세력의 잇단 암살 위협에 시달렸던 알렉산드르 2세는 루이 로드레에 황실 공식 샴페인을 요청하며 투명한 병을 조건으로 내걸었다. 술의 색깔과 거품을 육안으로 확인해 독살을 방지하고, 펀트에 소형 폭탄이나 흉기를 숨겨 반입하는 것을 막기 위해서였다. 이 중 독살 방지에 관한 내용은 샴페인의 황금색과 거품을 제대로 볼 수 있게 해달라는 요청이 와전된 것이란 주장도 있다. 아무튼 루이 로드레는 황제의 요청에 따라 투명하고 펀트가 없는 샴페인 병을 만들었고, 그 샴페인의 이름은 '크리스탈'이 됐다.

암살 위협에 시달렸던 황제의 강박적인 요구와 양조 장인의 심미안은 시대에 남을 샴페인을 남겼지만, 그 황제는 1881년 인민주의 혁명가 집단의 폭탄 테러에 생을 마감했다.

유리병인데
음료 잔으로 쓰는 '그거'

1. **메이슨자** mason jar

메이슨자에 담긴 블루 레모네이드를 한 모금 마셨다.
옆에 계신 어머니께서 "피클 병에 무슨 짓이야."라고
외치셨다.

메이슨자다. 투박하게 생긴 원통형 투명 유리병으로 손잡이가 달린 것도 있다. 돌려서 탈부착하는 금속 뚜껑과 나사산이 있는 병 입구가 특징이다. 음료 잔으로 널리 쓰이지만 원래는 음식을 장기 보존하는 저장 용기였다.

식재료를 장기 보관하기 위한 밀폐용기 그거

미국 뉴저지 태생의 양철공 존 랜디스 메이슨John Landis Mason은 1858년 새로운 형태의 밀폐용 유리용기를 발명하고 특허를 취득했다. 메이슨은 이 특허에서는 글라스자glass jar, 1870년 뚜껑 등을 개선한 특허에서는 프루트자fruit jars라는 직관적인 명칭을 붙였다. 하지만 세간에서 그의 이름을 따와 '메이슨자'라 부른 것이 그대로 이름으로 굳어졌다.

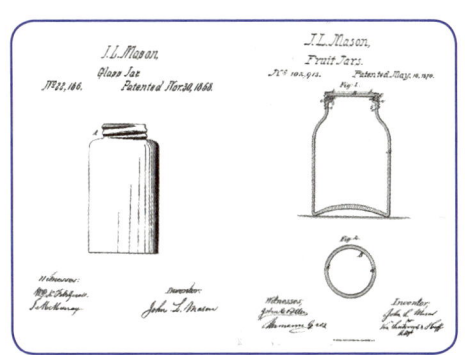

존 랜디스 메이슨이 1858년 발명한 글라스자와 1870년 개선한 프루트자의 특허 문서

메이슨자의 가장 큰 특징은 돌려서 여닫는 뚜껑인 스크

루 캡screw cap이다. 이 뚜껑은 입구와 지름이 같은 원형 금속판 '리드lid'와 구멍이 뚫린 고리 모양의 '밴드band'로 구성된다. 리드 밑면에는 고무링이 붙어 있어서 밴드를 병에 밀착해 돌려 닫으면 짠, 밀폐 용기가 완성된다.

냉장고가 없던 시절, 메이슨자는 식재료를 신선하게 장기간 보관할 수 있다는 점에서 혁명적인 발명품이었다. 당시에는 식재료를 말리거나, 훈연하거나, 소금이나 설탕에 절이지 않고서는 오래 보존할 방법이 마땅히 없었다. 양철로 만든 통조림은 집에서 쓸 수 없었고, 일반 가정에서 사용하던 병조림은 평평한 금속 뚜껑이나 코르크 마개로 병을 막은 뒤 뜨거운 밀랍이나 파라핀으로 밀봉하는 복잡한 방식이었다. 메이슨은 식품 보존에 지대한 공헌을 한 덕분에 미국 발명가 명예의 전당에 헌액되었다.

메이슨 자의 구조. 두 개의 부품으로 된 뚜껑이 특징이다.

메이슨자는 구조가 단순하고 생산 비용이 저렴했기 때문에 1879년 메이슨의 특허가 종료되자 수많은 유사품이 쏟아져 나왔다. 현재 메이슨자 브랜드로 우리나라에 잘 알려진 볼Ball 역시 1880년대 태어난 후발 주자 중 하나다.

메이슨은 메이슨자를 발명한 그해에 구멍 뚫린 스크루 캡이 달린 소금 통을 세계 최초로 발명하기도 했다. 세계 각국의 주방을 차지한 필수품을 만든 인물이다 보니 굉장한 부자가 됐을 듯하지만, 불행하게도 그는 평생을 가난하게 살았

메이슨자의 원래 용도는 식재료와 음식의 장기 보관을 위한 밀폐용기다. 식재료를 그득그득 쌓아놔야 안심이 되는 건 동서양을 막론하고 모두 같은 모양이다.

다. 보험금을 타기 위해 스스로 집에 불을 질렀다는 혐의로 기소되기도 했다. 그는 결국 뉴욕 빈민가에서 세상을 떠났다.

대단한 업적에 걸맞은 평가를 생전에 누리지 못한 발명가를 위해 메이슨자를 쓸 때마다 그를 기리도록 하자. 아, 아니다. 음료수 잔으로 쓰다 보면 너무 자주 기려야 하니 하루에 한 번만 애도를 표하는 것으로 하자.

테이크아웃 컵에
씌우는 '그거'

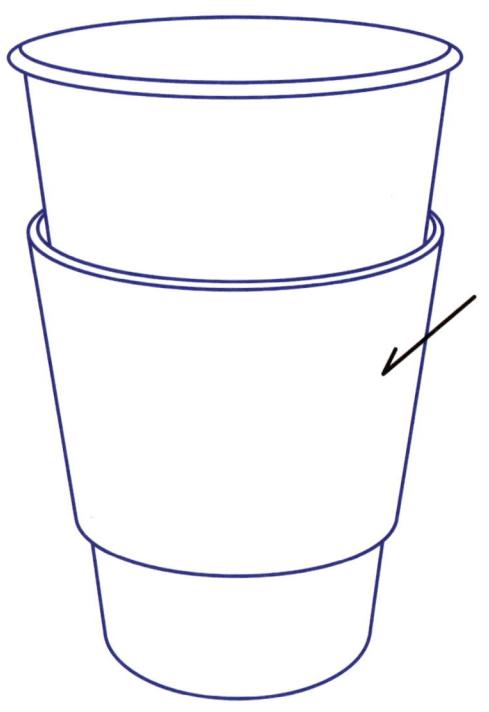

명사

1. **컵 슬리브**cup sleeve
2. 컵 홀더, 커피 코지, 컵 재킷,
   커피 칼라collar, 커피 클러치,
   페이퍼 자르프zarf

예문

컵 슬리브 없는 뜨거운 커피는
훌륭한 고문 도구다.

컵 슬리브다. 위아래가 뚫린 원통형 종이로 테이크아웃 컵의 중간 부분을 감싼다. 슬리브만 있다면 뜨거운 음료가 담긴 컵도 문제 없이 잡을 수 있다.

간단하지만 효과적인 발명품 그거

단순한 발명품이지만, 1908년 미국의 휴 무어Hugh Moore가 종이컵을 발명한 이래 무려 80여 년이 지나고서야 등장했다. 이전까지는 컵 두 개를 포개거나 음료가 닿지 않는 윗부분을 조심스럽게 잡아 열기를 피했다.

1991년 미국의 부동산 중개업자 제이 소런슨Jay Sorensen은 드라이브 스루 매장에서 주문한 뜨거운 커피를 마시다가 무릎에 쏟고 말았다. 누군가의 고통은 인류를 위한 발명으로 이어진다. 그는 뜨거운 종이컵을 안전하게 들고 마실 수 있는 여러 방법을 고안하다가 컵 슬리브를 발명했고, 2년 뒤 '자바 재킷java jacket'이란 제품으로 출시했다. 제품은 완벽했다. 발명 목적에도 부합했고, 사용하기 전엔 접어두어 공간을 덜 차지했으며, 기존 종이컵을 그대로 활용할 수 있었고, 무엇보다 저렴했다.

소런슨이 처음부터 컵 슬리브를 떠올린 것은 아니었다. 그는 원래 종이컵을 대체할 절연 소재의 컵을 구상했다. 하지만 단가가 비쌀 뿐 아니라 카페에서 판매되는 모든 음료가 뜨겁지도 않았기 때문에 구상을 원점으로 되돌려 시행착오를 겪은 끝에 컵 슬리브를 완성했다.

그는 이 발명품을 들고 스타벅스를 찾아갔다. 하지만 스타벅스가 특허권을 포함한 독점권을 모두 넘겨 달라고 요구하면서 난관에 부딪혔다. 이에 소런슨은 직접 컵 슬리브를 생산하는 쪽으로 전략을 수정했고 이 전환은 성공적이었다. 지역 커피 가맹점을 첫 고객 삼아 시작한 작은 사업은 이제 커피 산업에서 일회용 컵만큼이나 중요해졌다. 자바 재킷은 해마다 1,500여 곳 이상의 고객사에 10억 개씩 판매되고 있다.

이후 스타벅스는 자본주의 본령의 대표 브랜드답게 자바 재킷의 특허권을 교묘히 피해 가는 방식으로 '커피 클러치Coffee Clutch'라는 자체 컵 슬리브 특허를 받았다. 하지만 이미 공고한 위상을 차지한 자바 재킷의 점유율을 흔들지는 못했다.

컵 슬리브를 지칭하는 말 중 페이퍼 자르프는 튀르키예의 전통 컵 홀더인 '자르프zarf'에서 따온 말이다. 13세기부터 커피를 즐겨온 튀르키예에서는 손잡이가 없는 작은 컵인 '핀칸fincan'에 커피를 따라서 마시는데 컵째로 들고 마시기 어렵다 보니 금속이나 목재 등으로 만든 화려한 컵 받침 자르프를 이용하곤 했다. 목적이나 생김새가 컵 슬리브의 원형이라 할 만하다.

컵 슬리브는 2004년 뉴욕 현대 미술관MoMA에서 열린 'SAFE:

Design Takes On Risk' 전시회의 'Humble Masterpiece(국내 전시명은 '디자인 일상의 경이')' 컬렉션에서 포스트잇 및 일회용 반창고 등과 함께 작품으로 이름을 올리며 예술 작품으로 인정받기도 했다. 매일 사용하는 일상 속 사물이지만 "일반적인 문제에 대한 훌륭하고 합리적인 해결책이자 감탄할 만한 디자인과 기능성을 갖춘 걸작품"이란 이유에서다.

카페에서 빨대와
헷갈리는 '그거'

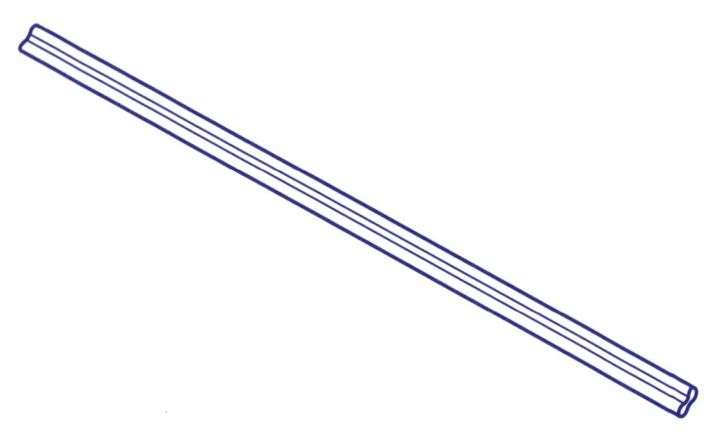

명사

1. **십스틱**sip stick,
   십 스터러 스틱sip stirrer stick,
   스터 스트로stir straw
2. 커피스틱, 스터러stirrer

예문

썸남이 커피를 받아오면서 십스틱과 냅킨을 넉넉히 챙겨왔다. 녀석, 센스가 있다.

십스틱이다. 발음에 유의해야 한다. 국내에서는 흔히 커피스틱으로 부른다. 북미 지역에서는 십 스터러, 커피 스터러, 스터 스트로 등이 혼용된다. 단, 커피스틱은 한국에서만 통용되는 단어로 일본과 미국에서는 인스턴트 커피믹스를 지칭하는지라 혼동할 여지가 있다.

젓개인지 빨대인지 모르겠는 그거

'홀짝거리다, 조금씩 마시다'라는 영단어 sip에 막대, 지팡이 등 길쭉한 물체를 뜻하는 스틱을 덧붙였다. 빨대처럼 관 모양으로 뚫려 있지만, 가로의 중앙 부분을 눌러 붙여 ∞ 모양으로 납작하게 만든 것이 특징이다.

십스틱이 입에 착 붙기는 하지만, 용어의 출처는 불분명하다. 2016년 이후 언론 기사 등을 통해 소개되고 포털 사이트의 신어 사전에 등재되기도 했지만, 북미 지역에서 쓰이는 일반적인 명칭과 맞아떨어지지는 않기 때문이다. 포털 사이트에서 십스틱이란 단어의 등장 시점을 추적하다 보니 2004년 12월 16일경 '네이버 지식iN'에 올라온 질문에 이르렀다.

혼란스러운 이름만큼 정체성도 위태롭다. 빨대인지 젓개인지

도무지 알 수가 없다. 양쪽의 주장을 모두 들어보자.

① 젓개다.

재료를 잘 뒤섞는 역할이다. 음료를 빨아 마시기 위한 용도로 쓰기에는 구멍이 너무 좁다. '그렇다면 왜 빨대로 오해하게 봉棒이 아닌 관管 모양으로 뚫려 있느냐'라는 질문에 대한 답변은 간단하다. 그편이 경제적이기 때문이다. 뚫린 부분만큼 원재료의 사용량을 아낄 수 있다. 또한 원재료인 폴리에틸렌의 비중(0.92~0.96g/mL)은 물(1.0g/mL)보다 낮아 구멍이 없다면 물 위에 쉽게 뜬다. 지금의 형태가 원형에 비해 휘젓는 데 적합하다.

② 빨대다.

이름부터가 '홀짝거리며 마시는' 상황을 상정한 작명이다. 단순히 휘젓는 용도라면 종이나 나무 등으로 만든 납작한 스터러 혹은 머들러가 이미 존재한다. 뜨거운 음료에 바로 입을 대고 마시면 입술이나 혀를 데일 수 있지만, 십스틱을 사용하면 빨아올리는 과정에서 음료가 통로를 지나며 빠르게 식는다. 구멍이 좁은 이유도 뜨거운 음료를 조금씩 마시도록 배려한 것이다.

십스틱으로 커피를 마셔본 사람은 '빨대론'이 얼마나 위험천만한 주장인지 안다. 커피 전문점의 뜨거운 음료는 대개 미친 듯이 뜨거운 상태로 서빙되기 때문이다. 십스틱으로 무턱대고 빨아 마시다간 입천장이 사라지는 마술적 경험을 하게 된다. 국내에서 판매되는 제품 중에 "커피스틱은 빨대가 아닙니다. 스틱으로만 쓰고 버려주세요." "커피스틱으로 드시다가 입안을 데일 수 있으니 주의하세요."라는 문구가 표기된 제품이 있을 정도다.

많은 전문가가 커피의 맛과 향을 즐기기에 가장 적절한 온도는 섭씨 70도 전후라고 조언한다. 커피 본연의 향을 즐기면서 십스틱을 안전하게 이용하고 싶다면 음료를 식혀서 마시는 버릇을 기르자.

젓개론자의 승리가 눈앞이다. 하지만 이미 십스틱을 애용하고 있는 수많은 빨대론자를 전부 이단이라고 배척할 수는 없다. 적당히 타협해 '마시는 용도로도 쓸 수 있는 빨대 겸 젓개' 십+스틱이라고 해두자.

열지 않고 마실 수 있는
테이크아웃 컵 뚜껑 '그거'

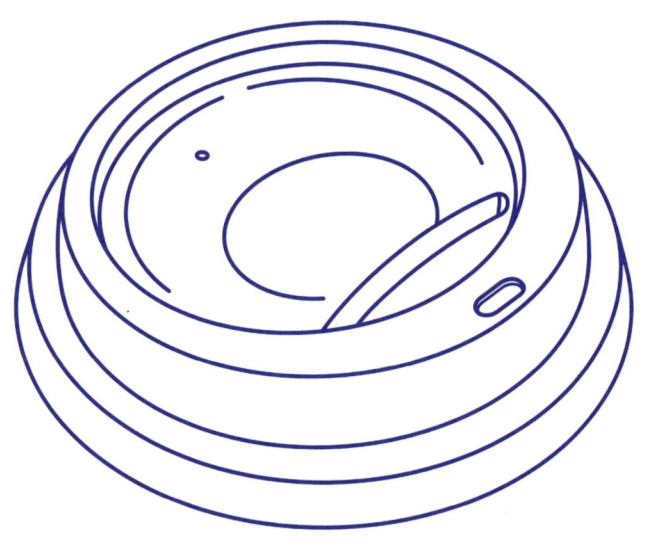

명사

1. **커피 리드**coffee lid,
2. 트래블러 리드traveller lid
   드링킹 리드, 돔 리드

예문

대도시의 바쁜 인파 사이에서 여유롭게 커피 한 잔을 음미한다. 커피 리드에 입술을 대고……. 앗 뜨거!

커피 리드다. 커피 전문점에서 테이크아웃 컵에 음료를 받으면 플라스틱 뚜껑이 함께 딸려온다. 점원이 깜빡했다면 "컵 뚜껑 주세요."라고 하면 그만이지만, 정확한 명칭은 커피 리드다. 트래블러 리드, 드링킹 리드, 돔 리드라고도 부른다. 리드가 '뚜껑'을 뜻하는 단어이므로 컵 뚜껑이라고 지칭해도 문제는 없다.

테이크아웃 커피를 위한 뚜껑 그거

사람들은 일회용 커피 리드에 많은 것을 바란다. 컵을 든 채로 움직여도 커피가 흘러나오지 않아야 하며, 뚜껑을 열지 않고도 커피를 마실 수 있어야 한다. 쉽게 여닫을 수 있어야 하지만 그렇다고 해서 저절로 열리는 불상사는 없어야 한다. 커피가 빨리 식지 않도록 빈틈없이 덮으면서도 커피의 향은 날아가지 않으면 참 좋겠다. 이처럼 역설적인 기대 탓에 커피 리드는 완벽함을 향해 지금도 진화 중이다.

음료수 뚜껑에 대한 최초의 특허는 1934년, 플라스틱 커피 리드에 대한 첫 특허는 1967년에 출원됐다. 하지만 초창기에는 음료를 쏟지 않고 운반할 목적으로 설계된 탓에 소비자가 직접 구멍을 뜯어내야 했다. 테이크아웃 커피는 1964년 뉴욕 롱아일랜드의 세븐일레븐 편의점에서 최초로 판매되었다. 1980년대 여러 개선품이 나왔는데, 가장 대표적인 제품은 잭 클레먼츠Jack Clements가 디자인한 솔로 트래블러Solo Traveler다. 이름도 멋있다. 1986년부터 생산된 이 커피 리드는 마시는 사람의 입술은 물론 (서양인의 큰) 코까지 감쌀 수 있는 구조로 설계됐고, 윗부분을 볼록하게 만들어 당시 유행했던 카푸치노와 라떼의 풍성한 거품까지 보존했다. 현대적인 커피 리드는 이때 완성됐다.

커피 리드를 자세히 살펴보면 음료가 나오는 구멍 반대편에 작은 구멍이 하나 더 있다. 바로 공기 유입구다. 이 작은 구멍이 없으면 음료가 차지하던 공간을 대체할 공기가 제대로 유입되지 않아 액체의 흐름이 방해받는다. 그 과정에서 뜨거운 음료가 갑자기 쏟아지면 화상을 입을 수도 있다. 공기 유입구는 음료에서 발생하는 열기를 배출해 커피 리드가 고온에 오래 노출돼 변형되는 것을 막는 역할도 한다.

2018년 《커피 리드: 벗기고, 조이고, 오므리고, 구멍난 것Coffee Lids: Peel, Pinch, Pucker, Puncture》이란 책을 펴낸 건축가 루이스 하프먼Louise Harpman과 스콧 스펙트Scott Specht는 "커피 리드는 미국의 '온 더 고on-the-go'• 소비 문화가 반영된 결과물"이라며 " 사소한 물건에 불과하지만 그 속엔 너무 많은 디자인적 노력과 경이와 미적 가치가

• 바쁘게 이동하며 음식을 소비하는 소비자

담겨 있다."고 강조한다. 저자들은 전 세계에서 500개 이상의 커피 리드를 수집했는데 이 중에는 한국인 디자이너 장우석의 작품인 '키스 리드'도 있다. 입체적인 얼굴 모양인 이 리드는 입술 부분에 뚫린 구멍을 통해 음료를 마실 수 있어 마치 키스하는 것처럼 보이는 게 특징이다.

테이크아웃 컵 뚜껑의 구멍을 막는 '그거'

명사

1. **스플래시 스틱**splash stick
2. 커피 플러그coffee plug,
   십 홀 플러그sip hole plug,
   커피 스토퍼coffee stopper

예문

나는 스플래시 스틱 없이는 커피를 들고 1미터도 제대로 걸을 수 없다.

스플래시 스틱이다. 초록색 플라스틱 소재로 두꺼운 윗부분에 스타벅스의 상징인 세이렌을 새기고, 얇고 긴 아랫부분에 귀이개 같은 모양을 만들었다. 테이크아웃 컵 뚜껑의 변천사와 함께 등장한 물건으로, 커피 리드의 구멍, 십 홀sip hole에 딱 맞게 설계된 플라스틱 막대를 꼽아 음료가 새어 나오는 걸 막는 일종의 마개다. 커피 플러그, 십 홀 플러그, 커피 스토퍼라고 부르기도 한다.

크기는 작지만 넘치는 커피를 막아주는 완벽한 도구 그거

스플래시 스틱은 2008년 스타벅스가 처음으로 선보였다. 예상하기 어려운 공식 명칭도 이때 공개됐다. 고객의 의견과 아이디어를 접수하는 '마이 스타벅스 아이디어' 웹사이트를 통해서였다. 일부 매장에서 시범적으로 제공하다가 고객들의 긍정적 평가에 힘입어 전 매장으로 확대하기로 했다는 내용이었다. 하워드 슐츠Howard Schultz 전 스타벅스 CEO는 2008년 자신의 블로그에 스플래시 스틱은 "작고 단순한 물건이지만 고객의 기대를 뛰어넘어 특별한 경험을 선사하는 도구"라고 소개했다. 이어 그는 "완벽한 도구를 디자인하기 위해 매일같이 열심히 노력하는 스타벅스와 직원들의 열정에 대한 은유 그 자체"라고 치켜세웠다.

    스플래시 스틱은 그 쓸모를 인정받아 다른 커피 전문점에도 도입되었다. 다만 스타벅스의 버전은 마개뿐 아니라 젓기용 막대로도 쓸 수 있게 디자인되어 유독 길이가 길다. 하지만 스타벅스가 지속 가능한 경영과 친환경 노선을 지향하며 플라스틱 사용을 줄이면서 스플래시 스틱도 함께 사라지는 추세다.

소주 병뚜껑에 꼬리처럼 달린 '그거'

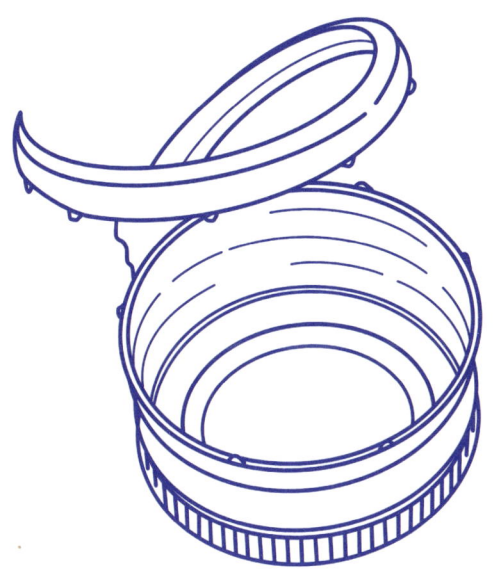

명사

1. **스커트**skirt, 링ring
2. 개봉 확인 밴드tamper-evident band
3. 시큐리티 링security ring
   위조 방지 링pilfer proof ring,
   브레이크 어웨이 밴드break-away band

예문

소주 뚜껑의 스커트를 이리저리 만지더니 하트 모양으로 만들었다.

스커트다. 국내 제조 현장에서는 간단히 링이라고 부른다. 공식 명칭이 낯설다 보니 주류 업체 홈페이지나 SNS 계정에서는 '병뚜껑 꼬리'라고 표기하기도 한다. 스크루 형태의 뚜껑을 비틀어 열면 밑부분만 뜯어지는데 이 스커트 상태에 따라 개봉 여부를 확인할 수 있어 개봉 확인 밴드라고도 한다.

내용물 위조를 방지해주는 그거

소주병 뚜껑처럼 알루미늄을 재료로 하는 병마개는 ROPP Roll On Pilfer Proof 캡이라고 한다. 스크루 캡이라고도 부르는 ROPP 캡은 녹이 슬지 않고, 별다른 도구 없이 손으로 개봉할 수 있다 보니 널리 활용된다. 페트병 뚜껑으로는 위조 방지 스커트가 달린 플라스틱 PP 캡이 주로 쓰인다.

   소주처럼 끊어진 스커트가 꼬리처럼 뚜껑에 달린 형태는 스플릿 밴드, 콜라 등 페트병 음료수처럼 개봉한 후에도 스커트가 병목에 남아있는 형태를 드롭 밴드라고 한다. 길이에 따라 숏 스커트, 롱 스커트로 나누기도 한다. 코르크 마개 대신 알루미늄 캡을 쓰는 편의점 와인이 대표적인 롱 스커트 형태다. 까드득-. 소주 뚜껑을 돌려 여는 익숙한 소리와 함께 내용물의 위·변조를 방지하는 스커트의 임무는 끝이 난다.

    2020년 하반기부터 일부 소주의 스커트는 두 갈래로 떨어지게 바뀌었다. 더 이상 황비홍의 변발이 아닌 말괄량이 삐삐의 갈래머리가 된 셈이다. 스플릿 밴드 방식의 병뚜껑을 개봉하면 스커트가 끊어지면서 뚜껑과 함께 제거되어야 하지만, 가끔 병목에 '잔류 링'으로 남아 있는 경우가 있다. 하이트진로 측에 따르면 공병을 재활용하는 과정에서 잔류 링을 제거하는 공정을 줄이기 위해 스커트가 갈라지는 부분을 두 곳으로 늘려 잔류 링이 발생할 확률을 낮췄다고 한다. 재활용 편의성을 위한 개선책인 셈이다.

    주당들이 호기롭게 꺼내놓는 음주 무용담 중에는 허무맹랑한 이야기가 많다. 그중에는 '소주 뚜껑의 스커트를 줄줄이 이어서 늘어트렸더니 천장에서 바닥까지 닿더라'라는 얘기도 있다. 병뚜껑이 곧 '음주의 영수증'이 된 셈이다.

    국세청 입장에서 술 병뚜껑은 실제로 중요한 영수증이다. 소주와 맥주 뚜껑에 인쇄된 '납세필'이라는 글자는 한국이 전 세계에서 유일하게 병뚜껑을 통한 납세 증명제도를 운영하고 있음을 의미한다. 2014년부터는 1만 킬로리터 이상 출고하는 막걸리(탁주)에도 증지 부착을 의무화했다. 덕분에 소주와 맥주 병뚜껑의 세법상 이름은 '납세병마개'가 되었다.

    납세병마개는 '40년간 밀봉된' 권력이기도 했다. 주류세 납부의 영수증인 만큼 국세청이 병마개 제조 업체를 별도로 지정해 엄격히 관리하고 있기 때문이다. 문제는 40년 넘도록 독과점 체제가 유지되고 있었다는 점이다. 1972년 납세병마개 제도를 도입한 이래 삼화왕관과 세왕금속공업이 2010년까지 시장을 양분해왔다. 병뚜껑 제조 업체의 요직을 국세청 전직 고위 간부들이 꿰차고 있다는 점도 비판의 대상이 됐다. 다행히 2010년 CSI코리아가 세 번째 사업자로 선정되면서 독과점 구조에 균열이 가기 시작했다.

2023년 기준 납세병마개 사업자는 삼화왕관, 세왕금속공업, 팩트그룹 클로저시스템즈코리아, 신성이노텍, 두일, 영진에스피공업, 삼천상사 등 일곱 곳이다. 이 중 시장의 90퍼센트를 차지하는 금속 납세병마개를 제조할 수 있는 자격은 여전히 삼화왕관과 세왕금속공업 두 곳만이 가지고 있다. 나머지 업체는 맥주 페트병 등에 쓰이는 플라스틱 납세병마개만을 제조한다.

영화 속 술꾼들이 애용하는 납작한 술병 '그거'

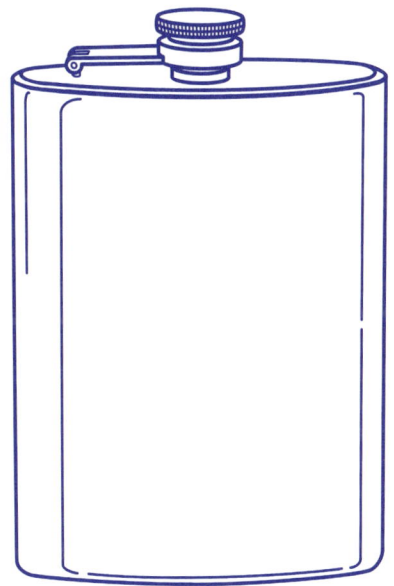

1. **힙 플라스크** hip flask

선배는 뒷주머니에서 멋지게 힙 플라스크를 꺼냈지만, 그 안에는 소주가 들어있었다.

힙 플라스크다. 금속이나 유리로 된 납작하고 작은 휴대용 술병을 말한다. 과거엔 주석이나 유리, 은으로 만들었지만, 최근에는 스테인리스 스틸이 주로 쓰인다. 술병째로 들고 다니거나 가죽으로 된 케이스에 넣어 다닌다. 미국에서는 줄여서 플라스크라고도 부르지만, 국내에서 플라스크는 주로 화학실험 용기를 가리키며 영국에서는 보온병을 뜻한다.

노동자들의 필수품이었던 그거

디자인은 다양하지만 완만한 곡선으로 휜 형태가 일반적이다. 이러한 디자인을 키드니 플라스크 kidney flask라고 한다. 위에서 바라본 모양이 신장(콩팥)을 닮았기 때문이다. 이런 모양 덕에 바지 주머니에 쉽게 들어가고, 엉덩이나 허벅지 등 몸의 굴곡에 밀착해 티가 나지 않는다. 캡티브 톱 captive top이라 부르는 뚜껑은 보통 병 본체에 경첩으로 연결된 형태로 만든다.

로망 때문에 힙 플라스크를 산다면 현실의 벽에 부딪힐 것이다. 납작하고 뚜껑이 작은 구조 탓에 내부 청소가 쉽지 않고, 일반적인 음료병에 비해 용량도 형편없이 적다. 일반적으로는 6온스(177밀리리터)나 8온스(236밀리리터)에 불과한데, 우유 작은 팩의 용량이 200밀리리터임을 생각해보면 상당히 박한 편이다. 보온·보랭은 당연히 기대할 수도 없다.

해적·서부영화 등 장르 영화에서는 거친 사람들의 필수품처럼 묘사되지만, 약 200년 전 영국에서 힙 플라스크가 데뷔했을 때는 노동자들이 주로 사용했다. 18세기는 발명의 시대였다. 산업혁명의 물결로 대량생산 시대가 열렸고, 효율적인 증기기관 덕분에 제철·화학 공업·전기 분야는 혁신적으로 진보했다. 18세기 서양을 한 장의 그림으로 묘사한다면, 끊임없이 연기를 뿜어내는 공장들과 그 안에서 쉴 새 없이 돌아가는 거대한 기계 장치, 그리고 얼굴에 검댕을 묻힌 채 일하는 노동자들의 모습일 것이다. 인류 문명을 송두리째 바꿔놓은 거대한 발명 틈새에는 미시적인 발명도 있었다. 바로 회중시계와 힙 플라스크다. 소형화·휴대성의 기치 아래 탄생한 이 두 물건은 도시의 풍광이 아닌 주머니 속의 위계를 바꿔놨다.

독일의 시계 장인 페터 헨라인Peter Henlein이 최초의 휴대용 시계를 디자인한 것은 16세기 초이지만, 주머니에 넣고 다닐 수 있는 회중시계의 개념이 자리 잡은 것은 17세기 후반이었다. 영국의 찰스 2세가 들고 다닌 회중시계는 그야말로 '국왕픽' 잇템이었다. 이후 1735년 영국의 존 해리슨John Harrison이 기계식 정밀 시계인 크로노미터를 개발, 토마스 머지Thomas Mudge가 1755년 레버식 탈진기 escapement(진자가 왕복하며 톱니바퀴를 회전시키는 장치)를 내놓으며 시계의 정밀화·소형화에 가속이 붙었다. 회중시계가 당대의 상류층에서 유행한 사치품이었다면, 초기의 힙 플라스크는 하류층 노동자 계급과 군인들이 주로 쓰던 물건이었다. 기존 물병과는 달리 바지 주머니나 재킷 안주머니에 꼭 맞게 들어가는 힙 플라스크는 인기를 끌었다.

회중시계와 힙 플라스크는 각각 계층 양극단의 '휴대용' 전유물로 출발했지만, 시간이 흐를수록 상대 진영을 향해 전진했다. 왕년의 초호화 아이템이었던 휴대용 시계는 저렴한 쿼츠 시계의 등장과 대량생산에 힘입어 누구나 가질 수 있는 흔한 물건이 됐다. 독한 술로 고된 몸을 덥혀야 했던 육체노동자의 벗 힙 플라스크는 멋들어진 가죽 케이스와 필기체 각인으로 무장하고 '취향의 영역'에 진입했다.

영국에서 넘어온 힙 플라스크가 미국에 자리 잡게 된 것은 아이로니컬하게도 금주법 때문이었다. 미국에서 1919년부터 1933년까지는 '금주법 시대'인데, 이는 술의 제조·판매·운송·수출입을 금지한 수정헌법 18조와 관련 법안 때문이었다. 그러나 하지 말라면 더 하는 것이 사람의 본성이다. 미국인들은 하루아침에 불법이 된 음주를 더 은밀하게 즐기기 시작했다. 주류 산업과 종사자들은 몰락했고 주 정부는 세수 부족에 시달렸지만, 밀주 산업이 번성하면서 밀수업자는 떼돈을 벌었다. 마피아 같은 범죄 조직은 이를 기회 삼아 급격히 세력을 키웠다. 밀수한 술을 판매하는 무면허 불법 술집 스피키지(스피크이지) 바도 성행했다.

이때 많은 사람이 긴 장화 윗부분에 플라스크를 숨겨 주류를 운반했다. 부츠의 윗부분을 뜻하는 부트레그bootleg(부틀렉)는 금주법 시대를 거치며 밀주 혹은 밀주를 제조·판매하는 행위를 뜻하는 단어가 됐다. 이후 뜻이 더 확대돼 '불법으로 만든', '해적판(의)'을 의미하게 됐다.

피츠제럴드와 젤다의 힙 플라스크

이제 역사에 기록될 힙 플라스크 얘기를 해볼 차례다. 1918년 9월 13일, 젤다 세이어Zelda Sayre는 육군 중위이자 작가 지망생인 한 남자에게 순은 힙 플라스크를 선물한다. 그녀는 매력적이고 활달한 미인이자 앨라배마 대법관의 막내딸로, 몇 달 전 사교 클럽에서 그를 만났다. 몽고메리 외곽 캠프 셰리든에 주둔하고 있던 젊은 군인은 첫 만남 이후 젤다에게 끊임없이 구애했고, 그녀 역시 가난하지만 재능과 자신감 넘치는 청년에게 매료됐다. 10.5온스(약 310밀리리터) 용량의 은으로 만든 힙 플라스크에는 다음과 같은 각인을 새겼다.

> 65보병대 캠프 셰리던 F. 스콧 피츠제럴드 중위에게
> '나를 잊지 마세요For-get-me-not' 젤다
> 18년 9월 13일, 앨라배마주 몽고메리

훗날 불멸의 고전 《위대한 개츠비》를 내놓으며 1920년대 재즈 시대와 영미문학을 대표하는 대문호로 평가받는 스콧 피츠제럴드 Scott Fitzgerald는 1920년 젤다와 결혼했다. 단언컨대 20세기 문학사에서 가장 중요한 힙 플라스크의 등장이었다. 그러나 술병이 선물이었던 탓일까. 두 사람은 술독에 빠져 유럽과 미국을 오가며 사치와 향락, 온갖 스캔들로 사교계를 떠들썩하게 만들었다. 자기 파괴적인 알코올 중독에 시달리던 스콧과 신경쇠약으로 정신병원에 입원한 젤다의 결혼 생활은 불행했다. 결국 병원 신세를 진 스콧은 금주 기간을 가졌지만 맥주는 술이 아니라며 매일 스무 병이 넘는 맥주를 마셔댔다. 위대한 작가는 44세의 젊은 나이에 심장마비로 허무하게 세상을 떠났고, 몇 년 뒤 젤다 역시 정신병원 화재로 사망했다.

"처음엔 당신이 술을 마시고, 다음엔 술이 술을 마시고, 그후엔 술이 당신을 마신다."라는 말을 남긴 스콧 피츠제럴드는 자신의 말마따나 '술이 사람을 마시는' 마지막까지 술잔을 내려놓지 않았다. 100년쯤 늦은 로망에 이끌려 힙 플라스크를 사게 된다면, 한 모금 정도는 위대한 작가 스콧과 그의 뮤즈 젤다를 위해 마셔보는 것은 어떨까.

걸치다

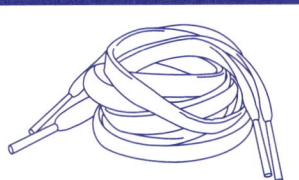

몸에 걸치고 다니는 사물들의 이야기

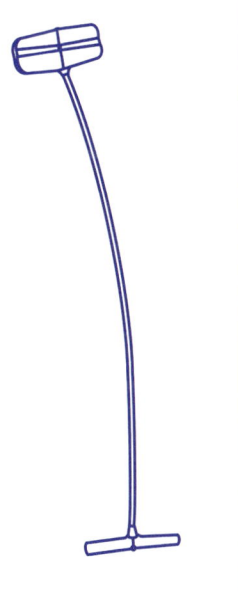

가방끈 길이 조절하는 네모난 '그거'

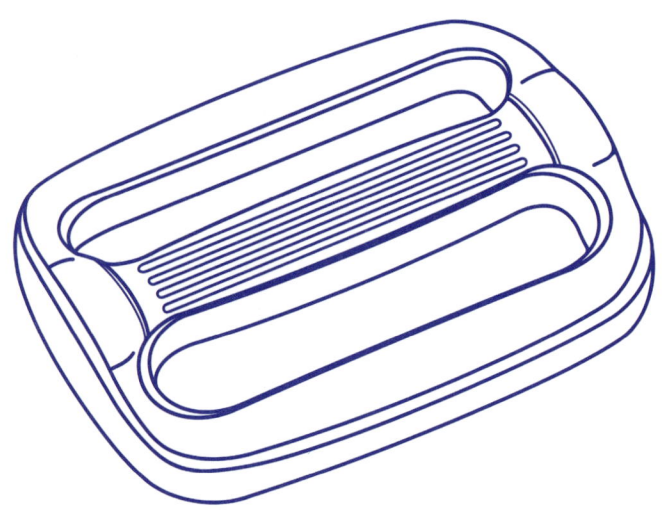

1. **왈자고리**, 왈자 조리개
2. (미국) 트라이 글라이드 버클tri-glide buckle, 웨빙 슬라이드webbing slide

왈자고리가 깨지는 바람에 가방이 무릎까지 내려온다.

왈자고리다. 말 그대로 한자 가로 왈曰을 닮은 고리다. 가방끈의 길이를 조절하는 데 쓴다. 왈자고리에 가방끈을 통과시킨 뒤 끈이 두 겹으로 겹치는 부분을 조정해 늘이거나 줄인다. 가방 외에도 반려동물 하네스, 브래지어, 물안경, 총기 등 끈이 포함된 다양한 물건에 쓰인다. 영어권 국가에서는 트라이 글라이드 버클 혹은 트라이 글라이드 슬라이드라는 복잡한 이름으로 불린다. 한자 생활권이라서 다행이다.

가방끈을 자유롭게 조절할 수 있는 그거

배낭·힙색 등에서는 왈자고리 말고 가방끈의 길이를 조절하는 고리가 따로 있다. 왈자고리에 가로줄이 하나 더 추가된 형태다. 하단의 손잡이를 살짝 들어 올리면 끈 길이를 쉽게 조절할 수 있고, 놔두면 장력과 마찰력 덕분에 단단히 고정된다. 가로줄이 여러 개 있는 형태가 사다리를 닮아서 래더 로크 버클ladder lock buckle, 국내에서는 래더 로크(래더 락)라고 부른다. 어차피 왈자고리라고 작명하는 김에 목目자고리라고 이름 붙이면 어땠을까 하는 아쉬움이 남는다.

이외에도 가방과 끈을 연결하는 알파벳 D 모양의 고리는 D링이라고 한다. 타원형으로 한쪽을 누르면 안으로만 여닫히는 고리는 카라비너carabiner다. 원래는 암벽등반 시 밧줄을 고정하는 등의 용도였지만, 사용이 간편하고 끈이나 줄이 빠지지 않아 일상에서도 많이 쓰인다. 국내에서는 '개고리'라고 불린다. 이름의 유래는 아마도 쉽게 열 수 있는 고리라는 점에 착안해 열릴 개開자를 붙인 것으로 추정된다. 카라비너도 명명의 과정이 파란만장하다. 출발점은 가볍고 총신이 짧은 소총을 뜻하는 카빈carbine이다. 카빈의 어원은 프랑스어 carabine으로, 역시나 마찬가지로 경기병carabin이 사용하는 총신이 짧은 소총, 기병총(기총)을 뜻한다. carabine이란 단어가 독일로 넘어가면서 karabiner로 바뀌었다.

문제는 다음부터다. 이후 독일어의 합성어 체계 덕분에 카라비너하켄karabinerhaken이란 단어가 생겨나게 되는데, 이는 기병총을 뜻하는 카라비너와 '갈고리로 고정시키다' '갈고리 모양으로 걸치다'를 뜻하는 하켄haken이 합쳐진 것이다. 나치의 '갈고리 십자가' 하켄크로이츠할 때 그 하켄이다. 카라비너하켄은 소총에 달린 고정용 갈고리, 즉 한쪽이 열리게 되어 있는 총기멜빵끈고리를 뜻한다. 뜻풀이는 총기멜빵끈고리였지만, 다양한 용도로 쓰였다. 프로이센의 베를린 소방대는 카라비너하켄을 화재 현장 및 인명 구조 현장에서 활용하기도 했다.

1860년대 카라비너하켄이 독일 국경을 넘어 영국·미국으로 이동하는 과정에서 정작 중요한 하켄은 생략되고 카라비너만 살아남았다. 독일어권 입장에서는 등산용 고리 이름이 난데없이 소총인 셈이니, 퍽이나 당황스러울 것 같다.

배낭 가운데 돼지코 모양의 패치 '그거'

1. **래시 탭**lash tab
2. (미국)돼지주둥이pig snout

무척 아끼는 가방의 래시 탭에 누군가 라면 국물이 묻은 나무젓가락을 꽂아두었다.

래시 탭(래쉬 탭)이다. 배낭 앞에 붙은, 돼지 콧구멍 모양의 마름모꼴 패치를 말한다. 가죽 소재가 많지만 고무와 플라스틱 재질도 자주 사용한다. 일반적으로 배낭의 가운데 부분에 붙인다.

등반가의 장비에서 학생들의 일상으로 진화한 그거

도무지 쓸모를 알 수 없어 멋내기용인가 싶지만, 브랜드를 막론하고 부착된 점이 의문이다. 래시 탭은 '(밧줄로) 단단히 묶는다'를 뜻하는 래시lash와 식별표·꼬리표를 의미하는 탭tab을 합친 이름에서 알 수 있듯이 물건을 매다는 용도로 쓴다. 구멍 사이로 끈, 카라비너 등을 끼워 물건을 묶거나 매다는 것이다. 처음에는 암벽등반용 얼음도끼(피켈)를 휴대하는 용도였고, 그 외의 장비도 쉽고 빠르게 찾기 위한 목적으로 매달아두었다. 밧줄이나 침낭 등 부피가 크거나 비옷, 등산화처럼 다른 물건과 섞이면 곤란한 물건들을 매달 때도 쓰인다.

등산용 배낭에서나 볼 수 있었던 래시 탭이 학생용 책가방에까지 진출한 계기는 캐나다의 가방 제작업체 허셜 서플라이Herschel supply 덕분이다. 허셜 서플라이는 세련된 마름모꼴의 가죽 패치로 재해석한 래시 탭을 배낭에 부착했고, 이후 다른 아웃도어 배낭 브랜드에서도 이를 도입하기 시작했다. 허셜 서플라이의 래시 탭 사랑은 참으로 지극해서 배낭은 물론 더플 가방, 크로스백, 심지어 폴리카보네이트 소재의 트렁크 가방에까지 래시 탭을 붙였다. 이쯤 되면 브랜드 로고 수준이다. 사람들은 허셜 서플라이라는 브랜드는 몰라도 '마름모 돼지코 그거'는 알고 있으니 틀린 말도 아니다.

배낭이 등산가나 탐험가를 위한 '장비'에서 일상생활 용품으로 영역을 넓히면서 래시 탭도 은근슬쩍 함께 따라왔다. 세상 게으른 고도비만 고양이에게도 사냥 본능이 남아 있는 것처럼, 책가방으로 살면서도 야생을 누비던 탐험가의 성정은 버리지 않은 셈이다.

하지만 일상에서 쓰는 배낭의 래시 탭은 장식으로만 기능한다. 허셜 서플라이의 공동 창업자인 제이미 코맥Jamie Cormack은 언론 인터뷰에서 "(래시 탭은) 옛 등산용 배낭과 과거에 대한 경의"라며 실용성보다 상징성을 강조했다.

우리의 양손을 자유롭게 만든 배낭의 5000년 역사

그렇다면 인류는 어느 시기부터 배낭을 사용했을까. 배낭背囊, backpack은 이름 그대로 물건을 넣어 등에 지고 다니는 주머니다. 손이나 자루를 이용하는 것보다 훨씬 더 많은 짐을 효율적으로 옮길 수 있고, 무엇보다 양손을 자유롭게 쓸 수 있다는 이점이 크다. 선조들이 선사 시대 때부터 가방을 사용한 점으로 미루어볼 때, 배낭 역시 상당히 이른 시점에 등장했으리라 추정하지만 구체적인 시기는 알 수 없다. 가죽이나 식물 섬유로 제작된 배낭은 원형 그대로 남아 있지 않기 때문이다.

배낭에 대한 세계에서 가장 오래된 사료는 기원전 3300년까지 거슬러 올라간다. 배낭의 주인은 외치Ötzi, 일명 '아이스맨'으로 불리는 미라다. 이 남성 미라는 1991년 이탈리아와 오스트리아 국경 사이 해발 3,200미터 고도의 알프스 산맥에서 발견되었으며, 약 5,300년 전 청동기 시대에 사망한 것으로 추정된다. 빙하에 파묻혀 냉동된 덕에 시신뿐만 아니라 가죽옷과 나무 활·구리 손도끼 같은 소지품까지 온전하게 남았다. 이때 나무 배낭도 함께 발견되었다. 현장에서는 U자 형태로 휜 2미터 길이의 개암나무 막대와 길이 38~40센티미터의 좁은 나무판 두 개가 나왔는데, 학자들은 막대와 나무판을 끈으로 묶어 틀을 잡은 다음, 가죽 자루나 그물을 매달아 배낭으로 사용했을 것으로 추정했다.

우리나라의 지게도 있다. 엄밀히 따지면 배낭은 아니지만, 짐을 얹어서 지고 다닌다는 점에서 빠지면 왠지 섭섭하다. 1690년(숙종 16년)에 나온 《역어유해譯語類解》라는 책에서는 지게의 뜻을 풀어 배협자背狹子라고 적고 있다.

외치의 배낭 이후, 이렇다 할 변화 없이 5,000여 년이 흘렀다. 배낭의 시곗바늘이 조금씩 움직이기 시작한 것은 1800년대 후반 노르웨이에 '세크 메드 메이스Sekk med meis(프레임·틀이 있는 가방)'가 널리 보급되면서부터다. 1878년에는 미 육군 헨리 C. 메리엄Henry C. Merriam 대령이 외부 프레임 배낭 디자인에 대한 특허를 최초로 출원했다. 보병의 부담을 덜어주기 위해 하중을 분산하는 디자인을 고안했지만, 지독하게 불편한 탓에 널리 사용되지는 못했다. 1938년에는 제리 커닝햄Gerry Cunningham이 지퍼로 여닫는 배낭을 만들어 게임의 판도를 바꿔버렸다. 이후 배낭에 알루미늄 프레임, 허리 벨트, 패딩 어깨끈, 내부 프레임, 힙 벨트 등 신기술과 신소재가 속속 도입되며 현대적인 등산용 배낭이 완성됐다.

이후에도 커닝햄은 5,000년 배낭사의 공백을 채울 기세로 혁신적인 발명을 이어간다. 그는 현대적인 디자인의 삼각형 카라비너, 코드로크code lock●, 에드먼드 힐러리Edmund P. Hillary가 에베레스트산을 최초로 등정하면서 사용한 텐트, 유아용 캐리어, 경량 다운 재킷 등을 발명하며 아웃도어 장비의 진화를 이끈다. 여기까지만 짚어봐도 '야생의 에디슨' 수준인데 아직 큰 게 남았다. 지퍼 배낭 발명 이후 30년이 지난 1967년, 그의 손에는 세계 최초의 경량 나일론 티어드롭 배낭이 들려 있었다. 모든 나일론 배낭, 일상용 경량 배낭의 시작이었다. 이쯤 되니 에디슨을 '인도어 제리 커닝햄'이라고 불러도 무방할 것 같다. 아무튼 그는 1971년에 자신이 세운 회사가 너무 커져서 재미없다는 이유로 사임하고 항해 및 선박 분야에서 새로운 도전을 이어갔다.

● 매듭 대신 끈을 당겨서 잠그는 장치 '그거'

등산용 배낭이 학생용 책가방으로 영역을 넓힌 배경에는 우리에게도 잘 알려진 브랜드 잔스포츠Jansport가 있다. 1967년 미국 시애틀에서 아웃도어 매니아인 스킵 요웰Skip Yowell, 엔지니어이자 스킵의 사촌인 머레이 플레츠Murray Pletz, 그리고 머레이의 여자친구이자 재봉사인 잔 루이스Jan Lewis가 의기투합해 아웃도어 배낭 사업을 시작했다. 짐작대로 브랜드명은 잔의 이름에서 따온 것이다. 로맨틱하다. 사업 초창기엔 산악인을 위한 전문가 배낭에 초점을 맞추다가, 캠핑과 야외 활동에 대한 수요가 줄어들자 커닝햄의 나일론 배낭에서 영감을 얻어 경량 배낭 제품군 '데이팩'을 내놨다. 이 배낭은 워싱턴대학교 스포츠 용품 매장에 입점했고, 이에 매료된 학생들이 너도나도 가방을 구매하면서 이윽고 캠퍼스를 장악하게 된다.

혁신은 등장과 동시에 그 빛을 잃어간다. 시대를 풍미했던 유행도 이내 닳고 퇴색돼 흔한 일상의 일부가 된다. 위대했던 출발점을 기억하는 이들도 점차 사라진다. 3.5인치 플로피 디스크 모양의 저장 아이콘처럼, 다이얼 전화기의 수화기를 닮은 통화 버튼처럼, 그리고 아이 방구석에 후줄근하게 구겨진 책가방 속 탐험가의 기억을 간직한 래시 탭처럼. 영광의 시대를 살아내고 이윽고 일상이 된 늙은 혁신은 그 자체로 존중받고 기억될 자격이 있다.

새 옷에 가격표를 달 때 사용하는 '그거'

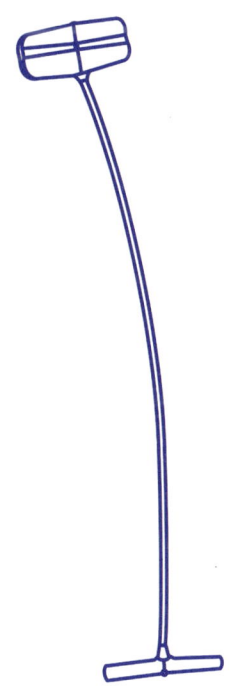

1. **택핀**tag pin
2. (미국) 태깅 바브tagging barb, 태깅건 파스너tagging gun fastener

자고로 옷에서 택핀을 맨손으로 떼는 사람은 인정해줘야 한다.

택핀이다. 상표나 가격 등이 명시된 꼬리표(태그)를 옷이나 신발, 모자, 가방 등 천에 고정하는 용도다. 알파벳 대문자 I처럼 생긴 가는 플라스틱 막대 형태를 띠고 있다. 택총·택건이라고 하는 총처럼 생긴 도구를 이용해 부착한다.

새것임을 증명해주는 그거

스티커와 달리 제품의 손상을 최소화하면서 가격 및 소재 정보 등을 보여준다는 목적이 있지만, 택핀의 존재 가치는 무엇보다 '새것이라는 느낌'을 극대화한다는 점이다. 택핀이 붙어 있는 옷은 '새것'으로 인식된다. 중고 거래에서도 택핀의 존재에 따라 '풀박'•, '신동급'••, '민트급'••• 같은 용어가 붙으며 가장 강력한 어필 수단이 된다.

택핀을 패션과 스왜그로 승화한 사례도 있다. 바로 서태지다. 1992년 서태지가 서태지와 아이들 1집 활동 당시 상표 태그를 떼지 않은 모자를 그대로 쓰고 나오자 이 '상표 패션'은 곧 유행이 됐

- • '풀박스'의 줄임말로 처음 구입 당시 상품의 부속품과 박스가 모두 있는 상태
- •• 사용하지 않은 새 제품과 동일한 상태
- ••• 새 제품에 가까울 만큼 최소로 사용한 제품 상태

다. 후일 서태지는 이에 대해 "당시 미국 흑인들이 상표를 떼지 않고 옷을 입는다는 말을 듣고 따라해본 것"이라며 "흑인 문화를 알리고 싶었다."라고 이유를 밝혔다.

스트리트 패션, 힙합 스타일 옷차림에서 스냅백의 모자챙 스티커를 떼지 않고 그대로 쓰는 것도 상표 패션의 일종이다. 특히 모자 브랜드 뉴에라Newera의 스냅백 모델 '59피프티'는 바이저 스티커를 붙이고 쓰는 것이 정석이며 상대의 스티커를 떼는 행위는 선전포고나 다름없다. 모자 스티커에는 치수가 적혀 있는지라 '내 머리가 이렇게 크답니다'라고 자랑하는 셈인데 대체 왜 이런 유행이 생겼는지에 대한 가설은 국내외에서 다양하다.

유력한 가설 중 첫 번째는 '절도 부심설'이다. 매장에서 모자를 사면 일반적으로 태그와 스티커 등을 모두 뗀 채로 받는데, 할렘가에 살던 가난한 흑인들이 도둑질로 얻은 '스티커를 떼지 않은 모자'는 그 자체로 배짱의 상징이 됐다. 그리고 이처럼 훔친 모자임을 과시하는 패션이 힙합에서 멋의 상징으로 자리 잡았다는 얘기다.

두 번째 가설은 '7일 이내 교환·환불설'이다. 돈은 없지만 패션을 포기할 수 없었던 빈민가의 흑인들이 모자를 산 뒤 하루 이틀만 쓰고 다른 모자로 교환하거나 환불받기 위해 상표 태그와 스티커 등을 떼지 않은 채 쓰고 다닌 것에서 유래했다는 분석이다.

세 번째 가설은 '지름 자랑설'이다. 1980~1990년대 힙합 뮤지션 사이에서는 막 구입한 따끈따끈한 신상을 자랑하는 '프레시&클린' 문화가 유행했었는데, 상표 스티커를 떼지 않은 진품 스냅백 역시 자랑의 영역이었다는 것이다.

통통 튀는 행동경제학 분석으로 유명한 댄 애리얼리Dan Ariely 듀크대학교 경제학과 교수 역시 세 번째 가설에 힘을 보탠다. 그는 상표 태그를 떼지 않은 옷을 '화려하기만 하고 쓸모없는 꽁지깃을 가진 공작'에 비유하며 "가격표는 '난 이렇게 대단한 물건을 가지고 있어. 게다가 새거야!'라고 보여주는 셈"이라고 분석했다. 그는 또 이것이 균형이나 표준에 저항하는 행위를 나타내기도 한다고 말했다. 랩, 힙합 문화의 기저에 흐르는 반동적 정서가 표출됐다는 것이다.

다시 택핀으로 돌아가보자. 개인적으로 운동화에 달린 택핀은 영 찜찜하다. 옷과는 달리 운동화는 들어가는 택핀은 있는데 뒤편으로 나오는 택핀은 안 보인다. 가위로 잘라내면 남은 부분은 신발 속으로 들어가 사라진다. 어디로 가는 걸까. 신발 속 어디를 돌아다니고 있는 걸까. 한입 크게 베어 물고 보니 포장지 귀퉁이가 사라진 샌드위치를 들고 있는 심정이다.

청바지 주머니 속 주머니 '그거'

 명사

1. **워치 포켓** watch pocket
2. 코인 포켓 coin pocket

 예문

워치 포켓에서 원하는 동전만 꺼내는 건 불가능하다.

> 워치 포켓이다. 청바지의 오른쪽 앞주머니에 달린 여분의 작은 주머니를 말한다. 크기는 보통 너비 5센티미터, 깊이 5~7센티미터 정도다. 동전 따위를 넣어놨다가 바지를 벗을 때 우수수 쏟아지게 하는 주범이기도 하다.

회중시계를 넣는 용도였던 그거

2005년 스티브 잡스Steve Jobs가 애플의 신제품 MP3 플레이어인 아이팟 나노를 최초로 선보이며 워치 포켓에서 제품을 꺼내는 퍼포먼스를 보여줬다.

> "전 이 주머니의 용도가 항상 궁금했습니다. (워치 포켓에서 아이팟 나노를 꺼내며) 자, 이제 알게 됐군요."

잡스에게는 미안하지만 이 주머니가 아이팟 포켓이 아니라 워치 포켓이라 불리는 이유는 실제로 시계를 넣고 다니는 용도였기 때문이다. 19세기 카우보이나 노동자 들이 청바지에 회중시계를 안전하게 넣을 수 있는 주머니를 만들었던 것에서 유래한다. 더 정확히는 리바이스Levi's가 시초다. 리바이스가 보유하고 있는 가장 오래된 청바지인 1879년 제품에도 워치 포켓이 달려 있다.

워치 포켓 위쪽에 달린 둥근 쇳조각 '그거'는 리벳rivet이다. 금속 징(대갈못)으로, 얇은 금속판을 이어 붙이는 용도다. 보통 항공·항만 분야에서 쓰는 리벳이 뜬금없이 청바지 주머니에 등장하는 이유 역시 리바이스 때문이다. 청바지의 역사에서 무슨 일이 생겼다 싶을 때 리바이스를 찍으면 대충 맞는다.

이에 대한 특허는 1872년에 독일 출신 유대인 이민자 리바이 스트라우스Levi Strauss와 러시아계 미국인 재단사 제이콥 데이비스Jacob Davis가 함께 금속 리벳으로 작업용 바지 주머니의 내구성을 높이는 공정을 개발하며 취득했다. 이듬해에는 리벳을 활용한 청바지 특허도 출원했다. 가장 미국적인 바지를 만든 두 사람이 독일계 유대인과 귀화한 러시아인이라니, 역시 이민자의 나라답다.

이제는 험한 광산에서 청바지를 입고 일하지 않는다. 회중시계를 쓰는 사람도 없다. 하지만 청바지 리벳과 워치 포켓은 지금까지 살아남았다. 시간이 150년쯤 지나면 원래의 목적이나 이유는 휘발되는 법이다. 그저 관성적으로 계속 이어갈 뿐이다. 그렇게 시간의 더께는 쓸모없어진 물건에 역사성과 정체성을 부여한다.

28
신발 끈의 올 풀림을 방지하는 '그거'

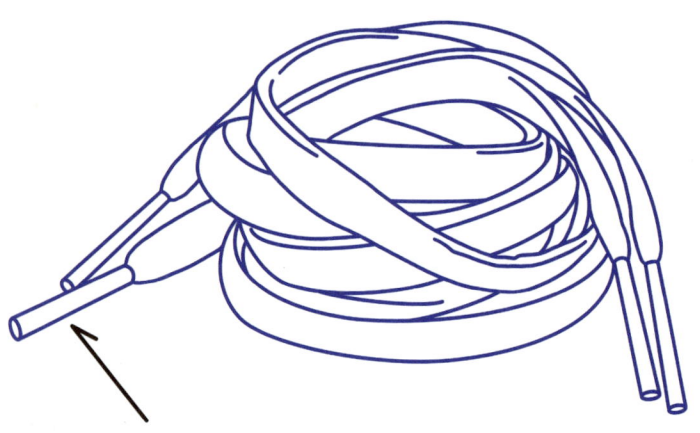

1. **애글릿**aglet
2. 슈레이스 팁shoelace tip

신발 끈을 잘랐더니 길이는 적당한데 애글릿이 없는 게 흠이네.

애글릿이다. 금속이나 플라스틱 따위로 신발 끈 끝부분을 고정한다. 올이 풀어지는 것을 방지하며 끈을 운동화 구멍에 쉽게 넣고 뺄 수 있도록 도와준다. 애글릿이란 이름은 '바늘'을 뜻하는 라틴어 acus에서 파생된 옛 프랑스어 aiguillette에서 유래했다.

사소해 보이지만 없으면 불편한 그거

애글릿의 역사는 유구하다. 초기의 애글릿은 로마 시대에 단추 대용으로 쇠붙이나 유리, 돌 등을 사용해 만들었다. 확실하진 않지만 여러 출처에서 1790년대 영국의 하비 케네디Harvey Kennedy라는 발명가가 대중화했다고 전한다.

애글릿 대신 '플루겔바인더flugelbinders'라는 단어를 떠올리는 사람이 있다면, 그 사람은 톰 크루즈의 광팬이 틀림없다. 1988년 영화 〈칵테일〉에서 주인공 브라이언 플래내건(톰 크루즈)은 조르단 무니(엘리자베스 슈)와 발명가를 백만장자로 만들었을 법한 평범한 물건에 관한 대화를 나눈다. 두 사람은 우선 칵테일 우산을 만든 사람에 대해 말하고, 다음으로 신발 끈 끝에 달린 플라스틱은 '플루겔바인더' 같은 이상한 이름일 것이라고 이야기한다.

두 사람의 대화에서 '그거'의 이름은 결국 플루겔바인더로 마무리된다. 이 단어는 영화 속 가상의 단어이며 독일어 flügel(날개)+binder(묶기)를 영어로 표기한 것으로 추정한다. 신발 끈 묶은 모양을 생각해보면 완전히 엉뚱한 작명은 아니지만 애글릿 입장에서는 억울할 법하다. 여담으로, 칵테일 우산 '그거'의 이름은 재미없게도 칵테일 우산이다.

애글릿은 사소하지만 있다 없으면 불편함이 체감된다. 신발 끈이 손상되거나 길어서 짧게 자르고 나면, 새 애글릿이 필요해진다. 이럴 때 애글릿과 비슷하게 만드는 몇 가지 방법을 소개한다. ① 투명 테이프를 두세 번 감고 끝부분을 잘라내기, ② 촛농·접착제·매니큐어를 발라 단단하게 만들기, ③ 얇은 실로 끝부분을 칭칭 동여매기(휘핑 매듭), ④ 전기 시공용 열 수축 튜브나 ⑤ 별도 판매하는 금속 애글릿과 전용 공구를 활용하기, ⑥ 플라스틱 합성 소재의 신발 끈이라면 라이터로 끝부분을 지져 눌러 굳히기 등이 있다.

그렇다면 옷이나 신발 등에서 끈을 통과시켜 꿰는 단단하고 둥근 구멍 '그거'는 뭐라고 할까. '아일릿eyelet'이다. 애글릿과 발음이 비슷하다. 천 등에 곧바로 구멍을 뚫고 사용하다가 주변이 쉽게 해어지거나 찢어지는 것을 방지하기 위해 금속이나 가죽 등으로 보강한 작은 구멍이다.

같은 목적으로 만들어진 구멍 보강재를 통틀어 그라밋grommet이라고도 하는데, 아일릿이란 표현은 그중에서도 신발과 의복 등에 뚫린 작은 구멍을 설명할 때만 쓰인다.

양말 두 짝을 하나로 묶는 금속 집게 '그거'

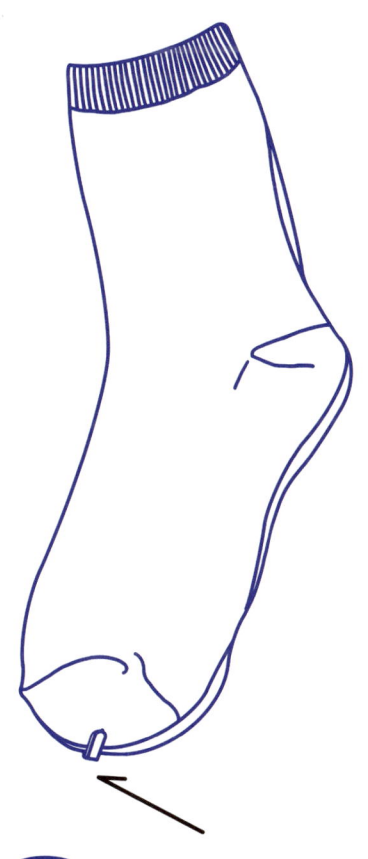

> 명사

1. **양말 코핀**

> 예문

어렸을 땐 레고를 밟고 비명을 질렀다.
어른이 된 지금은 양말 코핀을 밟는다.

양말 코핀이다. 말 그대로 양말의 '앞코' 부분을 집어 한데 묶어주는 핀을 뜻한다. 얇은 알루미늄 소재로 만들어 쉽게 접고 펼 수 있다. 양말 제조·유통·판매 단계에서만 쓰는 포장 부자재로, 소비자 입장에서는 두 번 쓸 일 없는 천덕꾸러기다.

사는 사람도 파는 사람도 신세 지는 그거

양말 코핀은 작아서 눈에 잘 띄지 않기 때문에 주의하지 않으면 밟기 십상이다. 게다가 고정 부분이 뾰족하다 보니 밟으면 꽤 아프다. 인터넷 커뮤니티에 "양말 코핀 발명한 사람은 지옥으로 떨어져라."라는 과격한 발언이 종종 게시되는 이유다.

세상에서 가장 쓸모없는 물건 중 하나는 한 짝만 남은 '0.5켤레' 양말이다. 그나마 잘 신고 다니다가 한 짝만 구멍이 뚫렸다거나, 세탁 과정에서 실종되었다면 양반이다. 기분 좋게 사온 새 양말이 한 짝뿐이라면 도저히 참을 수 없다. 양말 코핀은 이런 불쾌한 상황을 방지해줄 뿐 아니라 양말이 새것임을 입증하는 간편하고 확실한 수단이다.

파는 사람 입장에서도 양말 코핀은 고마운 존재다. 고객들이 흩뜨린 옷이야 다시 접으면 되지만, 산더미처럼 쌓인 양말 더미에서 사라진 양말 한 짝을 찾아 맞추는 일은 고통의 시작이요, 시시포스의 형벌일 테니 말이다.

영미권에서는 양말 코핀을 양말 포장 클립socks packing clip이라 부른다. 하지만 양말 코핀 대신 앞에서 설명한 택핀을 사용하는 경우가 많아, 대중에겐 상대적으로 덜 알려졌다. 고리가 포함된 종이 라벨 포장 방식도 많이 쓰는데, 이는 행택hang tag·양말택sock tag이라고 한다. 브랜드명을 비롯한 각종 정보를 기입할 수 있고 포장·진열에 모두 활용할 수 있어 별도의 브랜드를 가진 양말 전문 업체에서 애용한다. 행택을 양말에 고정하는 역할은 예상했겠지만 우리의 듬직한 친구, 택핀이 맡는다. 양말 중앙을 감싸는 종이 라벨은 양말 띠지wrap label라고 한다. 덧신 양말(페이크 삭스) 안에 모양 잡기 용도로 들어간 두꺼운 마분지 '그거'의 이름은 속대다.

양말 클립sock clip도 있다. 양말 두 짝을 떨어지지 않게 묶어주는 역할은 똑같지만, 제조사의 출고 단계에 쓰이는 양말 코핀과 달리 세탁한 뒤 건조하거나 서랍에 보관할 때 한 켤레씩 온전히 묶어두는 '구매 이후'의 용도로 쓴다.

양말洋襪은 서양식 버선이라는 뜻의 한자어다. 양말에서 발가락을 감싸는 부분을 '코'라고 부르는 것 역시 버선의 명칭에서 따온 것이다. 특이하게도 양말의 다른 부분은 버선의 부위별 명칭을 따르지 않는다(예를 들면 버선의 발등 부분은 '수눅'이라고 한다). 편직기에서 막 나온 양말은 앞부분이 트여 있는데 이 부분을 이어주는 공정은 봉조라고 한다.

운동화 뒤축에 달린 고리 '그거'

명사

1. **힐 풀 탭**heel pull tab, **풀 탭**
2. 힐 루프hell loop, 풀온 루프pull-on loop, 풀 루프pull loop, 핑거 루프finger loop
3. 부트스트랩bootstrap

예문

"무슨 집에 구둣주걱 하나 없냐."
친구는 핀잔을 주면서,
운동화의 힐 풀 탭을 잡아당겼다.

힐 풀 탭이다. 풀 탭이라고도 한다. 운동화 뒤축 부분에 달린 고리로 신발을 손쉽게 신고 벗는 용도다. 특히 구둣주걱이 없을 때 유용하다. '잡아당기는 고리'라는 뜻으로 풀온 루프, 풀 루프라고 부르기도 한다. 뒤축에서 발목 쪽으로 연장해 아킬레스건을 보호하는 푹신한 부분인 힐 탭과 헷갈릴 수 있으니 주의하자.

컴퓨터 부팅의 유래가 된 그거

또 다른 이름인 부트스트랩은 원래 목이 긴 장화의 뒷부분에 달린 고리를 뜻한다. 하지만 이제 부트는 부팅booting이라는 컴퓨터 용어로 더 유명하다. 컴퓨터의 전원을 켜서 시작하는 단계를 뜻하는 부팅은 부트스트래핑bootstrapping의 줄임말이다. 부트스트랩이란 컴퓨터가 구동 프로그램을 스스로 불러와 실행하는 일련의 과정을 뜻한다.

어떻게 신발 고리를 뜻하는 단어가 컴퓨터 용어로 자리 잡았을까. 부트스트랩이란 단어는 19세기 초 미국에서 불가능한 일을 의미했던 관용어구 'pull oneself up by one's bootstraps(부트스트랩을 잡아당겨 스스로를 들어 올린다)'에서 유래했다. 20세기 들어 이 표현은 매우 어려운 일을 다른 사람의 도움 없이 스스로 해냈다는 의미로 변화한다.

여기에 한 가지 논란이 더해졌다. 컴퓨터 부팅의 어원이 독일 출신 작가 루돌프 에리히 라스페Rudolph Erich Raspe의 1785년 소설 《허풍선이 남작의 모험》이란 주장이다. 이 책에는 주인공인 뮌하우젠 남작이 겪은 온갖 기상

《허풍선이 남작의 모험》 속 뮌하우젠 남작이 위기를 탈출하는 방법

천외하고 황당무계한 모험담이 실려 있다. 개중에는 실수로 늪에 빠진 남작이 자기 머리카락을 잡고 위로 들어 올려 늪에서 무사히 빠져나왔다는 믿지 못할 이야기도 있다.

부트스트랩의 유래와 남작의 일화가 어느 정도 유사하다 보니 부팅이란 단어가 《허풍선이 남작의 모험》에서 온 것이라는 주장이 제기된 것으로 추정된다.

결혼식에서 신부 부케 말고 신랑 가슴팍에 꽃 장식 '그거'

1. **부토니에르**boutonniere,
   부토니에

신랑의 가슴에 꽂힌 부토니에르가
신부의 부케보다 화려했다.

> 부토니에르다. 양복의 단춧구멍과 그 구멍에 꽂는 꽃을 모두 뜻한다. 웃옷의 단춧구멍을 뜻하는 프랑스어 boutonnière 에서 유래했다.

무언의 메시지를 가지는 신랑 양복의 단춧구멍 그거

남자의 정장이나 턱시도의 왼쪽 깃인 라펠lapel에 꽂는 꽃, 액세서리를 가리키는 말이다. 액세서리는 라펠 핀이라고도 한다. 신부가 구혼에 대한 승낙의 표시로 부케에서 꽃 한 송이를 뽑아 신랑의 양복에 꽂아주는 데서 유래했다는 로맨틱한 주장도 있으나 확인된 바는 없다.

라펠 홀이라고도 하는 이 단춧구멍은 영 이상하다. 구멍은 있는데 단추는 없다. 기원을 탐색하다 보면 다양한 가설이 등장한다. 영국의 앨버트 빅터Albert Victor 왕자가 자신의 결혼식에서 할머니인 빅토리아 여왕으로부터 받은 작은 꽃다발을 꽂기 위해 곧바로 깃에 구멍을 뚫었고, 이후 재단사가 그의 모든 상의 깃에 구멍을 만들면서 유행처럼 번졌다는 '낙수효과'설이 널리 퍼져 있다. 또 날이 추울 때 군복처럼 깃을 올려 반대편 깃 단추에 채우는 용도로 쓰였다는 '실용주의적' 주장, 마지막으로 바람에 모자가 날아가지 않도록 모자에 달린 고무줄(과 그 끝에 달린 단추)을 고정하는 용도로 쓰였다는 '더 실용주의적' 주장도 있다. 지금은 꼬리 달린 모자도, 반대편 깃 단추도 사라져 액세서리를 꽂는 구멍으로만 남아 있다. 이 자리에는 부토니에르 대신 배지를 달기도 한다. 직장인의 회사 배지나 국회의원의 '금배지'가 대표적이다.

라펠은 정장에서 가장 눈에 띄는 상석이니만큼 국가 정상의 배지는 무언의 메시지 역할을 하기도 한다. 문재인 전 대통령은 타임지 표지에 세월호 노란 리본 배지를 달고 등장했다. 트럼프 전 미국 대통령은 공식 석상에 항상 성조기 배지를 달고 나타난다. '아메리카 퍼스트'를 입에 달고 사는 트럼프인지라 대단한 의미를 부여하게 되지만, 사실 닉슨 전 대통령 이후 미국 대통령들은 모두 성조기 배지를 착용해왔다. 닉슨 전 대통령은 로버트 레드포드Robert Redford 주연의 영화 〈후보자〉에서 아이디어를 얻어 성조기를 옷깃에 달기 시작했다. 2007년 민주당 대통령 후보 경선에 출마했던 당시 버락 오바마 상원의원은 "이라크 전쟁이 계속되는 동안 성조기 배지를 달지 않겠다."라고 말했다가 애국심 논란에 휘말려 결국 다시 착용하기도 했다.

2023년 기시다 후미오 일본 총리는 미국 캠프 데이비드에서 열린 한미일 3국 정상회의에 푸른 리본 배지를 달고 참석했다. 이는 '북조선에 납치된 일본인을 구출하기 위한 전국협의회' 약칭 스쿠우카이救う会가 판매하는 배지다. '일본인 납치자 전원을 송환하라'라는 무언의 메시지를 보여준 셈이다.

결혼이 처음인 경우가 많다 보니 부토니에르를 라펠 홀이 아닌 가슴 주머니에 꽂은 신랑을 종종 볼 수 있다. 가슴 주머니는 행커치프(포켓스퀘어)에 양보하는 것이라고 살짝 말해주자.

남성 속옷의 앞쪽에 난 구멍 '그거'

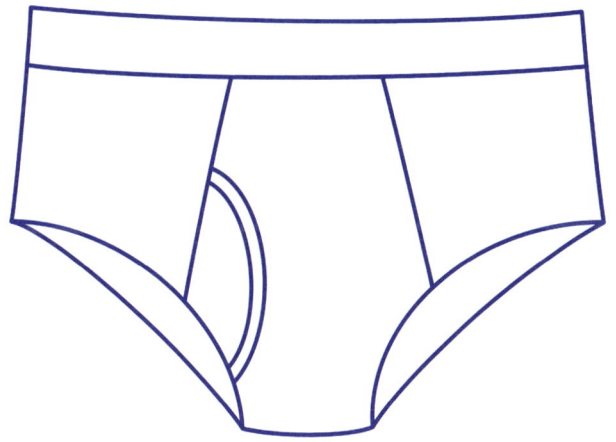

1. 소변구
2. 플라이fly

이 세상에서 가장 쓸모없는 두 가지는 사랑니와 속옷 소변구야.

소변구다. 플라이라고도 한다. 말 그대로 남성들이 속옷을 내리지 않고도 소변을 볼 수 있도록 트인 구멍이다. 표준어가 아니라 정확한 유래는 알 수 없지만, 소변에 구멍·통로 등을 뜻하는 한자 구口가 합쳐진 것으로 추측된다.

등장했을 때 열띤 반응을 얻었던 그거

소변구는 1935년에 처음 등장했다. 미국의 속옷 제조사인 자키 Jockey(당시 회사명은 쿠퍼스Coopers)는 1934년 프랑스 남성 수영복에서 영감을 얻어 최초로 삼각팬티를 발명했다. 자키는 이듬해 소변구가 있는 속옷 '자키 Y-프론트'를 출시했다. 이중으로 덧댄 천의 모양이 거꾸로 된 Y 모양처럼 보인다는 점에서 착안한 제품이다. 1970년대 일본의 한 평범한 주부가 남편의 불편함을 해소해주기 위해 고민하다가 소변구가 있는 팬티를 만들었다는 설이 있는데, 이는 사실무근이다. 자키의 Y-프론트가 40년 전에 출시됐기 때문이다.

혹시 모를 불상사를 막기 위해 천이 이중으로 덧대 있기 때문에 속옷의 다른 부분보다 두껍다. 트임이 거꾸로 된 Y 형태가 일반적이다. 이 경우 Y 플라이라고 부르고, 트임이 수직이면 버티컬 플라이vertical fly라고 한다. 대각선이나 수평으로 트인 속옷도 있고, 단추가 달린 경우도 있다. 요즘에는 소변구가 없는 속옷이 많이 나온다.

남성 속옷의 역사를 다양한 측면에서 다룬 책《남자 속옷 이야기 The Story of Men's Underwear》에 따르면 Y-프론트의 소변구는 혁명이었다. 소변구 덕분에 바지를 내리고 → 엉거주춤하게 서서 → 속옷을 내리고 → 소변을 보고 → 바지를 추슬러 입고 → 셔츠도 다시 바지 안으로 집어넣는 과정을 생략하게 되었으니 말이다.

하지만 지금은 글쎄. 어느 쪽을 택하든 정답은 없다. 소변구를 사용하는 이유는 간단하다. '거기에 있으니까.' 소변구를 사용하지 않는 이유는 더 간단하다. '그게 더 편하니까.'

무슬림 여성들이
얼굴에 두르는 '그거'

명사

1. (머리를 모두 감싸고 얼굴만 노출하는) **히잡** hijab
2. (얼굴만 빼고 머리와 상체를 휘감는) **차도르** chador
3. (눈 부분만 드러내고 전신을 가리는) **니캅** niqab
4. (머리부터 발끝까지 모두 가리는) **부르카** burka, burqa
* 신체 노출도에 따라 정리

예문

쓸 자유 혹은 벗을 자유,
히잡에 필요한 건 둘 모두다.

> 히잡, 차도르, 니캅, 부르카다. 모두 무슬림 여성의 전통의상으로, 가리는 부위나 면적에 따라 명칭이 다르다. 뭉뚱그려 '이슬람 베일islamic veil'이라고 부른다. 상체와 얼굴이 보이면 히잡, 얼굴만 보이면 차도르, 눈만 보이면 니캅, 아무것도 안 보이면 부르카다.

여성 인권을 억압하는 그거

이슬람 베일만 보고 아랍이겠거니 중동이겠거니 지레짐작하는 건 실례다. 동남아시아에서도 착용한다. 말레이시아나 방글라데시는 이슬람이 국교이며, 인도네시아도 국민 대다수가 무슬림이다. 베일 종류와 착용하는 지역 정도는 알아두는 것이 좋다.

우선 부르카는 눈을 포함한 전신을 다 가리며 눈 부위에 얇거나 성긴 망사를 부착해 앞을 본다. 주로 아프가니스탄 여성들이 착용하며, 신원을 확인할 수 없어 치안 등을 이유로 많은 나라에서 금지하는 추세다. 평범한 교사가 밤에 부르카를 입고 악당을 소탕하는 〈부르카 어벤저Burka Avenger〉라는 애니메이션도 제작되었다. 니캅은 눈 부분만 드러낸다. 영화나 서브컬처에서 무슬림 여성을 묘사할 때 자주 등장하며, 사우디아라비아, 예멘, 아랍에리미트 같은 아라비아반도의 국가와 시리아, 파키스탄 등지에서 주로 착용한다. '덮는다'는 의미의 이란어인 차도르는 일종의 겉옷으로 주로 이란에서 얼굴을 제외한 머리와 상체에 휘감듯이 입는다.

그중에서도 히잡은 가장 보편적인 아랍권 전통의상이다. 작은 천으로 머리를 둥그렇게 감싸 머리카락, 귀, 목 등을 가리고 얼굴만 내놓는다. 상체는 가슴까지 가린다. 이란의 루사리russari도 히잡의 일종이다. 이밖에도 히잡, 차도르와 비슷하지만 손을 내놓은 옷은 아바야abaya, 두건과 튜브 형태의 스카프로 나뉜 형태의 알 아미라al-amira, 걸프 지역에서 주로 착용하는 헤드 스카프 샤일라shaylaa 등이 있다.

히잡을 써야 하는 근거에 대해 이슬람교의 경전 쿠란은 다음과 같이 설명하고 있다.

"……예언자의 부인에게 부탁할 것이 있으면 가림막 뒤에서 하라. 그렇게 함이 너희와 부인들의 마음을 순결하게 하기 위함이라……" (제33장 수라트 알아흐잡 53절)
"예언자여 그대의 아내들과 딸들과 믿는 여성들에게 베일을 쓰라고 이르라 그때는 외출할 때라 그렇게 함이 가장 편리한 것으로 그렇게 알려져 간음되지 않도록 함이라 실로 하나님은 관용과 자비로 충만하심이라" (제33장 수라트 알아흐잡 59절)

히잡은 따가운 햇볕과 모래바람을 막아 몸의 수분을 유지하기 위한 기능에 여성의 노출을 금하는 이슬람의 계율이 더해진 결과로 지금의 지위를 얻었다. 하지만 이슬람 베일은 완전히 다른 두 가지 방향에서 '억압'의 상징이 됐다. 하나는 일부다처제, 할례, 명예살인 등과 함께 이슬람 문화권에서 여성 인권을 억압하는 수단으로 도마 위에 오른다. 특히 이란은 1979년 이란혁명 이후 히잡 착용을 법으로 강제하면서 사회적 갈등이 고조되었다. 히잡 착용에 반대하는 여성 수십 명이 돌아가며 1인 시위를 벌이다 체포되기도 했다. 사우디아라비아에서도 베일은 의무다.

2022년 이란에서는 히잡을 올바르게 쓰지 않았다는 이유로 종교경찰에 체포돼 사흘 만에 의문사한 쿠르드족 여성 마흐사 아미니Mahsa Amini의 비극적인 죽음을 계기로 전국적인 대규모 시위가 벌어지기도 했다. 시위의 여파로 이란 전역에서 미성년자 64명을 포함해 530여 명이 사망한 것으로 알려졌다. 당국의 무자비한 진압으로 인해 반정부 시위의 동력은 많이 사그라들었지만, 시민 불복종의 형태로 진화했다. 2023년 테헤란의 한 서방 국가 외교관은 약 20퍼센트의 여성들이 히잡을 착용하지 않고 거리를 나서고 있다고 밝혔다. 신정일치 국가의 절대 권위에 작지만 확실한 균열이 생긴 것이다.

다른 한편으로는 이슬람 문화에 대한 서구 사회의 몰이해와 억압을 나타내는 상징이 되기도 한다. 프랑스는 2010년 공공장소에서의 부르카 착용을 법으로 금지했고, 이후 독일과 스위스, 오스트리아 등이 유사한 법을 제정했다. 프랑스 교육부는 2023년 중·고등

학교 내에서 무슬림 전통 의상인 아바야와 카미 착용 금지 원칙을 확정하고, 2024년 새 학기부터 시행해 논란에 다시 불을 지폈다. 시행 첫날 전국에서 아바야를 입고 등교한 여학생 298명 중 67명은 옷 갈아입기를 거부하고 귀가하기도 했다. 명분은 공공장소에서의 종교적 중립성을 지키고 여성에 대한 억압을 거부한다는 것이지만, 그 바탕에는 급진 이슬람 근본주의 단체 및 추종자 들의 테러와 이민자에 대한 혐오에서 촉발된 공포심이 깔려 있다. 실제로 부르카를 입은 사람은 신원 확인이 어렵고 폭탄이나 총기를 휴대했는지 가늠하기 어려워 테러리즘과 범죄에 악용되기도 한다.

이슬람 베일을 금지한 것은 서구 사회에서만의 일이 아니며 오늘날만의 일도 아니다. 80여 년 전 친서방, 개혁 정책을 펴던 이란 팔레비 왕조는 1936년 히잡 금지령을 내렸다. 여성 참정권 인정 등 이란의 근대화를 이끈 공과는 별개로 개인의 자유를 억압하는 방식은 많은 국민의 반감을 샀다. 19세기 말 유럽 열강에 부역하던 이집트 정부가 대학에서의 히잡 착용을 금지하려고 시도했을 때도 여대생들이 민중운동의 일환으로 히잡 쓰기 운동을 벌였다.

무슬림 남성들의 옷차림도 속성으로 알아보자. 발목까지 내려오는 긴 흰색 옷은 토브thobe다. 칸두라kandura, 디시다샤dishdasha, 잘라비야jalabiyyah라고도 부른다. 머리에 쓰는 두건은 케피예keffiyeh이며, 두건을 고정하기 위해 쓰는 고리 모양의 부속물은 이갈Igal이라고 부른다. 낙타를 묶을 때 쓰기도 한다. 천을 둘둘 말아서 머리에 쓰는 건 터번, 원통형으로 된 튀르키예 모자는 페즈fez다.

강제로 벗기거나, 억지로 씌우거나. 베일은 무슬림 여성들을 향한 이중의 억압을 보여준다. 여성 인권을 억압하는 이슬람 근본주의의 베일을 스스로 벗어 던지려던 이들은, 서구 열강 제국주의로부터 민족 자주성을 지키기 위해 다시 베일을 쓰고 저항했다. 이제 베일은 이슬람 극단주의가 세계 곳곳에 뿌려둔 공포와 혐오, 차별을 오롯이 받아내고 있다.

34
군번줄로 쓰는 구슬 꿴 줄 '그거'

명사

1. **볼 체인**ball chain
2. (미국) 비드 체인bead chain

예문

그녀의 볼 체인 목걸이를 보는 순간, 군 복무 시절의 기억이 되살아났다.

볼 체인이다. 금속 줄에 일정 간격으로 금속 구슬을 꿴 것처럼 생겼다. 영미권에서는 비드 체인이라고 부른다. 정확한 발명가는 확인되지 않지만, 관련 특허는 1910년대 이후에 집중적으로 출원됐다. 구조를 살펴보면 이름만 줄일 뿐 실제로는 속이 빈 구슬들이 짧은 금속 마디로 연결된 일종의 사슬이다.

부식에 강해 군번줄로 많이 쓰이는 그거

요즘에는 열쇠고리나 액세서리 등으로도 많이 쓰이지만, 군번줄로 가장 널리 알려졌다. 스테인리스로 만들어 부식에 강한데도 땀에 자주 노출되면 삭기도 한다. 두 개 이상의 쇠고리를 이어 만든 사슬은 얇은 금속선을 여러 겹 꼬아서 만든 와이어로프와 달리 제작이 쉽고 열과 부식에 강하며, 고리의 형태 그대로 쉽게 휘거나 구부릴 수 있어 여러 용도로 쓰인다. 또 길이 조정이 쉽고, 파손되거나 마모되었을 때 고리만 교체할 수 있다는 장점도 있다.

군번줄의 구슬알은 총 365개이며 이는 포로로 잡혔을 때 날짜를 세는 용도로 쓴다는 속설도 있으나 낭설이다. 전사자의 치아에 인식표를 박아 추후 신원을 확인하는 용도로 쓴다는 섬찟한 소문도 있으나 이 역시 근거도 사례도 없는 오해였다.

군인들 가슴에
주렁주렁 달린 '그거'

1. **약장**略章
2. (미국) 서비스 리본service ribbon, 리본 바ribbon bar

할아버지의 약장을 찬찬히 살펴보니, 생전에 얼마나 국가에 헌신하셨는지 알게 됐다.

약장이다. 훈장·포장·표창이나 기념 표식·직책 등을 간략하게 요약해 옷에 부착한 것이다. 군복이 아닌 정복이나 근무복 등 제복의 왼쪽 가슴에 부착하는데, 가로 **3.5센티미터**, 세로 **1센티미터**로 규격화돼 있다.

군인의 이력이 담긴 그거

흔히 훈장 하면 어깨에 두르거나 목에 걸거나 가슴에 다는 화려한 정장正章, badge 또는 부장副章, star을 떠올린다. 하지만 일상에서 금속제 훈장을 주렁주렁 달고 다닐 수는 없다 보니 이를 대체할 목적으로 약장이 탄생했다. 이외에 옷깃에 부착할 수 있는 금장襟章, lapel badge도 있다.

약장에는 그 군인의 이력과 경력이 오롯이 담겨 있다. 무슨 훈장을 수훈했는지, 어떤 직책으로 어느 시점에 복무했는지, 몇 년 이상 근속했는지, 특정 전쟁이나 전투, 국가 행사에 참여한 적이 있는지 등의 정보가 포함된다.

군 경력이 길고 화려한 장성급 인사일 경우 말 그대로 약장으로 옷을 도배할 수 있는 수준인지라 선택적으로 패용한다.

졸업 가운 위에 걸치는 길다란 '그거'

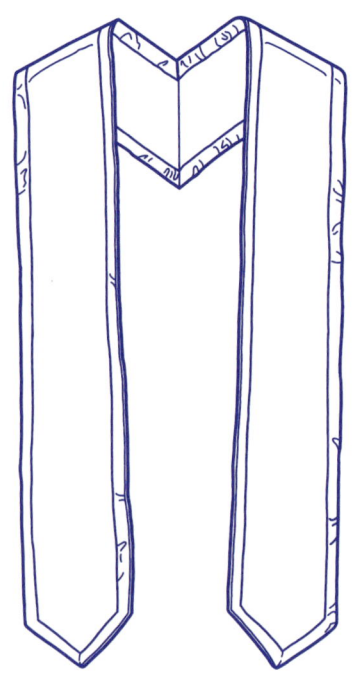

1. **스톨**stole
2. (미국) 새시sash

형은 어색한 듯 학위복을 입고 스톨을 걸쳤다.
입학 10년 만의 일이었다.

스톨이다. 졸업식 때 목과 어깨에 두르는 길다란 숄을 말한다. 가톨릭의 종교 의식에서는 사제가 목에 걸치는 헝겊 띠인 영대領帶를 가리키는 말이기도 하다.

성직자의 외출복에서 변형된 그거

영미권에서는 사제의 영대와 구별하기 위해 아카데믹 스톨, 졸업 스톨graduation stole이라고 명기한다. 검은색 가운과는 달리, 보통 학교의 상징색이나 로고 등으로 장식해 화려하다.

검은색 가운인 학위복은 중세 시대 유럽에서 시작된 대학 문화에서 온 것이다. 중세 유럽에서 대학이 성직자의 외출복을 교복으로 채택한 것을 계기로 이것이 졸업 예복으로 자리 잡았다는 설이 유력하다. 이후 학위복은 미국을 거쳐 한국에 유입됐다.

국내 최초의 학위복은 1908년 연세대의 전신인 제중원의학교 1회 졸업식에 등장한다.

미대생들이 들고 다니는 바주카 같은 '그거'

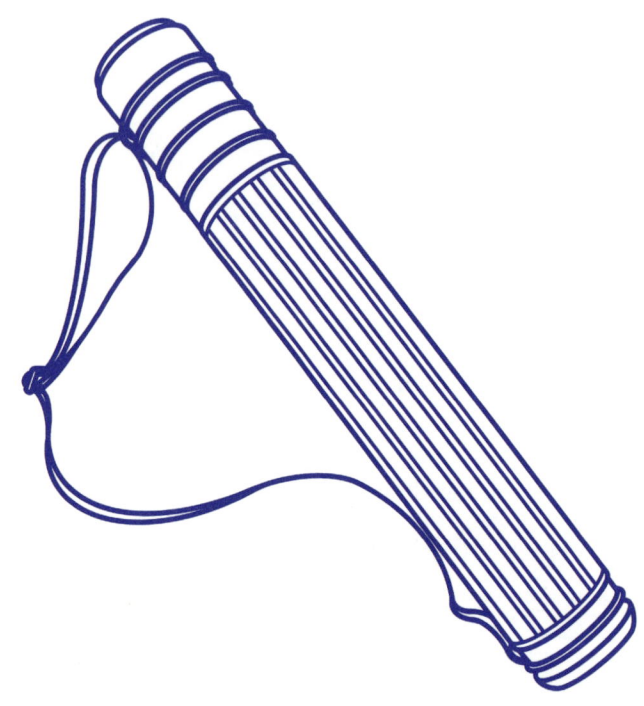

명사

1. **화구통**畫具筒, 도면통
2. (미국) 드로잉 튜브 drawing tube

예문

화구통은 미대생의 상징이다.

화구통, 도면통이다. 지름이 다른 두 플라스틱 관을 겹쳐 필요에 따라 길이를 조절할 수 있는 도구다. 종이나 붓 등의 화구를 넣는 용도로 쓰며, 특히 그림이나 도면 등을 구겨지지 않게 들고 다닐 때 유용하다. 미대생 외에도 건축학도, 기계공학도 등 다양한 학과생들이 쓴다.

미대생의 스타일을 완성해주는 그거

투박하게 생긴 검은색 원통이다 보니 바주카(포)라고 놀림받기도 한다. 영화 포스터 따위를 주문하면 담겨 오는 종이로 만든 원기둥 모양의 통은 지관통紙管筒이다.

    화구통은 미대생의 스타일을 완성하는 3종 아이템 중 하나다. 나머지는 화구박스와 아트백이다. 화구박스는 말 그대로 붓, 물감 등 화구를 담는 통이다. 나무나 알루미늄으로 만든 007 가방처럼 폼 나는 화구박스도 있지만 보통은 플라스틱 공구 상자에 어깨끈을 달아둔 것처럼 생겼다. 아트백은 큰 스케치북이나 소품·화구를 수납하는 용도의 크고 네모난 가방이다.

    도구 없이는 미술 작업을 시작하기 어렵다 보니 미대생의 짐은 날이 갈수록 늘어만 간다. 노트북도 무겁다며 아이패드만 달랑 들고 다니는 문과대의 만행에 분노가 치민다. 하지만 이내 침묵한다. 길이 2미터, 무게 20킬로그램의 콘트라베이스를 힘겹게 들고 가는 음대생을 만났기 때문이다.

살다

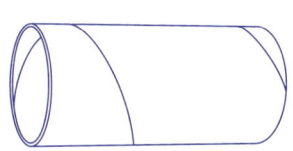

집집마다 있는 사물들의 이야기

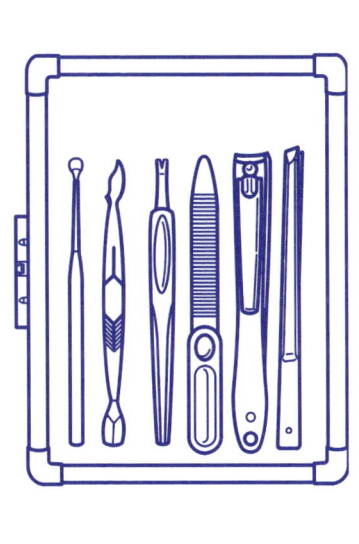
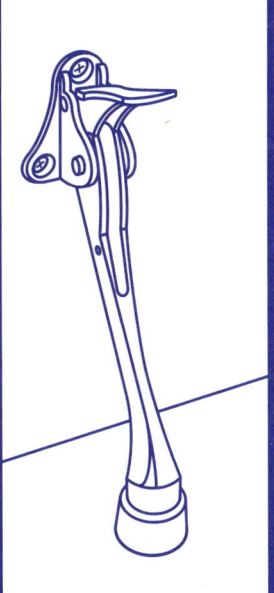

38
영화 속 대저택 현관문에 달린 문고리 '그거'

명사

1. **도어노커** door knocker

예문

마음이 급한 탐정은 도어노커를 무시하고 주먹으로 문을 두드리기 시작했다.

도어노커다. 말 그대로 문을 두드리는 물건이다. 서구 영화에서 고풍스러운 저택에 방문한 외부인이 문에 달린 금속 고리를 잡고 '땅땅' 내려치는 장면이 자주 묘사되는데, 그 쇠 장식을 일컫는 말이다.

계급을 상징하기도 하는 그거

영국에서 도어노커는 계급을 상징하는 물건이기도 하다. 도어노커가 있는 집에 산다는 것은 어느 정도 경제력을 갖춘 중산층(중류층)이라는 뜻이기 때문이다. '도어노커 신드롬(중류의식증후군)'이라는 말이 있을 정도다. 이 말은 사회가 부유해지면서 노동자 중에서도 도어노커(를 갖춘 집)를 가진 사람이 늘어나고 이에 따라 자신을 중산층이라고 믿는 사람들이 증가하는 현상을 뜻한다.

한국의 전통가옥 문손잡이로 쓰인 '문고리'도 생김새만 보면 도어노커와 비슷하다. 금속 원형 고리가 달린 모양새 때문인데,

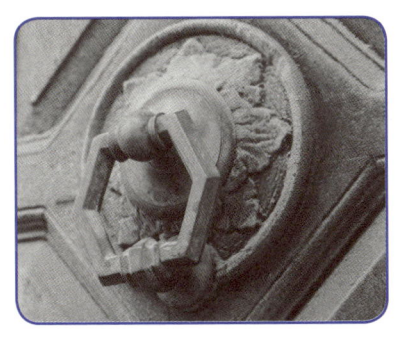

도어노커는 계급을 상징하는 물건이기도 했다.

쓰임새는 도어노커와 완전히 다르다. 한국의 문고리는 문을 여닫는 손잡이로 쓰이거나 문틀 쪽으로 꺾어 잠금장치로 썼다.

우리나라에서는 도어노커를 찾아보기 힘들다. 그 역할을 평소에 갈고닦은 목청이 대신했기 때문이려나. "이리 오너라!"

아파트 현관문의 밖을 내다보는 구멍 '그거'

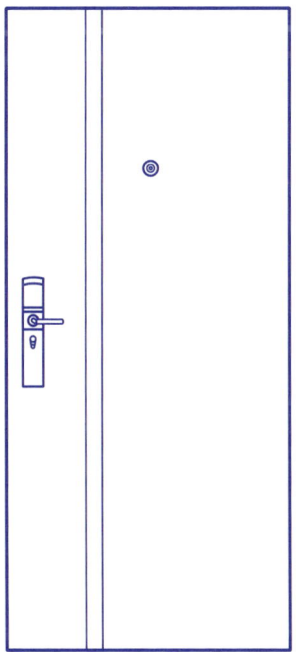

1. **외시경**外視鏡
2. (미국) 도어스코프door scope, 도어 렌즈door lens, 도어 뷰어door viewer, 도어홀door hole, 도어아이door eye
3. (미국) 핍홀peephole, 스파이홀spyhole

도어스코프를 통해 밖을 내다보니 낯선 눈동자가 보였다.

도어스코프 혹은 핍홀이다. 표준어는 아니지만 국내에서는 외시경이란 단어가 두루 쓰인다. 현관문에 설치해 안에서 바깥을 넓게 내다볼 수 있는 장치다.

문 바깥을 보여주는 그거

안쪽 볼록렌즈와 바깥쪽 오목렌즈를 조합해 만들어 안에서는 밖이 잘 보이지만 밖에서는 초점이 흐려지거나 시야가 극단적으로 좁아져 안쪽이 제대로 보이지 않는다. 방문자의 신원이 확실하지 않을 때 문을 열지 않고 누구인지 확인하는 방범용 장치다.

최근 시공된 아파트에서는 디지털 도어록에 내장된 카메라와 인터폰 화면으로 방문자를 확인하고 대화를 나눌 수 있게 되면서 찾아보기 힘들어졌다. 다만 전기 설비가 작동하지 않는 상황에서도 활용할 수 있다는 점에서 완전히 사라지지는 않았다.

외시경의 '밖을外 보는視 광학기구鏡'라는 한자 뜻풀이가 도어스코프를 그대로 설명한다. 하지만 그 어원은 베일에 가려져 있다. 외시경이라는 단어는 한자 생활권인 중국과 일본에서도 쓰이지 않거나 다른 뜻으로 쓰이고 있기 때문이다.

일본에서 외시경이란 내시경처럼 의료 현장, 특히 뇌신경외과 수술에서 쓰이는 광학 의료 장비를 뜻한다. 한국에서는 수술용 현미경으로 번역한다. 내시경이 인체 내부에서 환부를 관찰한다면, 외시경은 인체 외부에서 고성능 카메라로 환부를 크고 선명하게 촬영, 모니터에 실시간으로 띄워준다. 최신 모델은 수술 부위를 4K UHD 초고화질 3D 화면으로 보여준다.

중국에서는 도어스코프를 문경门镜, 규시경窺視镜(몰래 살피는 렌즈), 묘안猫眼(고양이 눈), 방도안防盜眼(도둑 방지 구멍) 등 다양한 단어로 부르지만, 외시경은 에듀월드 중중한사전이 우리말 뜻풀이로 써둔 것이 전부다.

도어스코프는 '침입자를 막고 싶다'와 '밖을 확인하고 싶다'라는 두 가지 목적의 타협점이다. 튼튼하고 안전한 문과 여닫기 쉬운 문 사이에서 '열지 않고도 밖을 확인할 수 있는' 도어스코프는 적절한 해결책이었다. 이전에는 문에 작은 창문을 달아 이를 해결했는데, 이 방식에는 문제가 있었다. 철망이나 철제 프레임 등으로 창 구멍을 보호하더라도 외부의 침입자가 구멍을 통해 실내에 해를 가하거나 내부를 관찰할 수 있었기 때문이다.

미국에서는 문 위에 부착한 작은 여닫이문을 '스피키지 도어speakeasy door'라고 일컫는다. 금주법이 시행되던 1920년대 미국에서 단속을 피해 밀주나 밀수한 술을 팔았던 비밀 술집 '스피키지(바)'에서 유래한 이름이다. 1830년대 영국에서 밀수꾼의 가게를 뜻하는 단어로 처음 쓰였지만, 미국의 금주법 시대에 널리 퍼졌다. 이 구멍을 통해 방문자의 신원을 철저히 확인하고 나서야 비로소 가게 문을 열어주던 스피키지의 강박적인 영업 방침은 영어 사전에 스피키지 도어라는 단어를 남겼다.

현창舷窓도 있다. 포트홀porthole이라고도 하는데, 도어스코프를 수십 배쯤 키워놓은 모양이다. 둥그렇게 낸 구멍에 유리를 끼워놓은 일종의 창문으로, 채광과 통풍을 위해 배나 비행기, 우주선의 선체에 설치한다. 인테리어 목적으로 실내문에 설치하는 경우도 있다.

추억의 가족 영화 〈나홀로 집에〉를 비롯한 할리우드 영화에서는 종종 현관문 아래쪽에 개나 고양이가 지나다닐 수 있는 작은 구멍을 볼 수 있다. 이 구멍은 펫 도어pet door라고 한다. 펫 플랩pet flap이나 도기 도어doggie door라고 부르기도 한다.

40
문이 자동으로 닫히는 것을 방지하는 '그거'

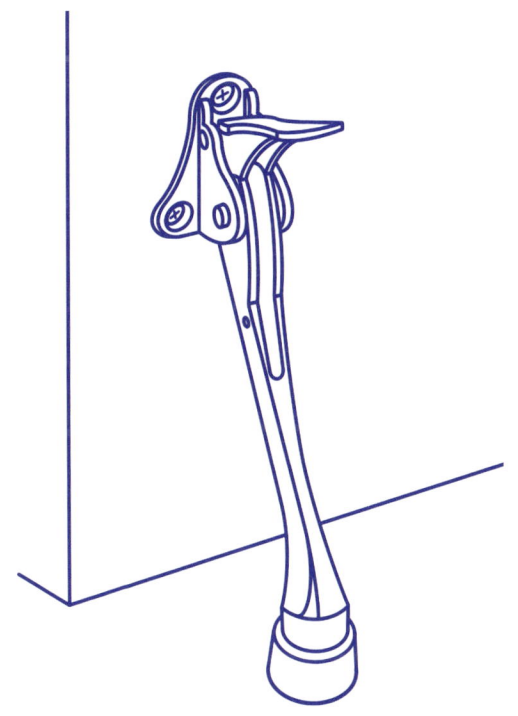

명사

1. **도어스토퍼**doorstopper,
   도어스톱doorstop,
   문 닫힘 방지 장치
2. 문 받침, 문 고정 받침

예문

"도어스토퍼 주세요."
"말씀하시는 도어스토퍼가 문이 벽에 안 부딪히게 해주는 건가요, 아니면 문을 열고 아래 틈에 괴는 건가요, 그것도 아니면 문 아래쪽에 접었다 펴서 문을 고정하는 말발굽처럼 생긴 장치인가요?"

도어스토퍼 혹은 도어스톱이다. 국내에서는 주로 도어스토퍼로 불리고, 영어권에서는 도어스톱과 함께 쓰인다. 안타깝게도 우리말 순화어는 없다. 국립국어원에서는 '문 닫힘 방지 장치' 정도로 바꿔 쓸 수 있다고 의견을 밝힌 바 있지만, 이 역시 정확한 이름은 아니다.

너무 많은 사물과 이름을 공유하는 그거

더 큰 문제는 도어스토퍼라는 이름이 너무 많은 사물을 가리킨다는 점이다. 여닫이문이 닫히지 않도록 문과 바닥 사이 틈에 괴는 물건, 문을 열 때 손잡이가 벽에 부딪히지 않도록 바닥에 부착한 반구 모양 철물의 이름도 도어스토퍼다. 공용 화장실 문 상단에 달린 막대기 같은 물건 역시 도어스토퍼라고 부른다. 이 막대기는 볼일을 볼 때 소지품을 걸어두는 용도로 아는 사람이 많지만, 원래는 문이 벽에 닿아 파손되거나 소음이 발생하는 걸 방지하기 위한 장치다. 문고리가 닿는 벽 부분에 부착해 충격을 흡수하는 고무나 실리콘 재질의 범퍼도 도어스토퍼(도어쿠션 혹은 월 범퍼)다. 주택 현관문 하단에 부착해 접었다 펴면서 문 닫힘을 방지하는 말발굽 모양의 금속 장치 역시, 말해 무엇하랴, 당연히 도어스토퍼다.

기-승-전-도어스토퍼 현상은 영어권에서도 마찬가지다. 이쯤 되니 전 인류가 일부러 외면하고 있는 건가 싶다. 수많은 도어스토퍼가 각자의 이름을 가지면 우주의 균형이 깨지기라도 하는 것일까. 안개비, 가랑비, 부슬비, 장대비, 여우비, 소나기, 장맛비, 억수 등 온갖 비에 이름을 붙여주던 우리 민족의 언어적 감성이 도어스토퍼에서는 발휘되지 않은 점이 아쉽다. 상황이 이렇다 보니 인터넷 쇼핑몰에서 도어스토퍼를 검색하면 온갖 철물들이 소환되는 아수라장이 펼쳐진다. 궁여지책으로 모양에 따라 일자 스토퍼, 반달 스토퍼, 말발굽 스토퍼 등으로 구분하기도 한다.

도어스토퍼의 복잡한 사정은 문의 양면성 때문에 생겼다. 닫히니까 閉 문門이다. 열리니까 開 문이다. 뒤집으면 곰이다. 덕분에 닫히는 걸 멈추는 것도, 열리는 걸 막는 것도 도어스토퍼로 불리게 됐다. 어쩌겠는가, 그 모든 것이 문의 일임을 탓할 수밖에.

도어스토퍼를 둘러싼 또 다른 이름들

도어스토퍼를 우리말로 하면 '노루발'이라는 의견도 많다. 이는 맞기도 하고 틀리기도 하다. 노루발, 노루발 스토퍼, 말발굽 등의 단어 역시 도어스토퍼를 검색할 때 쓰인다. 하지만 엄밀히 말해 표준어는 아니다. 국립국어원의 표준국어대사전에 등재된 노루발의 뜻풀이에 도어스토퍼가 포함되어 있지 않기 때문이다.

하지만 표준국어대사전이 항상 정답은 아니다. 국립국어원이 짜장면을 표준어로 등재하는 데 무려 25년이 걸릴 정도로 표준어 갱신 속도가 늦고, 대중의 언어 습관을 빠르게 반영하지 못한다는 비판을 고려하면 노루발도 '아직'일 뿐 일상에서는 이미 자리 잡고 있다고 봐도 무방하다. 일례로 고려대 한국어대사전에는 노루발의 뜻풀이에 '현관문 따위를 열린 채로 고정하는 데 쓰이는 물체'가 등재되어 있다.

개인적으로는 노루발보다는 말발굽이 더 적당한 우리말 단어라고 본다. 포유류의 하위 분류군 중 우제목偶蹄目과 기제목奇蹄目이 있는데 발굽이 짝수냐 홀수냐가 기준이 된다. 노루는 굽 앞쪽이 갈라져 두 개로 나뉘는 우제목 동물인 반면, 말은 한 개의 굽을 가진 기제목 동물이다. 노루발장도리나 재봉틀 부속 등 노루발이란 이름을 가진 사물들을 떠올려보면, 공통적으로 노루의 발굽처럼 두 갈래로 나뉜 모양임을 알 수 있다. 도어스토퍼에서 바닥에 닿는 부분의 형태는 노루발보다는 말발굽에 가깝기 때문에, 우리말 호칭도 후자가 적합하다고 혼자만 생각하고 있다.

도어스토퍼를 문버팀쇠로 번역한 경우도 있다. 엘러리 퀸Ellery Queen의 단편소설 〈용 조각 문버팀쇠의 비밀〉에는 문버팀쇠가 주요 소재로 등장하기도 했다.

"지금 문버팀쇠라고 말씀하신 것 같은데, 맞습니까?"
"틀림없어요. 문을 열어놓을 때 바닥에 놓고 괴는 그런 것 말예

요." (엘러리 퀸, 《엘러리 퀸의 새로운 모험》)

원래 문버팀쇠는 여닫이창을 열린 상태로 고정하기 위해 받쳐 세우는 막대를 뜻하는 단어이므로 엄밀히 말하자면 오역이다. 다만 일부 사전에서는 문버팀쇠를 도어스토퍼로 등재해놓기도 했다.

영화배우 이름인가 싶은 문소란門小欄을 도어스토퍼의 우리말로 오해하는 경우도 있다. '작은 난간'이라는 뜻의 문소란은 문을 닫았을 때 원하는 위치에 멈추도록 만들어놓은 문틀의 턱을 의미한다. 공사 현장에서는 '도아다리(도어다리)'라고 부른다. 일부 문틀 제조 업체에서는 문소란을 스토퍼로 명기하기도 한다. 이쯤 되니 스토퍼라는 단어의 남용을 막는 조례라도 발의하고 싶지만, 그 조례의 이름마저 '스토퍼스토퍼'가 될 것 같아 두렵다.

여담으로 현관문 위에 달린 복잡하게 생긴 장치는 도어체크door check 혹은 도어클로저door closer라고 부른다. 내부에 스프링과 피스톤 장치가 있어서 문이 천천히 닫히게 한다. 현관문이 너무 빠르고 세게 닫히면 드나드는 사람이 다칠 수 있기 때문이다. 나사를 죄는 정도에 따라 문이 닫히는 속도를 조절할 수 있다.

이름은 힘이 세다. 한 번 세상에 태어난 이름은 쉽게 바뀌지 않는다. 사람들의 뇌리에 각인된 이름이라면 더욱 그렇다. 하나의 이름에 다섯 종류의 물건이 지독하게 엮인 도어스토퍼의 사정이 그렇다. 온갖 사물에 이름 붙이고 분류하는 것이 인간의 숙명이지만 이름을 뜯어고치기보다는 '동명이인'의 귀찮음과 불편함을 감내하는 쪽을 택한다. 이쯤 되면 인류 전체가 게으른 게 아닌가 싶기도 하다.

주방에 식탁도 싱크대도 아닌 '그거'

1. **아일랜드 식탁**island kitchen
2. 페닌슐라형 카운터Peninsula counter

이사하고 며칠 동안은 아일랜드 식탁에 브런치를 멋들어지게 차려놓고 먹었다. 지금은 바닥이 내 식탁이다.

아일랜드 식탁이다. 이름 그대로 '섬island'처럼 사방의 벽면과 떨어져 독립된 조리대 혹은 수납장을 겸한 식탁을 말한다. 블록키친block kitchen이라고도 한다. 조리대로만 쓰일 경우엔 아일랜드(형) 주방, 식탁의 역할을 겸하는 경우에는 아일랜드 식탁이라고 부르지만, 우리나라에서는 엄격하게 구분하지 않는다. 주방은 주로 조리대, 개수대(싱크대), 가열대(가스레인지)로 구성되는데, 여기에 독립적인 조리대가 더해지면 뭉뚱그려 아일랜드 주방이라고 부른다고 보면 된다.

주방이 집의 중심이 되면서 생겨난 그거

아일랜드 주방은 스칸디나비아 스타일•과 함께 신혼집 인테리어의 양대 산맥으로, 인테리어에 눈곱만큼도 관심 없던 사람이더라도 한 번쯤은 들어본 단어다. 스칸디나비아·미니멀리즘 스타일을 비롯해 최근 트렌드로 떠오른 자연주의·언커먼 스타일 등이 가구나 배색 등 디자인의 영역이라면, 아일랜드 주방은 공간의 구조와 직결된 문제이다 보니 신혼부부든 동거인이든 양쪽의 이견 조율이

• 실용적인 아름다움과 절제된 디자인을 추구하는 북유럽 디자인.

필수다. 아일랜드 주방파의 명분은 개방된 주방에서 요리하며 가족과 대화를 나누는 로망을 충족하고, 조리 공간과 함께 추가 수납장까지 확보할 수 있다는 것이다. 반대파는 가뜩이나 좁은 주방이 더 좁아지고 집이 답답해질 뿐이라고 주장한다.

반도를 뜻하는 영단어 peninsula에서 짐작할 수 있듯이 페닌슐라형 주방·페닌슐라형 카운터는 조리대 한쪽이 벽면이나 인접한 다른 조리대에 붙어 돌출된 형태다. 페닌슐라형 주방은 아일랜드 주방과 곧잘 혼용되지만 다른 개념이다. 아일랜드 식탁을 놓을 만큼 충분한 공간이 없을 때 만족스러운 대안이 된다. 조리대 확장뿐 아니라 추가 수납공간과 식기세척기 설치 공간도 확보할 수 있다.

사실 아일랜드 주방은 주방 공간이 충분히 넓어야만 제대로 활용할 수 있다. 좁은 공간에서는 오히려 요리와 통행을 방해한다. 또 아일랜드 식탁은 조리대를 겸하기 때문에 일반 식탁보다 높아 알맞은 높낮이의 의자를 따로 장만하지 않으면 식사 자리가 몹시 불편해진다. 다만 최근에는 거실Living-식사 공간Dining-주방Kitchen이 하나로 이어지는 LDK형 주거 구조가 보편화되고, 아일랜드 주방에 대한 선호도가 높아지면서 설계 및 시공 단계에서 아일랜드 주방 혹은 페닌슐라형 주방을 갖춘 신축 아파트가 많아졌다.

아일랜드 식탁·페닌슐라형 카운터의 등장은 주방 및 부엌이란 공간의 위상 변화와 밀접히 연관돼 있다. 본디 주방은 집의 중심이었다. 구석기 시대 후기부터 출현해 신석기 시대의 대표적인 주거 형태가 된 수혈주거竪穴住居, pit-house를 살펴보자. 움집이라고도 하는 수혈주거는 땅에 깊고 평평한 구덩이를 만들어 그 위에 지붕을 덮은, 선사 시대 반지하식 주택이다. 이 원시적인 가옥 중앙에는 불구덩이hearth가 있었다. 집 바닥에 불을 피워놓고 돌·진흙 따위를 둘러 구획을 만든 것이다. 지붕에는 연기 구멍을 만들어 연기를 빼냈다. 불구덩이는 난로이자 주방이었다. 추위를 물리치는 온기와 허기를 달래주는 따뜻한 음식, 어둠을 밝히는 빛까지 제공하는 집에서 가장 중요한 공간이었다. hearth라는 단어는 현재까지 살아남아 난로와 가정생활 그 자체를 의미하는 단어(보통 'hearth and home'이라고 표현)가 됐다.

이걸 읽고 누군가는 액티비전 블리자드의 온라인 전략형 카드 게임 '하스스톤Hearthstone'이 생각났을지 모른다. 벽난로 근처의 바닥돌을 뜻하는 하스스톤은 블리자드가 만든 MMORPG '월드 오브 워크래프트World of Warcraft'의 기본 아이템인 귀환석 이름이기도 하다. 귀환석을 사용하면 자신이 지정한 여관으로 순간 이동할 수 있다. 하스스톤 개발자들은 언제든 돌아올 수 있는 따뜻한 여관처럼 안락한 게임을 만들어보자는 뜻에서 이 같은 타이틀을 붙였다고 밝혔다.

건축 재료의 범위가 넓어지고 도구를 활용한 가공이 가능해지면서 벽체의 개념이 생겨났고, 이에 움집은 점차 지상으로 올라온다. 이와 함께 불구덩이 주변을 돌이나 흙으로 감싸는 난로가 등장하면서 불 피우는 위치는 차츰 집의 중앙에서 벽 쪽으로 이동한다.

당대 사회상을 따라 달라진 부엌의 모습

문명이 발전하고 거주 공간이 세분화되며 '생활공간이 곧 조리 공간'이라는 개념이 점차 사라졌다. 위생 문제와 화재의 위험을 최소화하기 위해 별도의 조리 공간이 필요해졌고, 자연스럽게 부엌이 생겨났다. 357년에 그린 것으로 추정하는 고구려 안악 3호분 고분 벽화에는 독립 공간이 된 부엌, 반빗간의 형태가 자세히 묘사되어 있다. 해당 벽화는 당대의 생활상을 생생히 보여주는데, 그중 주방 그림에는 부뚜막에 쇠솥을 걸고 그 위에 흙 시루를 얹어 요리하고 있는 여인의 모습이 담겨 있다. 다른 인물은 아궁이 불을 살피고, 또 다른 인물은 소반 위 그릇을 정리하고 있다.

서구 문명에서 벽난로는 취사도구가 아닌 난방 기구로서의 역

안악 3호분 고분벽화 동쪽 곁방 벽화에 묘사된 주방

할을 가지게 되며 부엌 행을 면했다. 12세기 즈음 굴뚝이 발명되고 일반 가정에 보급되면서 오히려 집 안의 상석을 차지했다. 동시에 불과 그을음과 연기와 냄새가 진동하는 주방은 말석으로 추락했다.

당대 사회상도 영향을 끼쳤다. 계급사회에서는 음식을 조리하고 차리는 '놈'과 그 음식을 맛보는 '분'이 엄연히 구분되었기에 부엌과 식사 공간도 분리됐다. 당시 하녀들은 허리도 제대로 펴지 못한 채 아궁이의 열기와 무쇠솥의 무게를 견뎌야 했다.

우리나라처럼 성역할이 분명하게 나뉜 지역도 마찬가지였다. 부엌을 남성의 생활공간과 섞이지 않는 독립된, 하지만 외진 공간으로 분리했다. 전근대사회 한국의 부엌은 식사 준비는 물론 장류와 김장 담그기 등 온갖 가사 노동이 집약된 여성만의 공간이었다.

주방은 수백 년간 찬밥 신세를 면치 못하다가 19세기 들어 조리 기술의 혁신과 함께 재평가받았다. 가스레인지, 가정용 냉장고, 스테인리스 스틸 조리 기구 등이 발명되고, 가정용 상수도 시설, 도시가스 인프라 등이 보급되면서 주방의 위생과 안전성이 크게 개선됐기 때문이다.

한국에서도 1920~1930년대 '근대화에 대한 열망'에 발맞춰 서구화·입식화에 중점을 둔 개량 부엌의 필요성이 대두됐다. 하지만 기반 시설 및 가옥 구조가 취약하고, 사회적 인식이 부족한 상황에서는 공허한 주장에 불과했다. 현대적인 부엌은 네 번에 걸친 파동을 겪으며 비로소 완성되었다. 1960년대와 1970년대 각각 한 차례씩 있었던 연탄파동의 반작용으로 석유풍로가(당시에는 일본식 이름인 석유곤로로 불렸다.) 유행하며 난방과 취사 열원이 분리되기 시작했다. 1970년대 두 차례의 석유파동(오일쇼크)은 정부의 가스 연료화 정책에 힘을 실어주며 1980년대 도시가스 보급을 이끌었다. 가스레인지는 1960년대까지만 해도 수입금지품목이었지만 이 시기에 폭발적으로 유입되었다. 도시를 중심으로 현대식 주거 양식을 갖춘 아파트가 지어지면서 부엌의 현대화는 가속페달을 밟았다.

1960년대 이후 '모던한 서구식 부엌'은 국가적 차원의 숙원 사업이 됐다. 1920년대의 개량 부엌 주장과는 비슷하면서도 다르다. 1920년대에는 남존여비男尊女卑로 대표되는 전통적인 봉건제를 타파하자는 목적의 부엌 개량이었다면, 1960년대 모던 부엌론은 국가 근대화·산업화의 주축이자 생산력을 증진하는 가사노동자와 주부의 능률을 제고하는 '투자' 개념이었다.

문제는 둘 다 여성에게 부담을 떠넘기는 방식이었다는 점이다. 하녀나 식모를 두지 않고 스스로 부엌일을 하는 근대적인 '신여성'에 대한 환상, 가정을 부양하는 바깥양반을 잘 내조하고 자녀 교육과 살림살이를 책임지는 현모양처 '집사람', 이후 직장 생활로 돈도 벌면서 살림도 살뜰히 챙기는 '슈퍼 맘'까지 이어지는 성역할론의 연대기는 장구하고 견고하다.

이유야 어쨌든, 밥이나 짓던 외부 공간이었던 부엌은 집 안으로 들어와 주요 생활공간의 지위를 재탈환하며 주방이 됐다. 한국의 주방이 전후 급격한 근대화를 거치며 중간 단계를 뛰어넘어 단번에 현대적인 주방으로 전환됐다면 서구 사회에서는 그 과정이 단계적으로 진행됐다. 먼저 주방 벽에 통로가 생겼다. 덕분에 식사를 준비하는 사람은 가족 또는 방문객과 대화를 나눌 수 있었다. 이윽고 벽이 사라졌고 그 자리를 페닌슐라형 카운터가 차지했다. 초기 페닌슐라형 주방은 조리대 위에 상부장을 설치해, 구내식당 배식대처럼 중간만 뚫린 형태였다. 이윽고 상부장이 사라지며 지금 우리가 알고 있는 페닌슐라형 주방이 완성됐다.

아일랜드 식탁과 페닌슐라형 카운터 모두 탁 트인 공간감과 작업 동선 및 수납 공간의 확보라는 장점을 가지고 있지만, 그 밑에는 실내 공간으로의 복권에 이어 집 안의 모든 공간과 연결되고자 하는 '공간의 구심'으로서의 부엌이 있다. 조리하는 동안 가족이나 손님의 얼굴을 바라보고 소통하며 같은 공간을 공유한다. 대면형 주방은 그렇게 로망이 됐다. 기원전 1만 년 신석기시대의 불구덩이 앞에서 느꼈을 유대감이, 인테리어 업계의 상술과 함께 다시 소환된 셈이다.

아파트에 딸린
실외 공간 '그거'

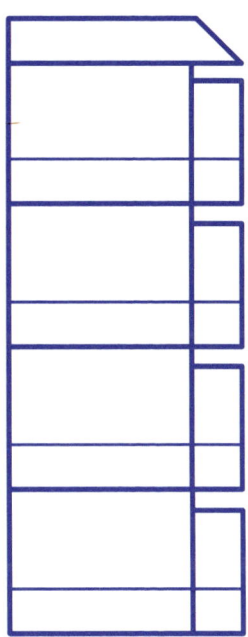
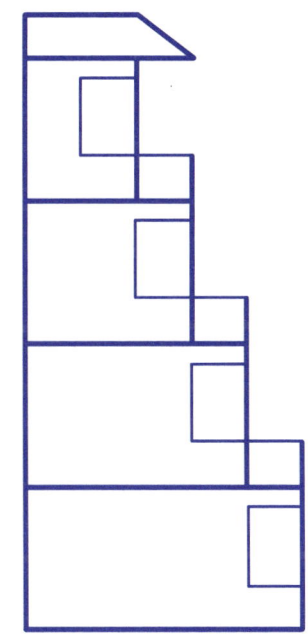

1. **발코니**balcony,
   노대露臺, 난간뜰

엄밀히는 발코니인 앞 베란다에서
정확히는 베란다인 테라스 아파트를 내려다봤다.

발코니다. 흔히 베란다veranda라고 부르지만 정확한 용어는 발코니가 맞다. 하지만 둘 다 본래의 의미와는 거리가 먼 '한국식 용어'다. 원래 발코니는 건물 외벽에 붙은 돌출된 옥외 공간을 뜻한다. 지붕 없이 난간만 설치돼 있다. 2층 이상 높이로 외부에 노출된 공간이다 보니, 공공장소에서 중요한 발표나 연설 등을 하는 장소로 쓰이기도 한다. 콘클라베•를 거쳐 선출된 신임 교황이 전 세계에 축복을 보내는 장소도 성 베드로 성당의 중앙 발코니다.

잘못된 명칭이지만 전 국민이 알아듣는 그거

흔히 거실 쪽 발코니를 '앞 베란다'라고 한다. 이곳을 확장해 실내 공간으로 쓰고 안방 쪽 발코니만 남아 있다면(보통 에어컨 실외기 등을 놓는 용도), 그곳은 '안방 베란다'라고 부른다. 부엌과 맞닿은 공간은 면적과 공간 활용에 따라 이름이 달라진다. 적당히 넓고 앞 베란다에 준하는 창틀이 설치된 공간이라면 '뒤 베란다', 세탁기와 보일러, 선반 정도만 설치할 수 있는 작은 공간이라면 다용도실이다. 다용도

• 가톨릭 교회에서 교황을 선출하는 추기경단의 선거회

실을 제외한 다른 표현은 건축법상에도, 사전에도 없는 단어지만 한국 사람이면 열이면 열 다 통하는, 전 국민의 은어가 되었다.

발코니는 원래 건물 밖으로 툭 튀어나온 서비스 공간이지만, 한국의 아파트는 이를 실내 공간으로 끌어들였다. 그 이유는 더 넓은 집에 대한 욕망 때문이다. 한국 특유의 부동산 불패 신화에 대한 영향으로 2023년 기준 한국의 평균 자산 대비 부동산 부채 비율은 78.6퍼센트에 달한다. 힘들게 장만한 내 집은 한 평이라도 더 넓어야 한다. 외부에 노출된 발코니는 낭비다. 창틀로 가리고, 장판을 깔고, 난방 공사를 한다. 그렇게 발코니는 거실과 안방의 일부, 완벽한 실내 공간으로 변신했다.

전용면적으로 잡히지 않는 여유 공간은 소비자를 유혹했다. 1988년 건축법 시행령이 개정되며 면적, 높이 등의 산정 방법에서 바닥 면적과 관련한 내용에 '난간 등의 설치 여부에 관계없이'라는 문구가 추가됐다(건축법 시행령 제101조 제1항 제3호). 입주 후 발코니에 창틀(새시)을 설치해 실내 공간으로 전용하는 것을 사실상 인정하는 조치였다. 이후 이 방식은 유행처럼 번졌다. 2000년대 초반 분양된 아파트에는 너비가 2미터에 달하는 '광폭 발코니'도 생겨났다. 원체 넓다 보니 식탁을 차려놓고 다이닝룸으로 쓰거나 아이 놀이방으로 쓰기도 했다.

물론 발코니 확장은 여전히 불법이었다. 시공사가 발코니 공사를 다 해놓고 입주 전에 다시 허물어 확장하는 일도 비일비재했다. 전 국민이 범법자가 되는 것을 보다 못한 정부는 2005년 발코니 확장 공사를 합법화한다. 그 이후로 '발코니는 없애야 제맛'이 됐다. 이때 바닥 면적 산정에서 제외되는 발코니 너비를 1.5미터로 제한한 탓에 광폭 발코니는 짧은 전성기를 누리고 퇴장해야만 했다. 이제는 건설사도 설계 및 분양 단계부터 아예 발코니 확장을 전제한다.

발코니를 불필요한 공간으로만 치부하는 것은 곤란하다. 이곳은 건축물 안팎을 연결하는 완충 공간으로, 태풍·화재 등 재난 상황에서 외부 충격을 흡수한다. 발코니가 사라지며 대피 공간이 부족해진 것도 문제다. 일본에서는 주택 발코니에 창틀을 설치하는 것이 불법이다. 지진 발생 시 발코니 유리창이 낙하함으로써 발생할 수 있는 인명 피해를 방지하기 위함이다. 옆집 발코니와는 얇은 경량 칸막이로만 구분된다. 일본에서 발코니는 사실상 지진이나 화재와 같은 위급 상황에서 대피할 수 있는 공용 공간이기 때문이다.

유현준 홍익대 건축도시대학 교수는 집에서 바람과 햇볕을 느낄 수 있는 야외 공간인 발코니의 중요성을 역설했다. 그는 2020년 국토교통부가 주관한 '도시와 집, 이동의 새로운 미래' 심포지엄에서 "속옷 바람으로 자연을 만날 수 있는 공간이 필요하다."라며 "발코니 및 테라스terrace의 활성을 위해 건축 법규를 손봐야 한다."라고 강조했다.

국내에서 베란다, 아니 발코니를 최초로 도입한 곳은 1958년 준공된 서울 성북구 종암동의 종암아파트다. 3개 동 152가구 규모의 종암아파트는 해방 이후 한국 건설사가 시공한 첫 아파트로 집

밖의 공용 화장실을 집 안의 수세식 화장실로 편입한 선구자이기도 했다. 당시 이승만 대통령은 낙성식(준공식)에 참석해 "이렇게 편리한 수세식 화장실이 종암아파트에 있습니다. 정말 현대적인 아파트입니다."라는 축사를 남겼다.

당시 종암아파트의 사진을 살펴보면 창문 없이 외부에 노출된 발코니가 눈에 띈다. 약속이나 한 듯 이불 빨래가 널려 있는 모습이 인상적이다. 일광 소독으로 뽀송뽀송해진 이불의 안락함이 느껴지는 것 같다.

발코니에 대한 궁금증은 해결됐다. 이제 베란다가 남았다. 본래 베란다는 위층보다 아래층의 면적이 클 경우, 1층의 천장 쪽에 생기는 실외 여유 공간을 말한다. 일반적인 형태의 아파트에서는 당연히 존재할 리 없다. 2층짜리 단독주택이나 몇 년 새 유행하고 있는 '테라스 아파트'에서나 찾아볼 수 있다. 아래층의 지붕을 위층의 공간으로 쓴다는 점에서 엄밀히 따지면 테라스 아파트가 아니라 '베란다 아파트'라고 표기해야 옳다는 주장도 있다. 해외에서는 툇마루처럼 집의 측면에 붙어 있는 공간에 벽 없이 지붕만 씌운 공간도 베란다라고 지칭한다. 할리우드 영화에서 지붕으로 덮인 실외 공간에 둘러앉아 맥주를 들이켜는 장면을 본다면 이곳은 십중팔구 베란다다.

테라스는 1층 내부 공간에서 외부로 뻗어 나온 공간이다. 보통 바닥에 타일이나 목재, 벽돌 등 바닥재로 마감한다. 야외 휴식처 등으로 이용되며 건물 내부와 연결돼 있다. 카페나 식당에서 실외에

테이블과 의자를 놓는 자리가 바로 그곳이다. 땅terra이라는 어원에서 짐작할 수 있듯이 지표면과 맞닿아 있다. 땅을 돋우고 그 위에 마감한다.

데크deck는 1층에 나무나 합판 등으로 마루처럼 만들어놓은 공간이다. 테라스와 용도가 비슷해 혼용하지만 테라스와 달리 지표면에서 들어 올려져 떠 있는 형태다.

포치porch는 건물 현관 앞에 지붕만 있는 개방된 공간을 말한다. 서양식 주택에서 주로 볼 수 있다. 필로티piloti는 건물 상층부를 지탱하기 위해 줄지어 세워둔 기둥을 뜻한다. 건물의 1층 일부에 기둥을 세워 지상과 분리하고 주차 공간 등으로 활용한다. 주로 빌라와 같은 낮은 건물에 쓰이지만, 최근에는 아파트에서도 2층부터 거주 공간을 배치하는 필로티 구조 설계가 자주 보인다.

이러기도 쉽지 않은데, 죄다 틀렸다. 그러니까 한국의 베란다는 사실 발코니, 한국의 테라스는 사실 베란다, 이런 식이다. 누군가 첫 단추를 잘못 끼웠지만, 전 국민의 베란다가 된 이상 이제는 돌이킬 수 없다. 오늘도 엄밀히는 발코니인 베란다에서 정확히는 베란다인 테라스 아파트를 내려다보는 수밖에.

창문에 달린 180도 회전하는 잠금장치 '그거'

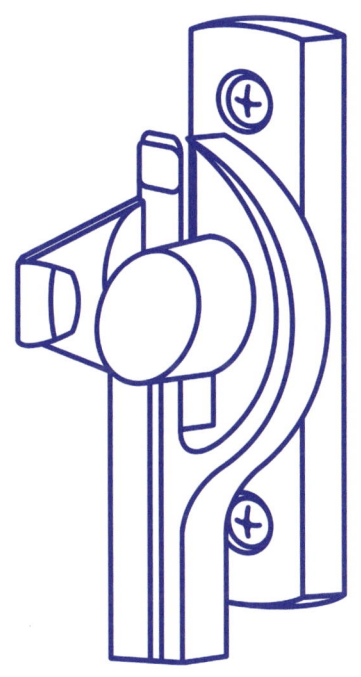

명사

1. **크리센트** crescent

예문

'창문 크리센트 잠갔던가? 가스는? 화장실 불은 껐나?'
집 밖으로 나오기가 무섭게 걱정이 몰려온다.

크리센트다. 원어 발음기호에 따르면 크레센트지만, 창호 제작사를 비롯해 업계에서는 크리센트로 통용된다. 알루미늄 창호의 잠금장치 중 문 한쪽에 180도 회전이 가능한 걸쇠를 달고, 다른 한쪽에는 걸쇠와 맞물리는 고리를 달아 고정한다. 고리에 걸리는 돌출부가 마치 초승달 모양crescent 같다고 해서 이런 이름이 붙었다.

낯선 이름을 가진 잠금장치 그거

무엇이든 첫인상이 중요한 법이다. 크리센트가 알루미늄 창호의 대표 잠금장치가 된 덕에, 이후 등장한 잠금장치들은 작동 방식만 비슷하면 죄다 크리센트로 통일됐다. 심지어 일자 크리센트도 있다. 직선 같은 곡선이라니, 소리 없는 아우성처럼 시적이다. 크리센트가 처음 국내에 도입됐을 때, 직관적인 우리말 표기로 바꿨다면 '일자 초승달' 같은 이상한 표현은 생겨나지 않았을 것이다.

잠금장치 면면을 살펴보면, 크리센트 외에도 낯선 이름이 많다. 우선 빗장(문빗장)이다. 문을 닫고 가로질러 잠그는 막대기를 뜻한다. 쇠로 만든 빗장은 빗장쇠라고 한다. 단순한 구조와 오랜 역사로 검증된 견고함 덕에 지금까지도 널리 사용된다. 주로 창고 문 등에 붙여 좌우로 움직여 여닫는다. 자물쇠로 잠글 수 있게 빗장걸고리가 붙어 있는 경우가 많다. 빗장은 경관 혹은 염이라고도 하는데 재미있게도 경扃·관關·염扂·이扅 네 글자 모두 문빗장을 뜻하는 한자어다. 포도 포葡와 포도 도萄가 합쳐진 포도와 유사하지만, 엄밀히 말하면 다르다. 포도처럼 중국이 서역에서 들여온 새로운 문물을 지칭하기 위해 두 개의 새로운 한자를 묶어서 만든 단어를 연면사連綿詞라고 하는데, 연면사는 낱자로는 쓰이지 않고 함께 써야만 비로소 의미가 생긴다.

지금은 거의 쓰지 않지만, 목제 미닫이문이나 창문 따위에 쓰는 창문꽂이쇠와 창문정도 있다. 잡아 빼면 ㄱ자 모양으로 꺾이고, ㅡ자로 펴서 밀어 넣으면 앞쪽 창문과 뒤쪽 창문이 고정되는 형태다. 표준어는 아니며 '찔러 넣는다'라는 의미의 일본어 사시꼬미さしこみ라고 지칭하기도 한다.

대학교 일어일문학과보다 일본식 표현을 더 자주 쓰는 곳은 아마도 건설 현장일 것이다. 아교도시, 아교오도시는 방화문 등 두꺼운 철문 틀 위나 아래쪽에 설치해 문지방이나 바닥의 구멍에 고정하는 잠금장치다. 일본어 아게오토시上げ落し가 대한해협을 건너오는 과정에서 발음이 변한 것으로 추정한다. 국내 건축·인테리어 업계에서는 오르내리꽂이쇠로 순환해서 사용하는 추세다.

오토시落し에서 유래한 잠금쇠가 하나 더 있다. 오도시다. 좌우로 빗장쇠를 움직여 문을 걸어 잠그는 장치를 통틀어 말한다. 아게오토시에서 오름上げ만 빠진 것이니 굳이 번역하자면 내리꽂이쇠지만, 적당한 우리말도 없을뿐더러 좌우로 빗장을 움직이는 장치에 내리꽂이쇠라는 이름을 붙이는 것도 영 이상하다. 사실은 원래 내리꽂아 문을 여닫던 마루오토시丸落し라는 잠금장치를 슬며시 옆으로 돌려서 쓰고 있기 때문이다. 진실을 알게 되니 허탈하다. 화장실 칸막이 문을 잠글 때 쓰는 오도시는 큐비클 잠금장치라고도 한다. 칸막이를 뜻하는 큐비클cubicle을 화장실 칸막이 시공 작업에서 벽체와 문, 잠금쇠 등 부자재를 통칭하는 단어로 쓰고 있기 때문이다.

옛날 화장실 문에서 종종 보는 물음표 모양의 쇠붙이 잠금장치는 괘정掛釘이다. 갈고리걸쇠라고도 한다. 철문 전문점에서는 실외고리, 캐빈 후크cabin hook, 아오리링으로 표기하기도 한다. 아오리링의 어원은 꽤 복잡하다. 일본에서는 괘정을 아오리도메煽り止め라고 하는데, 이는 강풍에 의한 충격을 의미하는 아오리煽り에 '멈추게 하다'를 의미하는 도메止め를 붙인 단어다. 번역하자면 '바람막이(용 잠금쇠)' 정도 되겠다. 아오리링은 일본어 단어에서 아오리만 가져다가 고리를 의미하는 링ring을 붙인 것으로 추정된다. 일본식 표현을 쓸 거면 다 가져오든지, 대체 일부분만 빌려오는 이유를 도저히 모르겠다. 창의적인 작명 센스 덕분에 잠금쇠 이름이 무슨 게임 아이템 같은 '바람의 반지'가 됐다.

회사·오피스텔 등에서 흔히 쓰는 여닫이 창문(프로젝트창·미닫이창)의 잠금장치는 프로젝트 손잡이라고 한다. 군대 총기함 잠금쇠처럼 자물쇠를 이용해 견고하게 잠그는 장치는 (자물쇠)걸고리·자물쇠걸이다. 총기함 잠금쇠를 '시건장치施鍵裝置'라고 부르기도 하는데, 이는 일본식 표현으로 잠금장치 등으로 순화하는 편이 낫다. 순화하는 김에 촉수 엄금도 '손대지 마시오'로 바꾸면 좋겠다.

두루마리 화장지 다 쓰면
나오는 종이 심 '그거'

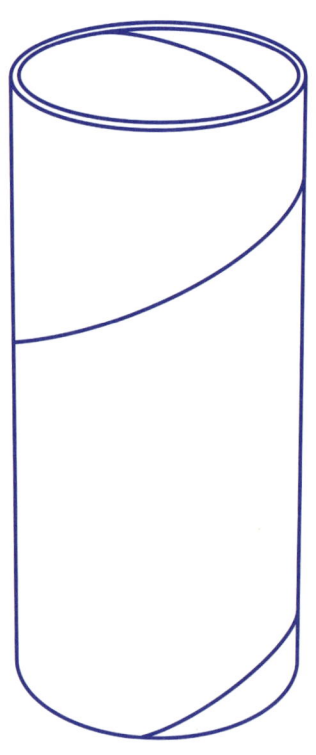

명사

1. **지관**紙管
2. 휴지심
3. (미국) 토일릿 페이퍼 튜브toilet paper tube, 카드보드 튜브cardboard tube

예문

게으른 룸메이트와 살다 보니 화장실엔 버리지 않은 지관이 가득하다.

지관이다. 종이로 만든 원통형의 심을 뜻한다. 흔히 휴지심이라고 하지만 제조 현장에서 쓰이는 공식 명칭은 지관이다. 한 뼘도 안 되는 짧은 심을 왜 '관'이라고 부를까. 두루마리 화장지의 제조 과정을 보면 이유를 알 수 있다. 먼저 대형 화장지 원지를 풀어 무늬를 인쇄하고 오돌토돌한 엠보싱 패턴을 입힌다. 그러고 나면 화장지를 긴 지관에 일정한 길이로 감고 똑같은 길이로 끊어낸다. 김밥을 만드는 과정과 똑 닮았다.

여전히 정확한 이름이 없는 그거

사실 지관이라는 단어는 없다. 땅속에 파묻은 관을 뜻하는 지관地管, 골무를 뜻하는 지관指貫, 불교에서 천태종을 다르게 부르는 지관止觀은 표준국어대사전에 등재되어 있지만 두루마리 화장지의 심을 뜻하는 지관은 없다. 다만 한자 생활권인 한국에서 '종이로 만든 관'을 직관적으로 표현하는 단어가 오랫동안 쓰이면서 자리 잡은 것으로 보인다. 포스터 등이 구겨지지 않도록 돌돌 말아 넣는 종이 재질의 원통인 '지관통' 역시 지관에서 파생된 단어다.

휴지심도 표준어가 아니다. 적어도 하루에 한 번씩은 만나는 생활필수품임에도 여전히 이름 없는 '그거'인 셈이다. 속에 박힌 물건을 이르는 심心, 芯과 합쳐진 연필심, 볼펜심이란 단어가 표준어로 등재된 것을 보면 아쉬움은 더 커진다. 국립국어원에서는 휴지심에 대해 '표준국어대사전의 표제어로 올라 있지는 않지만 국립국어원의 참여형 사전인 우리말샘에 올라 있으므로 이를 써서 표현하길 권한다'라고 밝히고 있다.

지금의 휴지가 있기까지

미국의 사업가 조지프 가예티Joseph Gayetty는 1857년 최초의 상용 휴지를 발명했다. 이 휴지는 알로에가 함유된 마닐라삼 재질로, 낱장 500장을 상자에 담은 현재의 갑 티슈와 비슷한 형태였다. 목적은 치질을 예방하는 치료용 제품이었다. 가예티는 발명품이 자랑스러웠는지 한 장 한 장마다 자신의 이름을 새겨놓았다. 덕분에 가예티는 전 세계에서 가장 많은 사람의 엉덩이를 닦아준 영예로운 이름이 됐다.

사람들의 '뒤를 봐준' 첫 인물은 가예티였지만, 그가 마지막은 아니었다. 2019년 영국의 한 경매에서 두루마리 휴지가 160파운드에 낙찰되었다. 1930년대 후반 영국에서 생산된 이 휴지는 20칸 정도 남아있었는데, 여기에는 히틀러를 포함한 나치를 조롱하는 캐리커처 이미지가 그려져 있어 2차 세계대전의 전운이 감돌던 당대의 시대상을 보여준다. 히틀러 그림 아래에 "나는 이제 온통 갈색

셔츠네요."라고 적힌 부분은 좀 많이 더럽긴 하지만 말이다.

다시 휴지의 역사로 돌아가자. 뉴욕주의 소도시 올버니 태생의 세스 휠러Seth Wheeler는 휴지가 쉽게 끊어

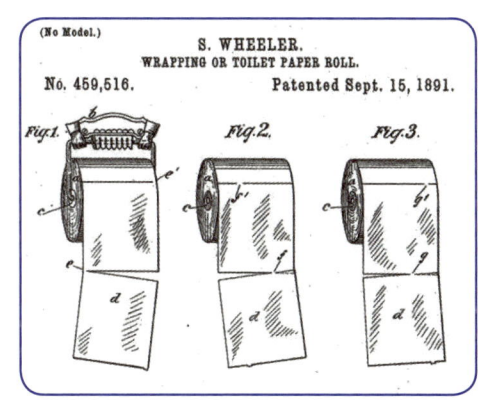

세스 휠러는 자신이 발명한 두루마리 휴지를 여러 차례 개선했는데, 위 특허 이미지도 그중 하나다.

지도록 돕는 절취선을 넣고, 지관을 중심으로 둥글게 말린 형태의 화장지를 발명한 두루마리 휴지의 아버지다. 하지만 당시 대중은 '뒤처리'를 창피하게 여겼던지라 지금처럼 생필품으로 자리 잡는 데에는 꽤 오랜 시간이 필요했다.

휠러가 낳은 정이라면 어빙, 클래런스 스콧 형제Irvin Scott, Clarence Scott는 기른 정이다. 비유가 좀 이상하지만 아무튼 그렇다. 이 형제는 화장지 시장을 개척했다. 1879년 스콧(스카트) 페이퍼 컴퍼니Scott paper company를 차리고 1890년 두루마리 형태의 휴지를 대중화했다. 스콧은 1907년에는 키친타월(종이 행주), 1930년에는 갑 티슈를 내놓으며 시장을 선도했다. 1980년대에는 쌍용제지(현 쌍용씨앤비)와 제휴를 맺고 비바, 스카티 브랜드를 한국에 내놓기도 했다.

스콧은 화장지 시장을 공격적으로 확장하는 과정에서 '당신의

화장실이 볼셰비키를 키우고 있습니까?'라는 도발적인 문구의 잡지 광고를 내놓았다. 1931년 《타임》에 실린 이 광고는 회사에 질 좋은 스콧 화장지를 제공하면 직원들이 급진적인 공산주의자가 되지 않을 것이란 내용을 담고 있다. 사소한 부분부터 직원의 복지와 편의를 챙기라는 의도였다.

스콧은 1995년 경쟁사이자 세계 최대 미용 화장지 생산 업체인 킴벌리-클라크Kimberly-Clark Corporation에 인수됐는데, 그 규모는 94억 달러에 달했다. 당시의 화폐가치를 고려하면 놀라운 비용이었다.

막힌 변기를 뚫을 때 쓰는 '그거'

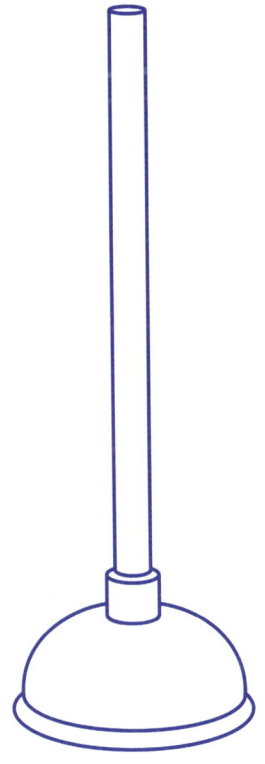

명사

1. **플런저**plunger, 러버컵ラバーカップ
2. 뚫어뻥, 고무압축기

예문

플런저를 가지고 온 룸메이트의 위엄은 마치 엑스칼리버를 든 아서왕의 그것이었다. 그가 변기를 구하러 온 것이다.

플런저다. 하지만 이는 영미권에서의 호칭일 뿐 한국에서는 사전에 등재된 표준어가 없다. 정말로 '그거'인 셈이다. 보통은 뚫어뻥이라고 부른다.

배수관을 뻥 뚫어주는 그거

이름이 없다는 것은 서글픈 일이다. 뚫어뻥 자신에게도 그렇지만 무명의 물건을 어떻게든 팔아야 하는 사람들에게도 그렇다. 판매자들은 작명에 창의력을 총동원해 스나이뻥, 다뚫어, 뚫어펑, 뚫기, 뚜러뻥, 관통기 등의 이름을 만들어냈다.

뚫어뻥은 공기압을 이용해 막힌 배수구를 뚫는 도구라는 점에서는 적확한 표현이지만 원래는 막힌 변기 혹은 싱크대의 배수관을 뚫는 액체형 배수구 세정제의 명칭이었다. 세정제를 막힌 배수관에 부어놓고 기다리면 세정제 속 수산화나트륨이 배관 속 이물질을 분해해 뚫어주는 원리다.

1980년대 백광산업이 '백광 트래펑'을 출시한 이후 등장한 많은 유사품 가운데 하나가 바로 뚫어뻥이었다. 뚫어뻥은 하수구 트랩(S자 형태로 구부러져 있어 역류하는 냄새나 벌레 등을 막아주는 배관)에 펑크 puncture(구멍)를 낸다는 의미로 만들어진 트래펑의 명칭을 빌리는 동

시에 '뻥' 하고 '뚫어준다'는 직관적인 한글 의미까지 부여함으로써 사람들의 뇌리에 박혔다. 이후에는 마땅한 명칭이 없었던 플런저를 지칭하는 표현으로까지 자리 잡았다. 뺏고 뺏기는 이름 싸움이 실로 치열하다. 뚫어뻥 출현 이전까지는 일본식 용어를 그대로 음역한 통수컵通水カップ 등으로 불렸다. 온라인 쇼핑몰 등에서는 고무 압축기란 이름으로 소개된다.

북미에서는 플런저 외에도 배관공의 도우미plumber's helper, 포스컵force cup이라고 부르기도 한다. 러버컵은 막대를 제외한 고무 부분만을 가리키지만, 일본에서는 도구 전체를 일컫는다. 뚫어뻥은 일본에서도 한국처럼 다양한 별칭으로 불리고 있고 지역마다 통용되는 이름도 다르다. 통수컵, 흡인컵吸引カップ, 흡인기 등 원리와 목적에 기반한 이름이 있는가 하면, 슷뽄スッポン, 팟콘パッコン, 가뽄ガッポン, 규뽄ギュッポン 등 '슷- 하고 눌렀다가 뽄! 하고 잡아 빼는' 의성어를 옮겨온 명칭도 있다. 푸카푸카プカプカ('둥실둥실', '뻐끔뻐끔'이라는 뜻의 일본어)라고 귀엽게 불리기도 한다.

그렇다면 플런저는 누가 발명했을까. 미국의 사업가 존 홀리John Hawley다. 그는 여러 사업에서 성공을 거둔 만능 재주꾼이었다. 1836년 뉴욕 북부에서 태어나 텍사스와 캘리포니아, 네바다 등지에서 젊은 시절을 보내고, 1870년대 뉴욕으로 돌아와 초콜릿 등을 만드는 제과업체인 월리스앤드컴퍼니Wallace and Company에 취업했다. 이 시기에 그는 본업과 무관한 물건 하나를 발명해 특허 출원했는데 바로 탄성력 컵elastic force cup이다. 이 물건은 이후 플런저 혹은 뚫어뻥으로 불리게 된다.

홀리는 특허 수익금을 바탕으로 홀리앤드훕스Hawley & Hoops를 창업, 1880년대 미국에서 가장 큰 초콜릿·사탕 업체로 키웠다. 홀리앤드훕스는 유명 일러스트레이터 파머 콕스Palmer Cox의 캐릭터인 '브라우니'의 트레이딩 카드를 만들어 홍보에 활용했는데, 이는 대중문화를 브랜드에 접목한 최초 사례였다. 포켓몬빵 띠부띠부씰의 조상인 셈이다. 홀리앤드훕스는 1886년 뉴욕에 초콜릿 공장을 짓고 직원 800명을 고용할 정도로 전성기를 누렸지만 1950년대 마즈Mars(엠앤드엠즈를 만드는 세계 1위 초콜릿 브랜드)에 인수 합병된다. 플런저의 역사를 거슬러 올라가다 보니 '홀리와 초콜릿 공장'에 다다랐다.

플런저는 세상에 태어난 지 100년을 훌쩍 넘겼다. 단순하고 저렴하면서도 기능적이다. 완벽한 등장 덕분에 당시의 형태와 소재를 지금까지 유지하고 있다. 수세식 변기가 있는 곳이라면 어디든 공존한다. 수많은 변기를 구했고, 그보다 더 많은 사람을 구원했다. 그럼에도 우리는 이 위대한 영웅에게 제대로 된 우리말 이름 하나 지어주지 못했다.

택배 상자 속 물건들을 보호하는 뽁뽁이 '그거'

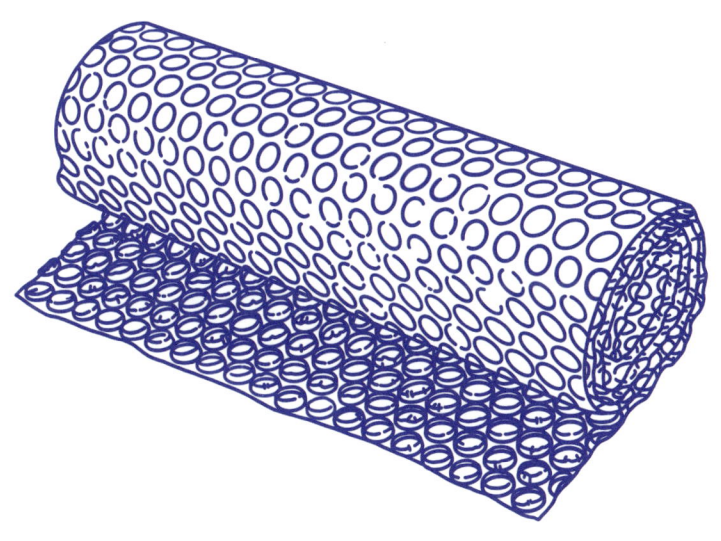

1. **버블랩**bubble wrap, 에어캡aircap
2. (한국) 뽁뽁이
3. (일본) 푸치푸치プチプチ

진정한 중고 판매 달인으로 거듭나기 위해
신문지 대신 버블랩을 쓰기로 했어.

버블랩이다. 표면에 지름 1센티미터 내외의 작은 공기주머니가 수천 개 빼곡하게 들어찬 완충용 비닐 포장지다. 버블랩을 비롯해 에어캡, 푸치푸치 등은 상표명이 사물의 명칭을 대체한 경우다. 스테이플러를 호치키스로 부르거나 갑 티슈(곽 티슈는 틀린 표현이다)를 크리넥스로 부르는 것과 마찬가지다. 한국에서는 주로 에어캡이라 부르지만, 영미권에서는 버블랩이 보통명사로 자리 잡았다.

실패를 거쳐 쓸모를 증명해낸 그거

뽁뽁이도 맞는 표현이다. 2015년 국립국어원은 '뽁뽁이'라는 우리말을 버블랩의 순화어로 소개했고, 2023년에는 이를 표준어로 등재했다. 다른 나라에서의 호칭이 원래의 용도와 외형에 초점을 맞췄다면, 한국에서의 호칭은 손가락으로 공기주머니를 눌러 터트리는 심심풀이 활동에서 유래했다는 점이 독특하다.

버블랩의 역사는 실패했다가 끝끝내 성공한 역사이기도 하다. 버블랩의 탄생을 되짚어보려면 1957년 미국 뉴저지주로 가야 한다. 당시 앨프리드 필딩Alfred Fielding, 마크 샤반Marc Chavannes이라는 발명가들은 샤워커튼 두 장을 맞붙여 방수 성능을 갖춘 독특한 질

감의 플라스틱 벽지를 만들었다. 그러나 이 발명품은 비닐과 비닐 사이의 수많은 기포 때문에 상품화에 실패했다. 하지만 이 기포에 단열 효과가 있다는 사실을 발견하고 온실의 단열재로 판매하기 시작했다. 그들은 1960년 실드 에어Sealed Air라는 회사를 세우고 버블랩을 생산했지만, 이 사업도 그다지 잘되진 않았다.

하지만 회사를 설립하고 몇 년이 지난 뒤 버블랩의 진짜 쓸모는 엉뚱한 곳에서 발견됐다. IBM이 자사의 컴퓨터 모델 IBM 1401을 선적해 운송하는 과정에서 기기를 보호하기 위해 버블랩을 완충용 포장재로 사용한 것이다. 그 이후에는? 예상대로 대성공을 거뒀다. 벽지에서 단열재, 단열재에서 포장재로 삼수 끝에 쓸모를 찾은 버블랩은 택배 천국 한국의 일상에서 빼놓을 수 없는 '그거'가 됐고, 앨프리드와 마크는 뉴저지 발명가 명예의 전당에 헌액됐다. 실드 에어는 현재 사명을 시SEE로 바꿨고, 2023년 기준 매출액 54억 달러, 직원 1만 7300명, 120개국에 제품을 수출하는 글로벌 기업으로 성장했다.

몇 년 전부터 매서운 한파로 혹독한 겨울을 나고 있는 한국에서는 버블랩을 알뜰 방한 용품으로도 활용하고 있다. 버블랩을 유리창에 붙여주는 것만으로도 난방 효율이 높아지고 결로 발생을 막을 수 있기 때문이다. 전문가들은 이 방법으로 실내 온도를 최대 4도까지 높일 수 있다고 말한다.

발명되고 50여 년이 지나서야 저비용 고효율 단열재로서의 쓸모가 지구 반대편에서 증명된 셈이다.

47
손톱깎이 세트에 들어 있는 손톱깎이 말고 '그거'

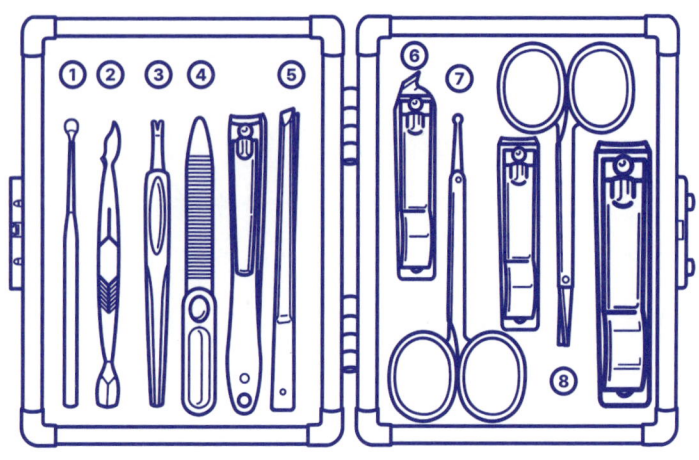

명사

1. 귀이개 ear pick, ear swab
2. 밀대 3. V날 밀대 4. 파일 file
5. 족집게 tweezer
6. 큐티클 손톱깎이(큐티클 트리머)
7. 코털 가위 8. 큐티클 가위

예문

기념품으로 받은 손톱깎이 세트를 열자 파일과 큐티클 가위, 밀대, 코털 가위 등이 눈에 들어왔다.

귀이개와 밀대, 파일, 큐티클 가위 등이다. 손톱깎이 세트 케이스를 열면 손톱깎이와 여러 도구가 가지런히 꽂힌 채 은색으로 빛난다. 비밀 무기로 가득 찬 007 제임스 본드의 서류 가방을 열어본 듯한 느낌마저 든다. 하지만 손톱깎이 외에는 도통 이름을 모르겠다. 용도조차 짐작이 가지 않는 물건도 태반이다.

쓰임이 제각각인 손톱깎이 세트 속 그거

손톱깎이 세트는 적게는 3종에서 많게는 11종까지 그 구성이 다양한 편이라 하나하나 짚어가면서 이름과 용도를 설명해보자.

우선 주연 중의 주연, 손톱깎이다. 영어로는 네일 클리퍼nail clipper라고 한다. 과거에는 일본어인 쓰메키리爪切リ가 보편적으로 쓰였다. 쓰메키리는 건설 현장에서 '손톱 자르듯 잘라먹은' 체불 임금을 가리키는 은어이기도 했다. 가능하면 손톱깎이라고 부르자.

손톱깎이는 윗날과 아랫날, 그리고 손잡이로 이뤄진 단순한 구조지만 받침점과 힘점, 작용점의 지렛대 원리가 적용된 공학적 디자인의 물건이다. 우리나라에서는 드문, 니퍼나 펜치처럼 생긴 플라이어 형태의 손톱깎이도 있다. 십만 원대 고급 손톱깎이를 생산하는 일본 스와다 제작소諏田製作所의 '네일 니퍼' 제품이 대표적이다. 일반적으로 손잡이 쪽에는 손톱을 자르고 난 뒤 날카로워진 가장자리를 다듬을 수 있는 줄칼이 부착돼 있다.

손톱깎이가 개발되기 전에는 가위나 칼 등으로 손발톱을 잘랐고, 기원전 유물에서도 원시적인 형태의 손톱깎이 도구가 발견되었다. 그렇다면 현대식 손톱깎이는 누가 최초로 발명했을까. 대체 무슨 일이 있었는지 1880년 전후로 손톱에 원수진 이들이 무더기로 등장해 손톱깎이 특허를 출원하기 시작한다. 지금까지 알려진 것 중 최초의 특허는 1875년 미국의 밸런타인 포거티Valentine Fogerty가 '손톱 다듬기 도구finger-nail trimmer'라는 이름으로 출원했다. 다만 생김새는 지금의 손톱깎이와는 영 딴판이다. 이후 몇 가지 개선품을 거쳐, 1881년에 이르러서야 현재의 디자인과 유사한 손톱깎이가 등장한다.

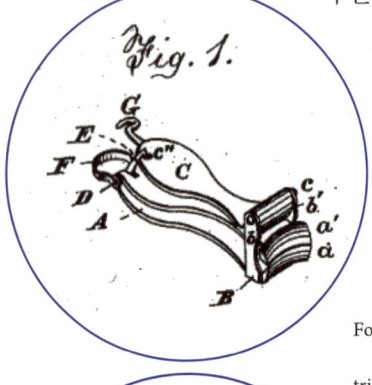

지금의 손톱깎이와 매우 유사한 형태의 1881년 특허

국내 기업인 쓰리세븐과 벨금속공업, 로얄금속공업, 미성메탈 등은 세계에 널리 알려진 손톱깎이 생산 업체다. 특히 쓰리세븐(구 대성금속)은 1995년 상표명 777 사용권을 놓고 미국의 항공기 제조 업체 보잉사The Boeing Company가 상표 사용 중지 소송을 걸었다가 고개를 숙이며 유명세를 탔다. 보잉 덕분에 홍보 효과를 톡톡히 거둔 대성금속은 효자 상품인 777(쓰리세븐)을 아예 상호로 쓰기 시작했다. 국내 브랜드 보카스는 2004년에 날이 회전하는 손톱깎이를 개발해 보수적인 손톱깎이 시장에 새로운 외형을 선보이기도 했다.

평평하고 얇은 철판에 일정한 간격으로 가로줄 요철이 새겨진 '그거'는 파일file이다. 손톱 연마용 줄이라고도 한다. 일본식 표현에 익숙한 중장년은 야스리やすり라고 부른다. 손톱을 깎기 전후에 손톱 끝을 매끈하게 정돈할 때 주로 쓴다. 손톱깎이 세트에 포함돼 있지는 않지만, 손발톱의 표면을 연마해 광택을 내는 미용기구는 네일 버퍼nail buffer 혹은 네일 샤이너nail shiner라고 한다. 손톱 관리에 관심 없는 사람에게는 '화장대에 굴러다니는 단단한 스펀지 막대 그거'일 뿐이지만.

작은 가위도 들어있다. 가위는 날의 모양에 따라 용도가 다르다. 가윗날 부분이 뾰족하고 곡선으로 휘어있으면 '큐티클 (미용) 가위'이며, 날 끝이 둥글거나 뭉툭하면 '코털 가위'다. 콧수염이 아니다. 코 내부 점막에서 자라는 코털은 먼지 등 이물질의 유입을 막아주는 중요한 역할을 하지만, 코 밖으로 삐져나왔을 때는 미관을 해치는 요소일 뿐이다. 천하의 미남미녀라도 치명적이다. 코털을 손으로 뽑으면 아픈 건 둘째 치고 감염의 위험이 있어 끝이 뭉툭한 코털 가위로 잘라내는 것을 권한다. 코털 가위는 얇은 아기 손톱 정리에도 사용할 수 있다.

큐티클은 손톱 주변, 주로 뿌리 쪽의 굳은살로, 큐티클 가위를 사용해 밀어 올리거나 잘라내 정리할 수 있다. 손톱깎이 세트에 포함된 '그거' 중 날이 사선으로 비스듬한 손톱깎이는 큐티클 손톱깎이(큐티클 트리머)다. 큐티클 가위와 용도가 같다. 생산 업체에서는 신생아 손톱 및 손톱 주변 거스러미 정리에도 쓸 수 있다고 소개하고 있다. 비슷한 도구로 큐티클 니퍼도 있다.

큐티클을 밀어 올리는 데에 쓰이는 밀대(푸셔)도 있다. 밀대 중에는 끝에 V자 쇠 날이 붙은 'V형 밀대'도 있다. 이 물건은 밀어 올린 큐티클을 잘라내는 용도로 쓰인다. 큐티클 관리는 손톱 미용의 필수 코스지만, 무작정 제거하는 것은 금물이다. 손톱의 성장이 시작되는 뿌리 부분을 보호하고 세균의 침투를 막아주기 때문이다.

작은 주걱처럼 생긴 물건은 귀지를 파내는 귀이개다. 한국인에겐 익숙하지만, 유전적으로 눅눅한 귀지를 가진 서양인들에겐 낯선 물건이기도 하다. 동양인, 그중에서도 한국인은 대부분 귀지가 마른 편이다. 귀지의 특성이 다르다 보니 서양에서는 주로 면봉을 사용하고, 동양에서는 귀이개를 이용해 긁어내는 방식이 정착됐다. 가족끼리 귀이개로 귀를 청소해주는 모습은 아시아 지역의 전유물이기도 하다. 과거에는 귀이개가 장신구로 활용되기도 했다. 금으로 만들거나 화려한 장식을 달아 비녀처럼 머리에 꽂았다가, 필요할 때 활용한 것으로 추정된다.

마지막으로 족집게도 있다. 새치 등을 뽑을 때 사용하지만, 머리카락은 소중하니까 놔두자. 머지않은 시기에 한 올 한 올이 아쉬운 때가 올 수 있다.

손톱 뿌리에 있는 반달 모양의 하얀 '그거'

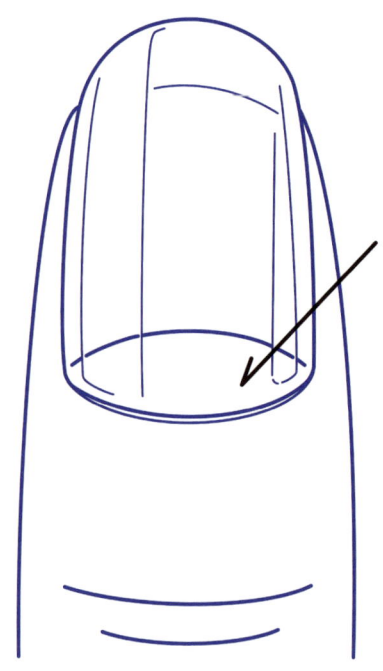

 명사

1. **속손톱**, 손톱반달, 조반월爪半月
2. (미국) 루눌러 lunula

 예문

"속손톱을 보면 건강 상태를 알 수 있대."
"난 속손톱이 없어."

속손톱이다. 선명한 반달 모양 때문에 '**손톱반달**(조반월)'이라고 부르기도 한다. 영어 이름인 루눌러는 속손톱, 초승달 혹은 반달 모양을 의미하는데, 그리스 로마 신화에 등장하는 달의 여신이자 달을 뜻하는 라틴어 luna에서 파생된 말이다.

세 배 더 두꺼운 손톱 뿌리 그거

속손톱은 손톱 뿌리에서 막 자라서 나온 어린 손톱이다. 불그스레한 손톱과 달리 두께 때문에 연한 분홍색이나 하얀색에 가깝다. 손톱의 두께는 0.5~0.6밀리미터 정도지만, 속손톱은 그보다 세 배가량 더 두꺼워 모세혈관이 비치지 않기 때문이다.

중국 한의학에서는 속손톱의 모양과 색을 보고 건강 상태를 진단하기도 한다. 속손톱이 짧거나 없으면 건강이 좋지 않다는 속설이 있지만, 과학적으로 증명된 적은 없다.

속손톱보다 확실한 손톱 건강 확인법이 있다. 바로 샴로트의 창문 테스트Schamroth's window test다. 양손의 검지 손톱을 서로 맞댔을 때, 손톱 사이에 다이아몬드 모양의 틈이 생기는지 확인해보자. 다이아몬드 모양이 생긴다면 정상, 빈틈없이 맞붙었다면 곤봉지棍棒指를 의심해야 한다.

손가락 끝이 곤봉처럼 뭉툭하게 붓는 곤봉지 현상은 폐렴·폐섬유화증·폐암 등 폐 질환의 대표적 증상이다. 샴로트의 창이 보이지 않는다면 당장 병원에 가자.

쓰다

생활을 편리하게 만드는 사물들의 이야기

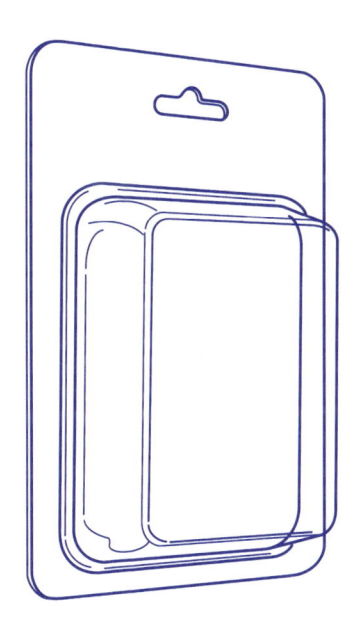

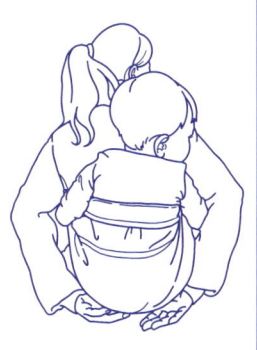

49

어디까지 읽었는지 표시해두는 책장 사이의 끈 '그거'

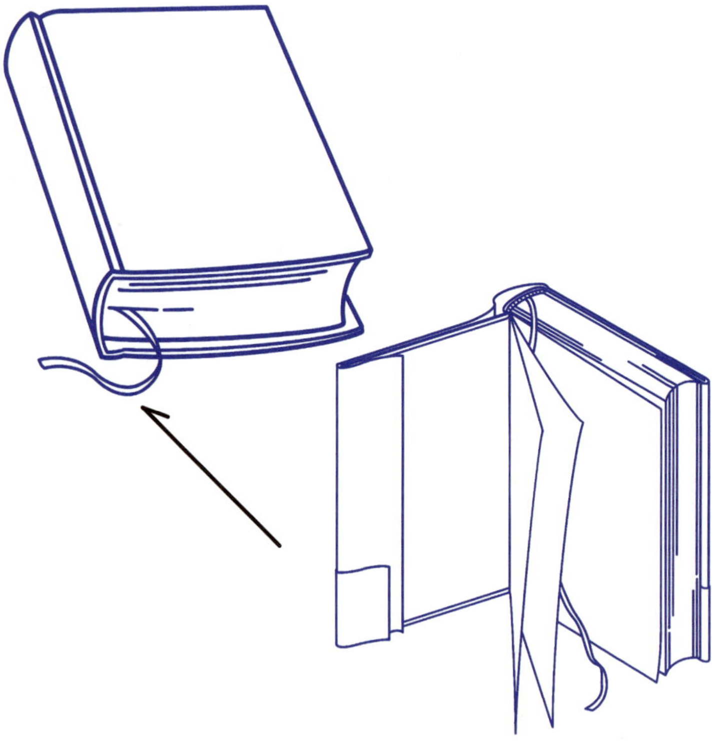

명사

1. **가름끈**, 갈피끈
2. (미국) 바운드 북마크bound bookmark

예문

어디까지 읽었더라.
책장을 넘기며 가름끈을 찾았다.

가름끈이다. 서표書標, 갈피끈이라고도 한다. 책에서 읽던 곳이나 특정 지점을 표시해두기 위한 책갈피 역할이다. 책갈피가 얇은 종이나 가죽, 플라스틱, 천 따위로 만들어서 책의 낱장 사이에 끼워두는 얇은 별도의 물건을 통칭하는 이름이라면, 가름끈은 책에 부착된 형태라는 점이 다르다. 인쇄물을 묶고 표지를 달아 책의 형태로 만드는 제책製冊(제본이라고도 함) 방식 중 양장 제본에서 책머리(책등의 윗부분)에 가름끈의 끝을 접착하거나 꿰매는 방식으로 고정한다.

책장과 책장 사이의 그거

영어로는 북마크bookmark 혹은 바운드 북마크라고 한다. 넓은 의미로는 북마크의 일종이지만, 구분을 위해 '(책에) 묶인' 책갈피로 명명한다.

갈피란 겹치거나 포갠 물건 사이나 틈을 뜻하는 우리말이다. 일이나 사물의 갈래가 구별되는 경계를 의미하기도 한다. '도통 갈피를 못 잡다'라고 말할 때의 바로 그 갈피다. 원래 책장과 책장 사이를 일컫는 단어였던 책갈피에 책의 낱장 사이에 꽂는 물건이란 의미가 공식적으로 더해진 건 생각보다 최근인 2009년부터였다. 사람들이 책갈피를 서표의 의미로 자주 사용하면서 2009년 표준어 개정을 계기로 그 의미를 흡수하게 되었다. 덕분에 '책갈피에 책갈피를 꽂아두었다' 같은 어색한 문장도 표준어 규정으로는 전혀 문제없는 표현이 됐다. 가수 아이유의 리메이크 앨범 '꽃갈피'(2014)에서도 갈피라는 단어가 쓰였다. 꽃과 갈피를 합친 신조어 꽃갈피는 '책갈피에 끼워 말린 꽃'을 의미한다. 아름다운 단어이지만, 압화押花, pressed flower라는 표현이 먼저 있었다. 우리말로 꽃누르미·누름꽃이라고도 한다.

여담으로, 책갈피가 없어 페이지 모서리를 삼각형 모양을 접어서 표시하는 것을 두고 영어권에서는 강아지 귀dog's ear라고 표현한다. 귀여운 표현이지만 빌린 책에는 하지 말자.

결혼식에서 뿌리는 반짝반짝 종잇조각 '그거'

 명사

1. **컨페티**confetti
2. 색종이 가루, 파티 가루
3. 꽃가루, 플라워 샤워

 예문

행진하는 신랑 신부 위로 컨페티가 쏟아졌다.

컨페티(콘페티)다. 낯선 외래어다 보니 국내 쇼핑몰에서는 색종이 가루나 파티 가루 같은 표현을 함께 쓰기도 한다. 주로 축제나 결혼식 등에서 행사 하이라이트 때 종이 형태로 뿌린다. 종이가 아닌 얇고 반짝이는 비닐 소재를 쓰기도 한다.

아몬드에서 종잇조각으로 변한 그거

컨페티는 라틴어 confectum에 어원을 둔 confect(사탕과자)에서 유래했다. confetti는 이탈리아어로 설탕을 입힌 아몬드를 뜻하는 confètto의 복수형(요르단 아몬드 또는 드라제라고도 한다)이기도 하다. 이탈리아에는 결혼식 때 흰색 설탕을 입힌 다섯 개의 컨페티를 손님에게 선물하는 전통이 있다. 건강과 부, 행복, 다산과 장수라는 다섯 가지 소원을 기원하는 의미도 있고 나누어지지 않는 홀수를 통해 부부가 헤어지지 않고 잘 살겠다는 뜻도 있다. 또 삶의 쓴맛(아몬드)과 사랑의 달콤함(설탕)을 함께 맛본다는 의미도 있다. 이외에도 이탈리아에서는 아기 세례식 때 연한 파란색 혹은 분홍색 컨페티를, 졸업식 등 학문적 성취를 이뤘을 때 빨간색 컨페티를 구분해서 사용한다.

맛도 있고 의미도 남다른 간식이 어째서 '던지는 물건'이 됐을까. 갓 결혼한 부부에게 다산과 번영을 기원하며 쌀이나 밀 같은 곡식을 뿌리는 관습은 기원전 켈트족과 고대 로마까지 거슬러 올라간다. 시대와 지역에 따라 사탕이나 과일을 쓰기도 했다. 특별한 일을 기념하고 축복하기 위한 오래된 의식인 셈이다.

또 중세 유럽에서는 축제 때 행진 참가자들이 구경꾼들에게 진흙 덩어리, 달걀, 과일, 꽃, 동전 등을 던졌다. 반대로 구경꾼들이 퍼레이드 참가자들에게 물건을 던지기도 했다. 1597년, 밀라노 공국을 통치했던 스페인 귀족 후안 페르난데스 데 벨라스코Juan Fernandez de Velasco 총독이 축제가 점차 과격해지자 금지했다가 1700년대 작은 사탕이나 분필을 던지는 형태로 부활했다.

현대적인 의미의 색종이 가루, 컨페티를 발명한 사람은 누구일까. 여기 두 사람이 있다. 한 명은 19세기 밀라노의 사업가였던 엔리코 만질리Enrico Mangili, 다른 한 명은 동시대를 살았던 이탈리아 기술자이자 발명가 에토레 펜딜Ettore Fender이다. 두 사람의 이야기를 들어보고 판단하자.

우선 엔리코 만질리다. 비단 생산지로 유명했던 밀라노에서 방직 회사를 경영했던 그는 누에 사육을 위해 구멍을 낸 종이 시트를 만드는 과정에서 나오는 작은 종잇조각, 그러니까 쓰레기를 밀라노 카니발 퍼레이드에서 '던질 물건'으로 팔기 시작했다. 대동강 물을 팔아먹은 봉이 김선달도 한 수 접어야 할 사업 수완이다.

에토레 펜딜은 다양한 분야에서 성취를 이룬 공학자이자 발명가였다. 어떤 웹사이트에서는 그를 핵물리학자로 소개하기도 하지만, 이는 정확한 내용이 아니다. 토목·화학·건축 등 다양한 영역에 관심을 두고 있던 그가 방사선을 활용한 광학 장비 개발에도 참여한 적은 있었던 것 같지만, 핵물리학과의 연관성은 찾기 힘들다. 여하튼 그가 14세였던 1876년, 카니발 퍼레이드에서 값비싼 장미 꽃잎 대신 색종이를 오려 조각들을 창문 밖으로 던졌고, 이것이 컨페티의 시초라는 것이 펜덜파의 주장이다.

색종이 가루, 컨페티의 발명 이후로 150년이 흘렀다. 밀라노판 봉이 김선달이든, 14세 소년의 재기 넘치는 아이디어든 각각의 극적인 이야기는 부풀려졌고, 그만큼 진실은 희석됐다. 이러다가 '컨페티 발명가'를 주장하는 제3의 인물이 등장할지도 모를 일이다.

아무튼 사탕보다 저렴했고, 딱딱한 물건보다 안전했으며, 축제 분위기 띄우기에도 적합한 이 색종이 가루는 순식간에 유럽 전역에 전파됐다. 그렇다면 컨페티라는 단어를 설탕 입힌 아몬드라는 뜻으로 이미 쓰고 있던 이탈리아에서는 색종이 가루를 뭐라고 부를까. 고수를 뜻하는 코리안돌로coriàndolo다. 축제 때 던진 물건 중에 설탕 입힌 고수 씨앗이 많았던 탓이다.

컨페티를 뿌리는 대표적인 이벤트는 '티커 테이프 퍼레이드ticker-tape parade'다. 티커 테이프는 1870년대부터 1970년대까지 사용한 '주가 전신 프린터'로, 주식 종목의 시세, 거래량 등의 정보를 전신선으로 전달받아 이 얇고 긴 종이에 인쇄했다. 이전까지 주가는 서면이나 구두로 전달됐다. 증권사에서는 '러너runner'라고 불리는 어린 직원들이 거래소와 사무실을 오가며 주식 거래 주문표를 전달하고 시세를 보고했다.

    티커 테이프 덕분에 시장 참여자들이 원거리에서도 거래 정보를 확인할 수 있게 되면서 '(거의) 실시간 거래'가 가능해졌고, 이는 금융시장에 혁명을 일으켰다. 티커 테이프는 1867년 미국의 금융회사 웨스턴유니온Western Union(당시 웨스턴 유니온 텔레그래프 컴퍼니Western Union Telegraph Company) 직원이었던 에드워드 칼라한Edward Calahan이 발명했다. 이후 1869년 발명왕 에디슨의 개량품을 거쳐 월스트리트의 필수품이 되었다. 지금은 박물관에서나 볼 수 있지만 흔적은 남아 있다. 미국 증시에서 MSFT마이크로소프트, AAPL애플, SBUX스타벅스 등 약어로 표시한 종목명이 바로 티커다.

    티커 테이프 퍼레이드는 1886년 10월 28일 자유의 여신상 헌정식이 열린 미국 뉴욕시 축하 행사부터 유래했다. 퍼레이드 경로를 따라 늘어선 금융회사 건물에서 티커 테이프를 비롯한 종잇조각을 던져 열렬한 환영과 축하의 뜻을 전한다. 전쟁 영웅 더글라스 맥아더Douglas MacArthur, 최초로 대서양 횡단 비행에 단독 성공한 찰스 린드버그Charles Lindbergh, 우주비행사 존 글렌John H. Glenn Jr. 등이 뉴욕 티커 테이프 퍼레이드의 주인공이었다. 티커 테이프가 역사의 흔적으로 사라진 지금은 화장지나 작은 조각으로 자른 폐지, 시에서 제공하는 컨페티로 대체됐다.

    기분 낼 때는 좋지만 뒷정리가 영 곤란한 게 두 가지 있는데 하나는 어린아이 손에 들려준 유성 매직, 다른 하나는 신나게 뿌려댄 컨페티다. 컨페티는 환경 오염 문제도 있어 대안으로 동결 건조된 꽃잎을 쓰기도 한다. 쓰레기는 똑같이 생기지만 생분해성 소재다 보니 몇몇 행사에서는 컨페티 대신 꽃잎만 허용한다. 결혼 업체에서는 이러한 꽃잎 컨페티를 두고 '플라워 샤워'라는 아름다운 표현을 만들었다. 사전을 찾아보면 일본에서 주로 쓰는 표현이 넘어온 것으로 추정된다. 예비 신부를 위해 작은 선물을 주고받는 '브라이덜 샤워', 출산이 임박한 임부나 갓 태어난 신생아를 축하하기 위한 '베이비 샤워'에서 유래한 것 같지만, 정확하진 않다.

콘페티의 순우리말로 '꽃보라'를 추천하는 의견도 있다. '떨어져서 바람에 날리는 수많은 꽃잎'을 뜻하는 꽃보라와 콘페티의 이미지가 제법 잘 어울린다. 하지만 이미 '경사스러운 일을 축하할 때 뿌리는 여러 색깔의 작은 종잇조각'이란 의미로 꽃보라를 쓰는 곳이 있다. 바로 북한이다. 앗, 이러면 여러모로 곤란해진다. 북한 작가 엄단웅이 1980년 펴낸 소설 《령마루》에는 다음과 같은 문장이 나온다.

꽃보라를 뿌리는 심정으로 깨끗한 강바닥의 흰 모래를 펴기 시작했을 것이다.

동전 지갑을 여미는 구슬 모양 잠금쇠 '그거'

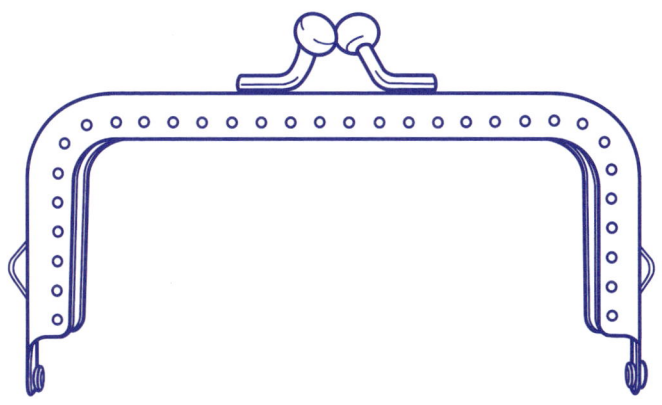

명사

1. 똑딱 프레임
2. 키스 클래스프kiss clasps,
   키스 로크kiss lock,
   퍼스 클래스프purse clasps

예문

"용돈을 주마."
할머니의 손끝이 동전 지갑의 똑딱 프레임으로 향하는 것을 보고 실망하지 않을 수 없었다.

똑딱 프레임이다. 동전 지갑 등의 입구를 여미는 용도로 사용하는 잠금쇠를 일컫는다.

맞물리는 짝이 있는 한 쌍의 그거

구슬 형태로 생긴 한 쌍의 잠금쇠를 '똑딱' 소리가 나도록 맞물리면 고정된다. 동전 지갑이나 클러치 백에 주로 쓰이며, 잠금쇠 부분이 지갑의 틀과 일체형이기 때문에 프레임(틀)이라는 단어가 붙는다.

영미권에서는 키스 클래스프나 키스 로크라고 부른다. 잠금쇠가 서로 맞물린 모습이 마치 입맞춤하는 연인을 연상시키기 때문이다. 그래서 입맞춤kiss에 잠금쇠clasps를 합쳐 이름을 붙였다. '짚신도 짝이 있는데'라는 표현은 뻔하다. 앞으론 '지갑 잠금쇠도 짝이 있는데'라고 놀리도록 하자.

똑딱단추는 수단추와 암단추를 마주 보게 하고 눌러서 채우는 단추다. 똑딱 프레임과 마찬가지로 채울 때 나는 똑딱 소리에서 유래했다. 똑딱단추를 뜻하는 영단어 snap(혹은 snap fastener) 역시 '딱', '찰칵' 하는 소리를 뜻하는 영단어 '스냅'에서 유래했다.

숙숙 눌러 등유를 빨아올리는 수동 펌프 '그거'

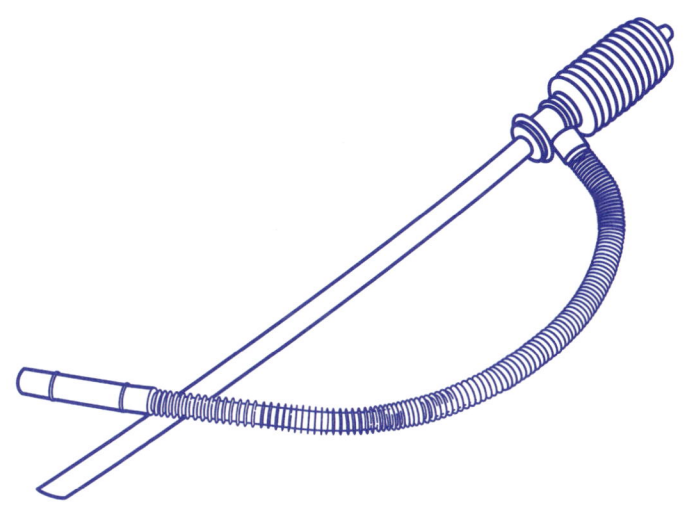

명사

1. **간장 츄루츄루**醬油チュルチュル
2. 사이펀 펌프siphon pump
3. 자바라 펌프じゃばら pump, 오일 자바라

예문

간장 츄루츄루의 펌프 부분을 몇 번 눌렀다 뗐다. 통에 담겼던 등유가 울컥거리며 석유풍로로 옮겨가기 시작했다.

간장 츄루츄루다. 흔히 자바라 펌프라고 알려져 있지만 정확한 명칭은 놀랍게도 간장 츄루츄루다. 일본인 발명가 닥터 나카마츠ドクター中松의 작명 센스 덕분이다. 펌프 아래쪽 관 가운데 한쪽을 기름통 등에 삽입하고 펌프를 누르면 다른 쪽 관으로 액체가 흘러 나온다. 이때 원래 용기에 담긴 액체의 수면이 더 높다면 기압 차와 중력 작용으로 액체가 계속 빨려 나가는데, 이런 현상을 사이펀siphon이라고 한다. 간장 츄루츄루 역시 사이펀 원리를 이용한 물건이다.

어머니를 위해 고안된 그거

자바라는 '뱀의 배 부분'을 뜻하는 일본어 じゃばら에서 가져온 말이다. 뱀의 배처럼 주름진 형태의 물건을 총칭한다. 국립국어원에서는 '주름관'이란 우리말을 제시했지만, 아직 자바라를 대체하지는 못했다. 자바라 펌프라는 이름은 간장 츄루츄루를 구성하는 흡입·배출관과 펌프가 아코디언처럼 주름진 형태이기 때문에 붙여진 것으로 추정된다.

닥터 나카마츠는 3,800개가 넘는 발명품을 만들고 도쿄 도지사·참의원 선거에 열일곱 차례나 도전한(그리고 모두 낙선한) 괴짜 발명가다. 그는 1942년 중학생 시절에 어머니가 큰 병에 담긴 간장을 옮기기 위해 고생하는 것을 보고 수동 펌프(그때 만든 이름이 '간장 츄루츄루')를 고안했고, 5년 뒤 '사이펀'이란 이름으로 실용신안 출원 및 등록했다. 자신이 발명한 스프링 신발(플라잉 슈즈)을 신고 선거 유세를 다닌다든지(낙선), 강력한 전파 신호로 유권자의 두뇌에 영향을 줘 투표장에 들어서면 저절로 '닥터 나카마츠'를 쓰게 하는 기계를 만들었다고 주장하기도 했다(물론 낙선). 근력 운동 덕분에 50톤을 들어 올릴 수 있어서 80대의 나이에도 도지사의 격무를 견딜 수 있다고 말하거나(역시나 낙선), "북한의 미사일을 유턴시킬 수 있다."며 독자 개발한 미사일 방어 체계 '닥터 나카마츠 디펜스DND'를 공개하는 등 여러 기행으로 유명해졌다.

그는 2005년 황당무계하고 웃긴 연구에 수여되는 이그노벨상도 받았다. 34년간 먹은 모든 음식에 대한 내용을 기록해 음식이 뇌의 기능이나 신체 컨디션에 미치는 영향을 분석한 공로를 인정받은 것이다. 그는 수상 이후 가진 인터뷰에서 "난 144세까지 살 것"이라며 자신의 건강을 자신했지만, 2013년 말 전립선암 진단과 함께 2년 시한부 선고를 받았다. 이후 기자회견을 열어 암 치료 로봇을 발명했다고 밝혔는데, 이쯤 되니 그의 '발명 본능'과 '허언 본능'이 두려워질 정도다.

1928년생인 닥터 나카마츠는 예상을 깨고 2024년에도 건강하게 활동 중이다. 2018년 도쿄에서 열린 '이그노벨상 세계전'에 깜짝 게스트로 등장해 식이요법과 혈액 연구를 통해 전립선암을 극복했다고 발표했다. 이때 "수명은 길게, 연설은 짧게"라는 명대사를 남겼다고 전해진다.

그는 한 인터뷰에서 자신의 발명관에 대해 다음과 같이 말했다.

"발명의 마음은 사랑입니다. 돈을 벌려고 해서는 안 됩니다. 세상을 위해, 사람을 위해 발명을 하면 결과적으로 돈도 따라 오는 법입니다."

추운 부엌에서 고생하시는 어머니를 위해 간장 츄루츄루를 발명했던 소년, 사랑의 마음이 발명의 원동력이라는 닥터 나카마츠의 진심은 지금도 유효하다.

마트 계산대에서 앞사람 물건과 구분해주는 막대 '그거'

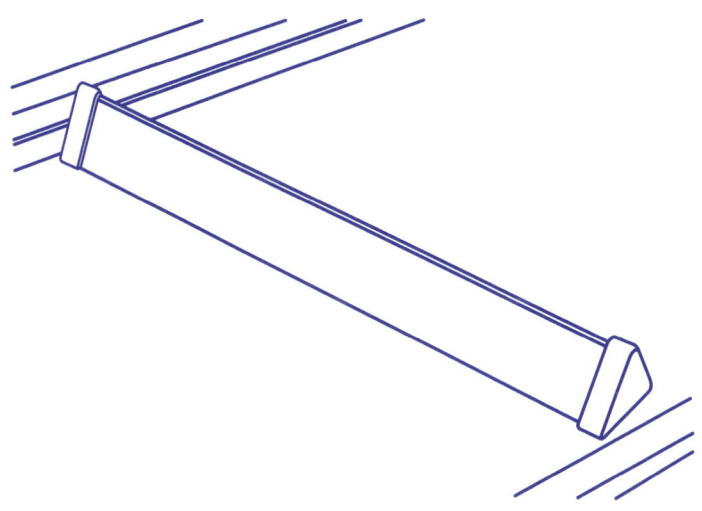

명사

1. **체크아웃 디바이더**checkout divider, 그로서리 디바이더grocery divider, 컨베이어 벨트 디바이더 conveyor belt divider
2. 상품분리바, 계산대 상품분리바

예문

마트 계산대 체크아웃 디바이더 너머로 앞 사람의 장바구니에서 물건이 끊임없이 나온다. 난 초콜릿 하나 사는데.

체크아웃 디바이더다. 한국에서는 상품분리바라고 부른다. 마트 계산대 컨베이어 벨트에서 앞사람의 물건과 내가 고른 물건이 섞이지 않도록 그 사이에 놓는다. 주로 고무 소재로 만들지만, 플라스틱이나 가벼운 금속 재질도 있다. 컨베이어 벨트 위에서 돌아다니지 않도록 대부분 삼각기둥이나 사각기둥 형태로 제작한다.

컨베이어 벨트 위에서 상품을 분리해주는 그거

한국에서는 디바이더 포 굿즈 온 체크아웃 컨베이어divider for goods on a checkout conveyor라는 길고 긴 명칭으로 알려져 있기도 한데, 이는 잘못된 정보다. 체크아웃 디바이더의 용도를 설명하는 과정에서 나온 표현이 이름으로 오인된 것이다. 해외에서도 커뮤니티마다 "슈퍼마켓 계산대에 길다란 거 그거 뭐라고 부르냐."라는 게시물이 심심치 않게 올라온다. 체크아웃 디바이더, 그로서리 디바이더라는 일반적인 이름부터 막대기bar, 콜라 만리장성The Great Wall of Cola에 이르기까지 의견이 분분하다.

체크아웃 디바이더의 독일어 명칭은 좀 더 직관적이다. 보통 바렌트렌슈타프warentrennstab라고 부르는데, waren(상품)+trennen(분리하다)+stab(막대기) 세 단어를 합성한 조어로 말 그대로 '상품을 분리하는 막대기'를 뜻한다. 두 개 이상의 단어를 결합해 새로운 단어를 만들어낼 수 있는 독일어의 합성어 체계 덕분이다. 독일어권인 스위스에서는 카센토블레로네kassentoblerone라고도 한다. kasse(계산대)+toblerone(토블론)의 조어로 여기에서 토블론은 삼각기둥 모양의 스위스 초콜릿 '그거' 맞다. 뜻풀이를 해보자면 '계산대의 토블론 초콜릿'쯤 되겠다.

그럼 체크아웃 디바이더는 언제부터 사용했을까. 당연히 컨베이어 벨트 이후에 등장했다. 일정한 거리를 두고 물건을 자동으로 연속 운반하는 기계장치 '컨베이어'는 기원전 수학자인 아르키메데스 시대까지 거슬러 올라가야 하니 여기에서는 고무벨트를 이용한 컨베이어 벨트만 따져보자. 흔히 포드 모터 컴퍼니Ford Motor Company를 세운 헨리 포드Henry Ford를 컨베이어 벨트 시스템의 창시자로 보지만, 그 역시 도축장의 이동식 벨트를 보고 이를 활용한 자동차 생산 설비를 떠올린 것뿐이다.

초창기 컨베이어 벨트는 19세기 초 가죽이나 무명 벨트를 이용해 곡물을 운반하는 장치였다. 이후 1892년 토머스 로빈스Thomas Robins가 석탄 및 광석을 운반하기 위해 컨베이어 벨트를 발명한 이후 여러 형태의 컨베이어 벨트가 개발됐고, 이윽고 1913년에는 포드가 컨베이어 벨트를 이용한 완전한 생산 라인을 구축, '대량생산 시대'를 열었다.

산업 현장에서 주로 쓰이던 컨베이어 벨트가 소비자 곁으로

다가온 것은 1940년대의 일이다. 1937년 미국 멤피스에는 키두즐 Keedoozle이라는 이상한 이름의 식품 잡화점이 등장했다. 키두즐을 만든 클래런스 손더스Clarence Saunders는 세계 최초의 셀프서비스 식료 잡화점인 피글리 위글리Piggly Wiggly의 창업자이기도 했다. 그는 '손님이 장바구니를 들고 필요한 물건을 직접 골라 담는다'는 현대적인 마트 프랜차이즈의 개념을 정립한 선구자였다.

피글리 위글리는 안타깝게도 1923년 공매도 세력의 먹잇감이 돼 공중분해됐다. 월가의 공매도 세력이 뉴욕 매장 폐점을 계기로 주가를 끌어내리기 위한 작전을 쓰자 손더스는 전쟁을 선포하고 주식을 매수했다. 1000만 달러(1920년대 1달러를 현재 가치 100달러로 환산할 경우 약 10억 달러)를 쏟아부은 손더스가 승리를 눈앞에 두고 있을 때, 반전이 일어났다. 뉴욕 증권거래소가 월가 투기꾼들의 편을 들고 룰을 바꾼 것이다. 공매도 상환 시한을 멋대로 연장한 것도 모자라 다음 날 손더스의 매점 행위를 핑계 삼아 피글리 위글리를 상장폐지 해버렸다. 결국 손더스는 파산했고, 피글리 위글리의 경영권도 잃어버린다. 공매도와의 전쟁이 벌어졌던 2021년 게임스탑 매수 버튼을 뽑아버린 주식 앱 로빈후드의 만행이 떠오르기도 한다. 월스트리트는 예나 지금이나 게임에서 질 것 같으면 게임의 규칙을 바꾼다.

이후에도 손더스는 포기하지 않고 끊임없이 혁신적인 아이디어를 내놨고, 재기를 위해 키두즐이라는 승부수를 던졌다. 키두즐은 컨베이어 벨트를 활용한 혁신적인 소매점이자, 2018년에 문을 연 무인 매장 아마존 고Amazon Go보다 무려 80년 먼저 출연한 '자동화 상점'이었다. 손님들은 기록 테이프가 내장된 열쇠를 집어넣어 자판기처럼 유리 너머에 진열된 물건을 골랐다. 이 제품은 고객의 열쇠 테이프에 기록됐고 동시에 컨베이어 벨트를 통해 출구로 자동 운반된다. 출구 쪽에 대기 중인 직원은 손님의 열쇠를 받아 테이프를 해독하고 비용을 청구했다. 결제가 완료되면 컨베이어 벨트 끝에 설치된 장치가 상품을 포장해 고객에게 전달했다. 시대를 두 바퀴쯤 앞서 나간 키두즐은, 물론 홀랑 망했다. 이후 손더스는 푸드 일렉트릭Foodelectric이라는 계산까지 전자동으로 이뤄지는 점포를 구상하다가 실행에 옮기지 못하고 사망했다.

그렇다면 회전 초밥집의 컨베이어 벨트 시스템은 누가 도입했을까? 일본에서 초밥집을 운영하던 시라이시 요시아키白石義明 회장이 맥주 공장의 생산 설비를 보고 영감을 얻어 개발했다. 그는 1958년 히가시오사카시에 세계 최초의 회전 초밥집 마와루겐로쿠스시廻る元禄寿司를 개점했다. 손더스는 자신이 심은 혁신이 발아하는 것을 지켜보지 못했지만, 그의 야심 찬 모험은 유산을 남겼다. 1940년대 들어 컨베이어 벨트 시스템을 상점의 계산대에 적용한 장치들이 수없이 발명된 것이다. 체크아웃 디바이더도 그 일부였다.

체크아웃 디바이더가 정확히 어느 시점에 상용화됐는지는 알 수 없다. 미국의 해리 길먼Harry Gilman이 1984년도에 특허 출원한 체크아웃 카운터 디바이더 특허 문서를 보면 기존 '상점 이름이 각인된 막대기'의 단점에 대해 지적하며 '투명한 소재로 만들어 광고를 부착할 수 있는' 자신의 발명품을 강조하고 있다.

54
전자제품이나 문구의 뜯기 어려운 포장 '그거'

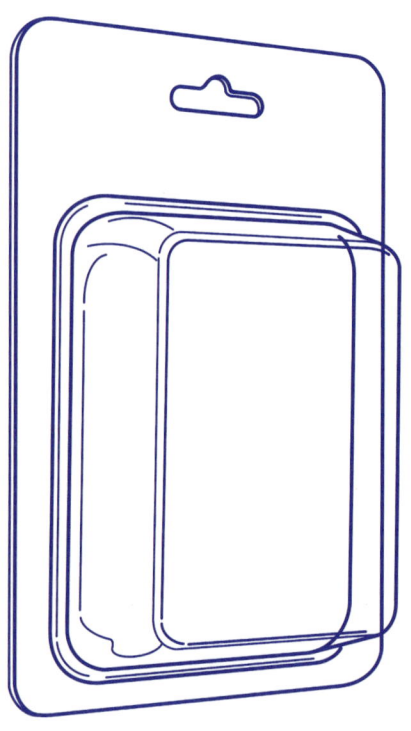

명사

1. **블리스터 포장**
   blister packaging, blister pack
2. 진공성형 vacuum forming
3. 겟도바시, 게또바시

예문

급하게 쓸 일이 있어 가위를 사 왔는데, 새 가위의 진공 블리스터 포장을 벗기려니 가위가 필요했다.

블리스터 포장이다. 가열한 플라스틱 시트 주변의 공기를 빨아들여 금형에 밀착시키고 두꺼운 판지나 알루미늄 포일, 플라스틱 시트 등을 부착해 밀봉하는 포장 방법이다. 플라스틱 제품을 생산하는 방법 중 열성형thermoforming의 한 갈래로 진공성형이라고도 한다. 금형과 플라스틱 시트 사이를 진공 상태로 만들어 모양을 잡기 때문이다.

불편하지만 없으면 안 되는 그거

게또바시라는 정체불명의 단어는 예상대로 일본어다. '걷어차다', '일축하다'라는 의미의 게토바시蹴飛ばし가 발음대로 정착한 것으로, 진공성형 공정과정에 기계의 페달을 밟는 모습에서 유래한 명칭이란 설이 유력하다.

블리스터blister는 피부의 물집·수포나 표면의 기포, '(표면이) 부풀어 터지게 하다'를 뜻하는 단어. 제품 부분만 볼록 튀어나온 모습을 보면 이름의 유래를 쉽게 짐작할 수 있다. 엄밀히 따지면 부풀어 오르는 게 아니라 주변부가 흡착되면서 금형 부분만 도드라지는 것이지만 말이다.

플라스틱 시트의 재질은 다양하지만, 포장재 용도로는 주로 폴

리프로필렌PP, 폴리에틸렌 테레프탈레이트PET 등이 많이 쓰인다. 문제는 이 재료들의 강도가 무척 높다는 점이다. 거기에 더해 이를 고열로 녹여서 열접착heat sealing 방식으로 밀봉하면 손아귀 힘만으로 뜯기란 불가능에 가깝다. 겨우겨우 뜯어내도 날카로운 단면에 다치기 일쑤다. 가위나 칼을 이용해 뜯다가 다치거나 제품이 손상되는 일도 왕왕 발생한다. 여기까지만 들으면 세상에서 없어져야 할 '악마의 포장'이라는 세간의 비난이 과하지 않다.

블리스터 포장은 튼튼하고 저렴하다. 모든 공정이 자동화로 진행돼 생산성도 높다. 금형을 만드는 비용과 시간, 품이 적게 들어 다품종 생산에 적합하다. 다른 포장 방식에 비해 부피도 작은 편이라 물류 비용을 아낄 수 있다. 투명한 플라스틱 안으로 제품이 한눈에 보여 판촉에 유리하다. 성형 단계에서 구멍을 만들어두면 진열도 용이하다. 뜯기 어렵다는 단점마저 '도난이 어렵다', '재포장으로 인한 내용물의 변경·위조가 어렵다'는 장점으로 치환할 수 있다. 이 때문에 소비자의 단순 변심으로 인한 환불을 방지하는 효과도 탁월하다. 장점을 찾다 보니 더할 나위 없이 훌륭한 포장이다. 포장을 뜯어야 하는 소비자만 빼놓으면 말이다.

블리스터 포장 때문에 태어난 영어 표현도 있다. 바로 'wrap rage(포장 분노)'다. 포장, 그중에서도 블리스터 포장을 뜯지 못해 분노와 좌절이 극도로 치솟는 상황을 뜻한다. 2003년 영국 일간지 《데일리텔레그래프》에서 처음으로 사용한 이 용어는 언어학 교수와 작가 등으로 구성된 미국방언학회에서 2007년 가장 유용한 단어로 선정하기도 했다.

하지만 홧김에 '블리스터 포장 따위 없어졌으면' 하고 생각했다면 마음을 고쳐먹기 바란다. 현대사회에서 진공 성형 포장은 선택이 아닌 필수가 되었기 때문이다. 전자제품, 문구 같은 공산품 포장 외에도 편의점 도시락 용기, 배달 음식 용기도 블리스터 방식으로 만든다. 욕조, 자동차 내·외장재, 항공기나 선박 부품 일부도 블리스터 방식에 의존하고 있다.

무엇보다 블리스터 포장이 없으면 약도 없다. 엄격한 조건이 따라붙는 의료·제약용 멸균 플라스틱 포장에 블리스터 포장 방식이 쓰이기 때문이다. 자동화된 제조 공정을 통해 불순물과 오염 물질이 공급망에 유입될 가능성이 낮고, 개별 밀봉 방식인 덕에 습도와 온도로부터 의약품을 안전하게 보관할 수 있다. 대용량 병 포장을 주로 사용하던 북미 지역에서도 블리스터 포장이 대세로 자리 잡고 있는 이유다.

글로벌 시장조사기관 그랜드뷰리서치Grand View Research에 따르면 전 세계 블리스터 포장 시장 규모는 2023년 286억 6000만 달러였으며 2024년부터 2030년까지 연평균 성장률 CAGR이 7.4퍼센트에 달할 것으로 예상했다. 2030년 매출 전

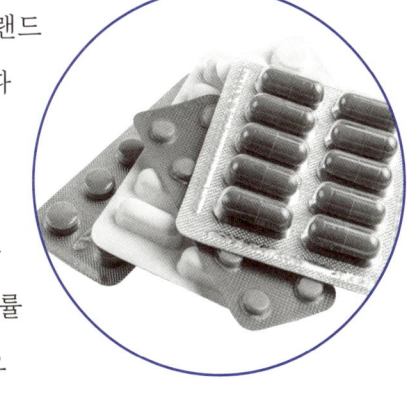

블리스터 방식으로 포장된 약

망은 467억 2000만 달러에 달한다. 앞서 언급한 여러 장점 덕에 블리스터 포장에서 헬스케어 부문이 차지하는 비중이 가장 높다.

블리스터 포장 중에는 '클램셸clamshell(조개 껍데기)' 방식도 있다. 중앙에 경첩(힌지) 부분을 중심으로 접어서 뚜껑이 달린 포장 용기로 사용하는 방법이다. 여닫을 수 있어 열접착 방식처럼 포장 분노를 일으키지도 않는다. 투명한 플라스틱 클램셸 포장은 딸기나 블루베리 따위의 무른 과일이 손상되지 않게 포장하는 용도로 많이 쓰이는데, 딸기류를 판매·유통하는 미국 기업 드리스콜스Driscoll's가 1990년대 처음으로 도입한 것으로 알려져 있다.

55

아기 둘러업을 때 쓰는 '그거'

명사

1. **처네**, 횡답橫褡
2. 포대기, 강보襁褓
3. 아기 띠, 베이비 캐리어baby carrier
4. 베이비슬링baby sling
5. 크레이들보드cradleboard, 파푸스papoose

예문

출산을 앞둔 친구에게
처네를 선물했다.
친구는 "처네만 다섯 번째."
라고 답했다.

처네다. 처네는 아기를 업을 때 두르는 끈(고름)이 달린 작은 포대기를 뜻한다. 흔히 말하는 포대기는 강보라고도 하며 아기에게 덮어주는 작은 이불을 말한다. 이 둘은 엄밀히 따지면 다른 물건이지만, 최근에는 구분하지 않고 쓰이는 편이다. 고름이 아기의 엉덩이를 받쳐주어 안정감 있게 아기를 업고 다닐 수 있다. 아기 역시 양육자와 밀착해 심장 소리와 체온을 느끼며 심리적 평온을 느낀다.

처네의 원래 이름은 쳔의, 한자로는 천의(薦衣)다. 근대 이후 한자음과는 별개로 처네로 읽던 것이 굳어진 것이다. 처네는 ①아기 포대기 외 다른 용도로도 쓰인다. ②작아서 간편하게 덮을 때 쓰는 이불, ③부녀자의 머리쓰개다. 이 중 작은 이불 처네는 차렵이불 혹은 무릎담요로 진화했다.

한류 아이템으로 등극한 육아용품 그거

지금은 현대적인 육아용품에 자리를 많이 내준 처네이지만, 역설적이게도 해외에서 인기를 얻고 있다. 처네는 우리말 포대기의 발음을 그대로 로마자 표기로 옮긴 'podaegi'란 단어로 알려져 2010년대부터 할리우드 스타부터 일반인까지 널리 쓰는 육아용품으로 자리 잡았다. 2013년 영화 홍보 차 한국을 찾은 영화배우 로버트 다우니 주니어Robert Downey Jr.는 선물로 받은 포대기를 한눈에 알아보기도 했다. 부모가 아기와 밀착한 상태로 두 손 두 발을 자유롭게 쓸 수 있다는 점에서 인기를 끌고 있는 듯하다.

긴 천으로 아기를 휘감듯이 업거나 안은 형태의 물건을 통틀어 베이비슬링이라고 한다. 영어권 웹사이트에서는 포대기도 베이비슬링의 한 종류로 소개된다. 아기 띠 혹은 베이비 캐리어는 현대적으로 재해석한 베이비슬링이다. 긴 천 대신 손쉽게 탈착 및 조절이 가능한 어깨끈과 허리끈 등을 부착한 기능성 디자인으로 아기를 안정적으로 안을 수 있다. 처네와 달리 아기와 부모가 마주 보듯이 안을 수 있지만, 아이 머리에 음식을 흘리지 않게 조심해야 한다.

크레이들보드, 파푸스는 아메리카 원주민들이 사용하는 전통적인 육아용품으로 일종의 지게식 요람이다. 나무 등으로 견고한 바닥을 만들어 아기를 앉히고 천과 가죽 등으로 단단히 여민다. 햇볕과 외부 충격으로부터 아이를 보호하기 위해 머리 쪽에 차양 막 같은 후드를 달기도 한다. 모양만 보면 이동식 미니 침대나 바퀴 없는 유모차에 가깝다. 전통적인 의미로만 쓰이는 크레이들보드와 달리 파푸스는 아기 띠를 뜻하는 단어로도 쓰인다.

시력검사표에 있는
고리 모양의 '그거'

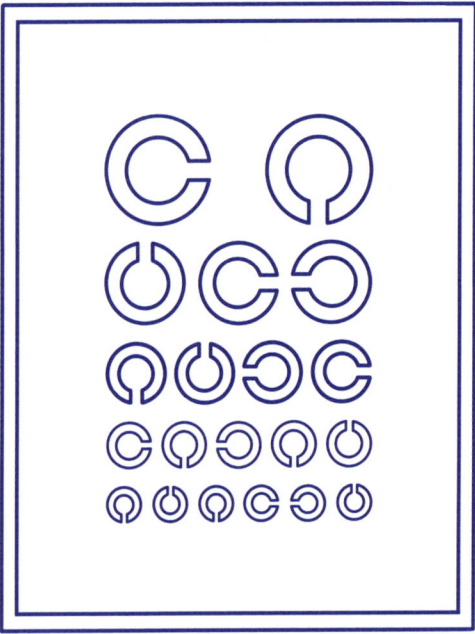

명사

1. **란돌트 고리**landolt ring,
   란돌트 링, 란돌트 환環,
   란돌트 C

예문

양호 선생님은 시력검사표의 란돌트 고리 중 하나를 짚었다. 나는 아까 외운 순서대로 읊기 시작했다. 하나씩 밀리긴 했지만.

란돌트 고리다. 처음 C자형 도형을 고안한 프랑스 안과 의사 에드먼드 란돌트Edmund Landolt의 이름에서 유래했다. 1888년 만들어진 란돌트 고리는 1909년 이탈리아에서 열린 국제안과학회에서 국제 표준으로 인정돼 지금에 이르렀다.

시력 측정에 이용되는 그거

란돌트 고리는 시력의 여러 요소 중에서도 분리력, 즉 떨어진 두 점이나 선을 구별할 수 있는 해상력을 측정한다. 국제안과학회는 바깥지름이 7.5밀리미터, 폭이 1.5밀리미터, 끊어진 간격이 1.5밀리미터인 란돌트 고리를 5미터 거리에서 봤을 때 끊어진 방향을 알아맞힐 수 있는 시력을 1.0으로 정했다. 즉, 시력 1.0은 5미터 거리에서 1.5밀리미터의 너비를 구분할 수 있는 능력이다. 이때의 시야각은 1분(60분의 1도)인데, 여기에 시력을 곱하면 1.0이 되는 것을 기준으로 삼는다. 거리가 가까워지거나 고리의 끊어진 간격이 넓어지면, 시야각도 함께 커지고 시력은 그에 반비례해 줄어든다. 만약 검사받는 사람이 두 배 크기의 란돌트 고리만 알아본다면 시력을 0.5로 보는 것이다.

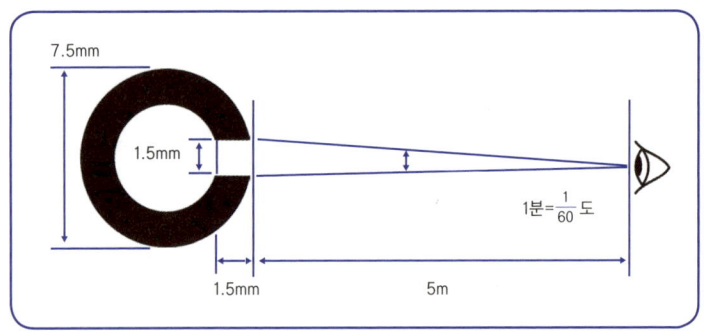

란돌트 고리를 이용한 시력 검사를 도식화한 그림

란돌트 고리 이전에도 1843년 하인리히 퀴흘러Heinrich Küchler, 1854년 에두아르트 예거Eduard Jäger, 1862년 헤르만 스넬렌Herman Snellen 등이 몇 차례 시력검사표를 만들었으나, 국제 표준으로 정립된 것은 란돌트 고리가 최초다. 란돌트 고리의 이점은 문맹이어도 손쉽게 시력검사를 받을 수 있다는 점이다. 고리가 끊긴 방향만 말하면 되기 때문이다.

국내에서는 1951년 한천석 박사가 한글, 란돌트 고리, 숫자 등을 사용한 '한천석 시력표'를 최초로 개발했다. 1994년에는 국제표준화기구 시력표 기준이 개정되면서 안과 의사 진용한 박사가 이에 부합하는 '진용한 시력표'를 만들었다. 이 시력표는 숫자 및 그림만으로 구성된 것이 특징이다.

완벽한 것 같은 란돌트 고리 시력 검사에도 맹점은 있다. 란돌트 고리의 틈이 6시 방향, 즉 아래로 향하고 있을 때는 인식률이 떨어진다는 점이다. 크기나 거리가 아니라 고리가 뚫린 방향이 변수라니 이상한 소리 같지만 사실이다. '갭 다운gap-down' 효과라고도 하는 이 현상의 원인은 아직 명확히 규명되지는 않았지만, 방향에 따라 사람의 눈이 시각 정보를 처리하는 정확도가 달라진다는 이론에 힘이 실린다.

일반적인 시력검사표로는 2.0의 시력까지만 측정할 수 있지만 그 이상의 시력을 가진 사람이나 동물도 많다. 날카로운 눈매를 가졌거나 사소한 부분을 발견하는 눈썰미를 두고 '매의 눈'이라고 하는데 이는 매가 그만큼 시력이 뛰어나기 때문이다. 매의 시력은 약 9.0으로 사람보다 4~8배 정도 더 멀리 볼 수 있다고 알려져 있다.

하지만 사실 가장 시력이 좋은 동물은 타조로, 그의 시력은 무려 25.0이다. 머리뼈 속을 꽉 채울 정도로 큰 눈 덕에 타조는 약 1킬로미터 떨어진 거리에서 12센티미터 크기의 물체를 식별할 수 있다. 만약 란돌트 고리로 시력 검사를 한다고 가정하면, 125미터 떨어진 곳에서 1.5밀리미터 너비로 뚫린 방향을 알아챌 수 있는 수준이다. 일부 기사에서는 타조의 가시거리를 20킬로미터라고 규정하고 있다.

하지만 '육안으로 볼 수 있는 가장 먼 거리'라는 가시거리의 정의를 생각하면 의미가 불분명한 수치다. 대기의 상황, 물체의 크기, 광원의 밝기에 따라 가시거리는 극명하게 달라지기 때문이다. 사람의 눈으로도 맑고 어두운 밤에는 48킬로미터 떨어진 촛불을 알아볼 수 있다. 그렇다고 사람의 가시거리를 48킬로미터라고 말하지는 않는다. 아무튼 '타조의 가시거리=20킬로미터' 같은 불확실하고 비과학적인 표현이 여과 없이 퍼지는 상황은 염려스럽다. 타조의 신장(2.7미터 내외)을 고려하면, 해수면 높이의 육지에서 관측할 수 있는 수평선·지평선까지의 최대 거리는 5.85킬로미터에 불과하다.

한편 시력이 매우 좋지 않을 때 '마이너스 시력'이란 표현을 쓰지만, 이는 틀린 표현이다. 시력 0은 시력이 아예 없는 실명 상태이기 때문이다. 시력과 관련해 마이너스 기호를 쓰는 것은 디옵터 표기일 가능성이 크다. 디옵터란 렌즈의 굴절력을 나타내는 단위로, 원시를 교정하기 위한 볼록렌즈는 플러스, 근시를 교정하기 위한 오목렌즈에는 마이너스 기호를 붙인다.

아무리 눈이 좋아도 가시거리에는 한계가 있다. 지구는 평평하지 않고 둥글기 때문이다. 지구가 평평하다고 믿는 사람이 있다면 조용히 책을 덮은 뒤, 음양탕 한잔 마시고 숙면하길 권한다. 잠이 부족해서 그렇다.

세로로 읽고 거꾸로 읽고 말장난하는 '그거'

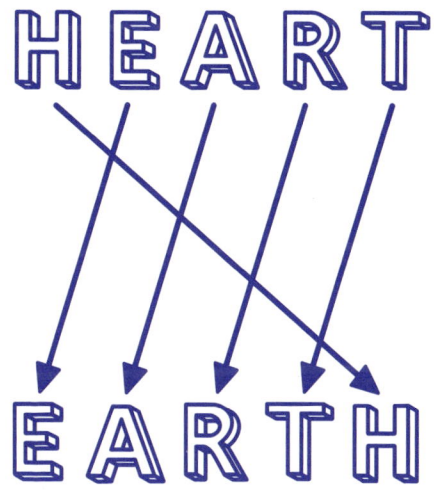

명사

1. (글자 순서를 바꾸는) **애너그램**anagram, 어구전철語句轉綴
2. (알파벳의 모든 글자를 사용해서 만든 문장) **팬그램**pangram
3. (특정 글자를 제외하고 글을 쓰는) **리포그램**lipogram, 제자체除字體
4. (모음 하나만으로 만든 문장) **유니보컬릭**univocalic, 일모음문一母音文
5. (거꾸로 읽어도 똑같은) **회문**回文, 팰린드롬palindrome
6. (두 단어의 초성을 바꿔서 발음하는) **스푸너리즘**spoonersim, 두음전환
7. (문장 앞 글자만 읽으면 말이 되는 세로 드립) **이합체시**離合體詩, 어크로스틱acrostic
8. (비슷한 발음의 단어를 빨리 읽는) **잰말놀이**, 텅트위스터tongue twister

> **예문**
>
> 소개팅 상대가 '자신은 로골로지스트'라고 소개했다. 나와 같은 부류인가 싶어서
> 어구전철과 제자체와 회문과 이합체시까지 떠들다가 깨달았다.
> 로골로지스트가 아니라 로맨티시스트였다는 사실을.

로골로지logology라는 단어가 있다. 이 단어의 여러 의미 가운데 하나가 바로 '유희 언어학recreational linguistics'이다. 놀이로서의 언어를 연구하는 학문으로, 말장난·말놀이 등을 포함한다. 말놀이의 최고 권위자였던 드미트리 보그먼Dmitri Borgmann이 1965년 자신의 책 《휴가 중인 언어Language on Vacation》에서 유희로써의 언어학을 설명하기 위해 로골로지라는 단어를 차용하면서 자리 잡은 용어다.

단어를 이용해 언어유희를 만들어내는 그거

로골로지라는 단어는 1960년대 이후에 새로운 쓰임을 얻었지만, 언어유희는 언어의 탄생과 궤를 함께해온 오래된 존재다. 아래 소개하는 말놀이는 그중 일부다.

애너그램은 문자의 순서를 바꿔 다른 단어나 문장을 만드는 낱말 놀이다. 어구전철이라고도 한다. 완전히 상관없는 단어로 바뀌

기도 하지만 '자살'을 '살자'로 바꿔 쓴다거나 listen(듣는다)을 silent(말이 없는)로 바꾸는 등 서로 의미가 연결되도록 만드는 경우도 있다. 댄 브라운Dan Brown의 추리소설 '다빈치 코드' 시리즈나 조앤 K. 롤링Joan K. Rowling의 '해리포터' 시리즈에서는 애너그램이 주요 소재로 등장한다.

팬그램은 알파벳의 모든 글자를 사용해 만든 문장이다. 한글에서는 초성·중성·종성의 조합을 전부 보여줄 수 없기 때문에 모든 자음 혹은 모음을 포함한 문장을 팬그램으로 친다. 낱자 전체를 망라하므로 서체 예문으로 자주 쓰인다. 윈도 OS에서 폰트의 예문으로 쓰이는 "다람쥐 헌 쳇바퀴에 타고파."(한글 모든 자음 사용)나 "The Quick Brown Fox Jumps Over The Lazy Dog." 등이 대표적인 팬그램이다.

그렇다면 천자문은 팬그램일까? 천자문은 네 글자로 된 250구의 한시로, 단 한 글자도 겹치지 않는다는 점에서 팬그램스럽기는 하지만 모든 한자가 빠짐없이 수록되진 않았으므로 팬그램은 아니다. 한자는 글자 수가 너무 많기 때문에 팬그램이 불가능하다. 청나라 때 편찬된 한자 사전인 《강희자전康熙字典》에는 4만 7035자가, 1986년에 출간된 《한어대자전漢語大字典》 초판에는 무려 5만 4678자가 수록돼 있다.

천자문은 중국 남북조시대 양나라의 학자인 주흥사周興嗣가 초대 황제인 무제의 명을 받아 지었다. 무제는 주흥사에게 네 글자씩 맞춘 250구의 시를 짓되 한 글자도 같은 글자를 쓰지 않아야 하며 하룻밤 사이에 완성해야 한다는 조건을 달았다. 이런 어명을 내릴 정도면 주흥사가 어지간히 큰 잘못을 하지 않았을까 싶다. 아무튼 주흥사는 그 어려운 걸 해냈고, 다음 날 아침에 머리와 수염이 하얗게 세어 있었다. 이런 이유로 천자문에는 '백수문白首文'이란 별칭이 붙었다. 머리카락이 세어서 망정이지 다 빠졌더라면 광수문光首文이나 독두문禿頭文이 될 뻔했다.

리포그램, 즉 제자체란 팬그램과 달리 특정 글자를 제외하고 쓴 글을 말한다. 아예 리포그램만으로 구성된 소설도 있다. 미국 소설《개즈비Gadsby》의 경우, 알파벳 e를 본문에 단 한 번도 사용하지 않았다. 프랑스의 소설가 조르주 페렉Georges Perec도 e를 쓰지 않고 약 300여 장짜리 소설《실종La Disparition》을 완성했다. 배명훈 역시 등단작인 단편소설 〈스마트 D〉에서 사용료를 낸 사람만 글자 D와 ㄷ을 쓸 수 있게 된 미래 세계를 그리며 내용 일부를 리포그램으로 쓴 바 있다.

바로 위 문단은 한글에서 빈번하게 쓰이는 주격조사 은, 는, 이, 가를 제외하고 쓴 리포그램이다.《개즈비》의 작가 이름이 어니스트 라'이'트Ernest Wright다 보니 위에서는 명시하지 못한 점 양해 바란다. e를 뺀 소설을 완성한 페렉은 그로부터 3년 후에《돌아오는 사람들Les Revenentes》이란 작품에서 모든 모음을 e로 바꿔서 쓰는 수미상관의 아름다움을 보여주기도 했다.

유니보컬릭(일모음문)은 모음 하나만으로 만든 글로, 다른 모음을 제외한다는 점에서 리포그램의 일종이다.

회문(팰린드롬)은 바로 읽으나 거꾸로 읽으나 똑같은 단어나 문장을 말한다. 간단한 예로는 '기러기', '일요일', '토마토' 등이 있다. '소주 만병만 주소' 같은 문장으로도 가능하다. 《이상한 나라의 앨리스》에 등장하는 "Was it a cat I saw?(내가 본 게 고양이였나?)"도 회문이다. 아이돌 그룹 슈퍼주니어-T의 노래 〈로꾸거!!!〉도 가사의 상당 부분이 회문으로 구성돼 있다. 가로 읽기와 세로 읽기가 똑같은 단어들의 집합을 말하는 사토르 마방진sator square의 라틴어 원형 역시 회문이다. 가장 오래된 사토르 마방진은 1세기경 폼페이 유적에서 발견되었다.

스푸너리즘은 두 단어의 초성을 바꿔서 발음하는 것이다. 이와 같은 말실수를 자주 했던 영국 옥스퍼드대 교수였던 윌리엄 아치볼드 스푸너William Archibald Spooner의 이름에서 따온 용어다. '노인 코래방(코인 노래방)', '쯔와이스 트위(트와이스 쯔위)' 따위의 스푸너리즘이 한때 화제가 되기도 했다.

세로 드립이라고도 하는 이합체시(아크로스틱)는 행의 첫 글자만 따서 세로로 읽으면 원문에 없던 의미가 드러나는 말장난이다. 문장에

사토르 마방진의 라틴어 원형. 시간의 흐름이 역행한다는 상상력을 바탕으로 만들어진 크리스토퍼 놀런Christopher Nolan 감독의 2020년 영화 〈테넷〉의 제목은 여기에서 따온 것이다. 참고로 악당 이름은 사토르다.

의중을 숨겨서 전달할 수 있다 보니 재미있는 일화가 많다. 2009년 캘리포니아 주지사로 재직 중이던 아널드 슈워제네거Arnold Schwarzenegger는 주의회에 보낸 서한에 이합체시로 욕설(F**k you)을 넣어 화제가 됐다. 2017년 대니얼 카먼Daniel Kammen 미 국무부 과학특사는 버지니아주 샬러츠빌 유혈사태에 대한 트럼프 전 대통령의 대응 방식에 반발해 사직서를 제출하며, 각 문단의 첫 번째 글자를 세로로 연결했을 때 탄핵Impeach이 되도록 글을 썼다.

2016년 자유경제원에서 주최한 대한민국 건국대통령 이승만 시 공모전에서 입선한 〈우남찬가〉와 최우수상을 수상한 〈To the Promised Land〉도 세로 드립으로 유명세를 치렀다. 그대로 읽으면 이 전 대통령을 찬양하는 내용이지만, 행의 앞 글자만 세로로 읽으면 이승만을 비판하는 내용이 됐기 때문이다. 〈우남찬가〉에는 '한반도 분열', '민족반역자', '한강다리 폭파', '보도연맹 학살' 등의 내용이 숨겨져 있었고, 영문시 〈To the Promised Land〉에는 'NIAGARA HAWAII(니가 가라 하와이)'라는 문장을 넣었다. 자유경제원은 응모자를 업무방해, 명예훼손, 사기 혐의로 고소하며 민사 손해배상 소송까지 걸었으나 결국 사건은 무혐의로 끝났다.

잰말놀이는 비슷한 발음의 단어만으로 구성해 발음하기 어려운 문장을 빨리 읽는 놀이다. '간장 공장 공장장은 강 공장장이고 된장 공장 공장장은 공 공장장이다'나 '경찰청 철창살은 외철창살이고 검찰청 철창살은 쌍철창살이다', '들의 콩깍지는 깐 콩깍지인가 안 깐 콩깍지인가' 등이 대표적인 잰말놀이 문장이다. 가수 형돈

이와 대준이는 잰말놀이 문장과 단어를 노랫말로 활용한 〈한 번도 안 틀리고 누구도 부르기 어려운 노래〉라는 곡을 발표했다.

로골로지는 언어를 해체·재조립하고, 스스로 제약을 걸어 표현의 한계를 탐색하는 과정에서 예상하지 못했던 재미와 지적인 쾌감, 사고의 확장을 선사한다.

거닐다

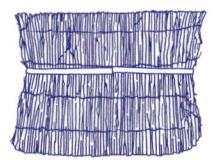

걷다 보면 보이는 사물들의 이야기

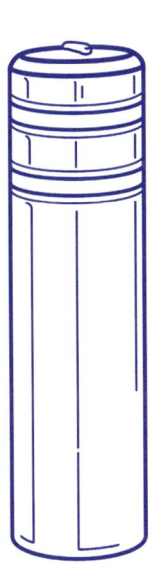

전봇대 전깃줄 끝 회오리 감자 모양의 '그거'

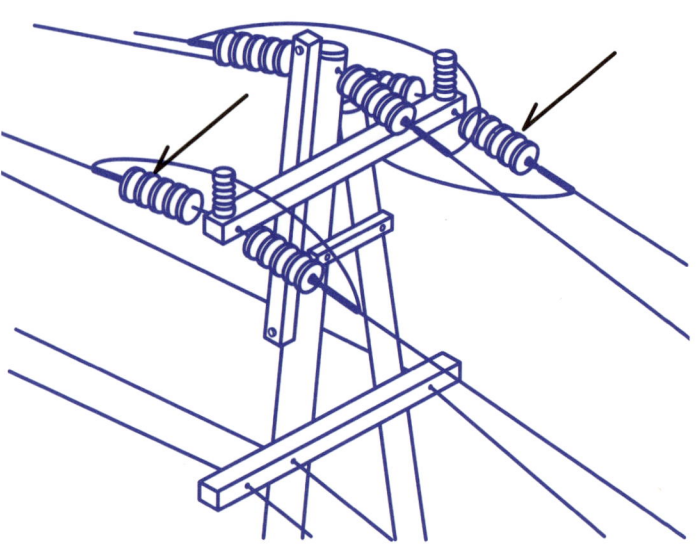

명사

1. 뚱딴지
2. 애자礙子, insulator

예문

"전봇대에 저거 뭐야?"
"뚱딴지."
"아니 뚱딴지같은 소리는 치우고 저게 뭐냐고."
"뚱딴지."

> 뚱딴지다. 농담 아니고 진짜다. 애자라고도 한다. 전봇대나 송전탑에서 전선을 지탱하고 있는 하얀 주판알 같은 장치다. 전선을 고정하고 절연하기 위해 사용하는 절연 지지체로, 전봇대와 전선 사이의 절연 간격을 확보한다.

없으면 전기를 사용할 수 없는 그거

애礙는 '거리낄 애'자로 장애물 등의 단어에 쓰인다. 간체자인 碍자를 쓰기도 한다. 자子는 기계장치나 도구, 물건의 뜻을 더하는 접미사다. 말 그대로 전기가 흐르는 걸 '막는 장치'라는 뜻이다. 이 단어는 일본어 가이시がいし, 碍子에서 온 것으로 추정된다.

뜻만 보면 애자라는 용어에는 문제가 없지만, 온라인 커뮤니티 등을 통해 이 단어가 장애인을 비하하는 표현으로 쓰이면서 언어 오염이 됐다. 어감이 좋지 않다 보니 뚱딴지라는 표현이 자리 잡는 추세다. 애자가 일본어에서 비롯되었다는 점도 뚱딴지를 사용할 명분이다. 다만 뚱딴지 역시 익숙한 표현이 아니고, 산업 현장에서는 애자라는 용어를 오랜 시간 써오다 보니 완전히 대체하기는 쉽지 않아 보인다. 전기기사·전기산업기사 등 국가기술자격 시험 전력공학 과목에서도 애자라는 표현을 쓰고 있다.

뚱딴지가 없으면 전기를 제대로 쓸 수 없다. 뚱딴지 파손으로 온 동네가 정전되었다는 뉴스가 종종 나오는 이유다. 전선을 직접 송전 철탑이나 전신주에 설치하면 전선에서 지면으로 전기가 새어 나가는데, 뚱딴지를 설치해 전선을 지지하면 이런 일 없이 온전히 송전할 수 있다. 변전소 장비 등에서도 뚱딴지는 전기가 지면으로 새지 않고 내부에서만 흐르도록 돕는다. 열차와 전차선 간 전기를 공급해주는 팬터그래프 장치에서도 뚱딴지를 쓴다. 전차선에서 유입된 전기가 차량이나 선로로 흐르는 걸 막는 역할이다.

뚱딴지의 주름진 모양은 절연내력을 높이기 위함이다. 절연내력이란 절연물이 절연성을 잃지 않고 고압 전류를 견딜 수 있는 최대의 전압을 뜻하는 말로 길이에 비례해 높아진다. 따라서 뚱딴지에 주름을 넣어 표면적에 따른 길이를 늘린 것이다. 갓처럼 생긴 디스크 안쪽에도 같은 이유로 주름이 있다.

뚱딴지는 보통 야외에 노출되어 있으므로 절연내력 외에도 높은 수준의 기계적 강도와 전기적 표면 저항이 필요하다. 도자기, 유리, 합성수지, 실리콘 고무 등 다양한 소재로 만든다. 염분이나 먼지 등으로 인해 표면이 더러워지면 절연 성능이 저하되기 때문에 정기적으로 세척해준다.

회오리 감자나 주판알처럼 원판 모양 여러 개가 줄지어 있는 형태는 현수애자懸垂礙子, suspension type insulator라고 한다. 전압의 크기와 지지 중량에 따라 여러 개를 엮어 쓸 수 있다. 이러한 애자 묶음을 애자련礙子連, insulator string이라고 한다.

핀애자pin type insulator도 있다. 상단에 홈이 있는 갓 모양의 절연체를 기둥 등에 고정한 것이다. 핀애자는 여전히 자주 쓰이는 뚱딴지로, 19세기 들어 모스 전신기를 필두로 상용 전신·전보 체계가 도입되고 전선이나 통신선을 잇기 위한 전봇대가 곳곳에 세워질 때부터 함께해온 개국공신이기도 하다.

유리, 도자기 등으로 만든 초창기 핀애자는 다양한 모양과 색상을 띠어 꽤 멋진 외형을 자랑하는데, 덕분에 수집가에게 사랑받는 귀한 몸이 됐다. 뚱딴지 수집가가 많은 미국에서는 관련 조직도 적지 않다. 미국국립절연체협회National Insulator Association, NIA는 그중 하나다. 한국식으로 번역하면 전미뚱딴지협회로, 뚱딴지같은 이름과 달리 나름의 역사와 조직력을 갖추고 운영 중이다. 매년 미국 전역에서 공식 행사를 열고, 격월로 잡지도 발행하며, 명예의 전당을 만들고, 심지어 회원들을 위한 굿즈도 제작한다. 연회비 35달러에서 최대 85달러에 이르는 유료 회원(주니어 회원은 10달러)을 모집하기도 한다.

요즘에는 예전에 비해 뚱딴지를 보기가 어려워졌다. 전봇대를 없애고 송·배전선을 땅속에 묻는 전선 지중화가 세계적인 추세가 됐기 때문이다. 지중화 사업을 통해 거미

전미뚱딴지협회 홈페이지에서는 전 세계 다양한 뚱딴지의 모습을 볼 수 있다.

줄처럼 얽히고설켜 도시 미관을 해치는 전깃줄을 없애고, 날씨로 인한 단전과 안전사고도 방지할 수 있다. 뉴욕, 런던, 파리, 로마 등 세계 주요 도시에서는 이미 모든 전선을 땅에 묻었고, 서울시 역시 2049년 4차로 이상 구간 지중화율 100퍼센트를 목표로 예산과 인력을 투입하고 있다. 신도시에서는 조성 단계부터 전선 지중화를 진행해 애초에 전봇대를 찾아보기 힘들다.

뚱딴지의 어원은 불분명하다

최근 다이어트 식품으로 주목받는 돼지감자도 뚱딴지다. 푸근한 이름과는 달리 북아메리카에서 온 외래종으로, 이름의 유래를 찾기는 어렵지만 땅 속 줄기 일부분이 커지며 덩이줄기가 되는 특징이 감자와 유사해 붙은 이름으로 추정된다. 주로 가축 사료용으로 쓰이면서 이름에 돼지가 붙었다는 설이 있다.

돼지감자만큼이나 독특한 이름인 뚱딴지 역시 어원이 불분명하다. 일단 뚱딴지에 대한 사전적 정의를 확인해보자. 표준국어대사전은 ① 행동이나 사고방식 따위가 너무 엉뚱한 사람을 놀림조로 이르는 말(=엉터리), ② 국화과의 여러해살이풀(=국우菊芋, 돼지감자, 뚝감자), ③ 전선을 지탱하고 절연하기 위하여 전봇대에 다는 기구(=애자) 이렇게 세 가지 뜻으로 풀이하고 있다. 편의상 '① 엉뚱한 사람 ② 돼지감자 ③ 애자'라고 해보자. 고려대한국어대사전의 경우 ①과

③을 하나의 표제어로 묶고 ②를 별도의 동음이의어로 구분하고 있다.

첫 번째 이론은 ② 돼지감자→① 엉뚱한 사람, ③ 애자 설이다. ② 돼지감자는 따로 심거나 가꾸지 않아도 척박한 환경에서 억척스럽게 자라는 강력한 번식력을 자랑하므로 이 모습에 빗대어 ① 엉뚱한 사람을 놀릴 때 쓰이는 말로 파생되었다는 분석이다.

정반대의 주장도 있다. ① 엉뚱한 사람→② 돼지감자, ③ 애자 설이다. ② 돼지감자의 꽃은 국화처럼 예쁘지만, 막상 뿌리를 캐보면 울퉁불퉁 못생긴 감자가 튀어나오는 모습이 마치 ① 엉뚱한 사람의 행동 방식을 연상시켜 '뚱딴지'라는 이름을 갖게 됐다는 주장이다. 한국농수산식품유통공사의 농산물 유통정보 홈페이지에는 덩이줄기의 모양이 울퉁불퉁 각양각색으로 생겼고 크기와 무게도 제각각이라서 '뚱딴지'라는 별칭을 가지게 됐다고 나와 있다.

여기에 전기 설비인 ③ 애자에 '뚱딴지'라는 이름이 붙게 된 유래까지 파고들면 이야기는 더 복잡해진다. 식물과 사람, 절연체가 같은 이름을 공유하고 있는 탓이다.

뚱딴지에 대한 미스터리를 풀기 위한 노력은 최근까지도 이어졌다. 2021년 인하대학교 한국학연구소가 발행한《한국학연구》제62호에 발표된 논문 〈'뚱딴지'의 단어 구조와 사전 뜻풀이 분석〉에서 저자 홍석준은 상당히 설득력 있는 주장을 펼친다. '뚱하다'의 어근 '뚱'과 애물단지처럼 사람을 낮잡아 이르는 접미사 '딴지(단지)'가 결합한 파생어라는 것이다. 저자는 우리나라 최초의 국어사전인 '조선어사전'을 비롯해 국내 주요 사전의 편찬 순서, 단어 정의 등을 분석해 우둔하고 무뚝뚝한 사람, 즉 ① 엉뚱한 사람이 순서상 맨 앞에 있었을 것이라고 설명한다. 이후 ② 돼지감자와 ③ 애자라는 새로운 사물을 가리키는 이름이 필요해지면서 ①의 이름을 빌려 썼다는 것이다.

저자는 전기의 흐름을 끊는 절연체로써 ③ 애자의 속성이 분위기를 잘 파악하지 못하고 이야기의 흐름을 끊는 ① 엉뚱한 사람(시쳇말로 맥커터)의 행동 방식과 유사하다고 해석한다. 또한 개화기 무렵 우리나라에 유입된 것으로 알려진 ③ 돼지감자 역시 덩이줄기 표면이 울퉁불퉁한 모습이 주위 분위기에 어울리지 못하는 ① 엉뚱한 사람을 연상시켜 별칭으로 자리 잡았을 것이라고 주장했다. 애자가 21세기에 발명됐다면 '아싸'로 명명됐을지 모를 일이다.

전봇대의 회오리 감자에서 시작한 글이 전미뚱딴지협회를 거쳐 돼지감자 아싸론까지 이어졌다. '뚱딴지같은 글'의 완벽한 예시를 찾는다면 지금 읽고 있는 이 글이 아닐까.

차도와 인도 경계에 세워둔 말뚝 '그거'

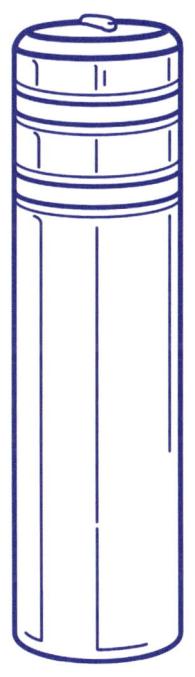

1. **볼라드**bollard, 길말뚝
2. (법률 용어) 자동차 진입억제용 말뚝

스마트폰 게임에 심취해 길을 걷다가
볼라드를 걷어차고 말았다.
아니, 볼라드가 내 정강이를 걷어찼다.

볼라드다. 국립국어원에서는 길말뚝이라는 순화어를 권장하지만 아직도 볼라드가 더 많이 쓰인다. 차량이 인도로 진입하는 것을 막기 위해 차도와 인도의 경계면에 세워둔 말뚝을 뜻한다. 그래서 법률상으로는 자동차 진입 억제용 말뚝이라고 지칭한다. 콘크리트나 스테인리스 스틸, 알루미늄, 특수 고무 등으로 만든다. 말뚝처럼 생긴 I자형 볼라드를 많이 쓰지만, U자를 뒤집어놓은 모양도 있다. 바닥에 고정적으로 박아두거나, 필요에 따라 뽑거나 바닥 밑으로 내려갈 수 있도록 만든다.

사고를 예방하기 위한 그거

원래 볼라드는 배를 매어두기 위해 부둣가나 잔교 등 계류 시설에 세워놓은 말뚝인 계주繫柱, 계선주繫船柱를 뜻하는 말이다. 영미권에서는 도로상의 볼라드를 트래픽 볼라드, 스트리트 볼라드라고 따로 명명한다. 볼라드는 차량과 보행자의 공간을 분리해 사고를 예방하고 통행을 통제한다.

볼라드에는 범죄 예방 효과도 있다. 한국에서는 일반적으로 차도와 인도의 경계에 설치하거나 외부 주차장에 불법 주차를 막을 목적으로 설치하지만, 해외에서는 공공기관이나 상업시설 정문에 다른 이유로 설치하는 경우도 많다. SUV나 픽업트럭 등 대형 차량으로 건물에 돌진해 문이나 벽을 부수고 물건을 훔치는 '램 레이드ram-raiding' 범죄를 막기 위한 것이다. 2010년대 이후 유럽에서 램 레이드 테러가 기승을 부리자, 주요 도시 곳곳에서 볼라드를 앞다투어 설치하기도 했다.

부둣가에 설치한 계선주. 항구에 접안한 선박이 파도와 바람에 떠내려가지 않도록 부두에 밧줄로 단단히 고정하는 데 쓴다.

볼라드는 보행자의 안전을 위해 설치하는 장치이지만, 시야보다 낮게 설치되다 보니 멍하니 걷다가는 정강이에 시퍼런 멍이 들 수도 있다. 특히 시각장애인에게는 보행을 방해하는 예상치 못한 장애물이다.

〈보행안전 및 편의증진에 관한 법률〉과 〈교통약자의 이동편의증진법〉 등에서 제시하고 있는 설치 기준을 제대로 준수하지 않고 설치한 경우도 잦다. 법률 시행규칙에 따르면 볼라드는 반사 도료 등을 사용해 쉽게 식별할 수 있어야 하며, 보행자의 안전을 고려해 높이 80~100센티미터, 지름 10~20센티미터 규격에 맞춰 제작해야 한다. 말뚝 30센티미터 앞쪽에는 시각장애인용 점자블록을 설치하는 것이 의무이다. 하지만 거리에는 규칙을 지키지 않은 볼라드가 태반이다. 2021년 한국시각장애인연합회 중앙회가 조사한 바에 따르면, 서울시 마포구, 서대문구, 용산구, 은평구, 중구 등 서부도로사업소 관할 교차로 646개소 설치된 볼라드 584개 중 규정을 지킨 사례는 66개, 11.3퍼센트에 그쳤다. 볼라드 전방에 점자블록이 설치된 경우도 28.3퍼센트에 불과했다. 점자블록이 파손되거나 횡단보도의 이동 등으로 엉뚱한 곳에 설치된 사례도 있었다. 뭐든 제대로 하지 않으면 안 하느니만 못한 법이다.

완전한 안전은 없다

볼라드 말고 인도와 차도를 구분하는 금속 울타리 '그거'는 방호울타리다. 가드레일 혹은 안전 펜스라고도 한다. 현행법상 방호울타리는 차량용과 보행자용으로 나뉘며 이 둘은 목적과 성능이 확연히 다르다. 차량용은 차량이 도로 밖이나 중앙선 너머·인도 등을 침범하는 것을 막기 위한 것으로, 사고 위험 구간, 철도 인접 도로, 고속도로 등에 설치한다. 차량 충돌 시험을 거쳐 정해진 기준을 충족해야 한다.

반면 보행자용은 무단 횡단이나 자전거 전도 사고를 막기 위한 용도다. 충돌 시험을 거치지 않아도 설치할 수 있다. '방호' 울타리 혹은 '안전' 펜스라고 불리지만, 차량이 인도로 돌진할 때 보행자를 방호할 수도, 안전을 담보할 수도 없다는 얘기다. 교체 주기나 파손 시 보수에 관한 법 기준도 미비하다. 현재로서는 인명 사고가 발생한 장소에만 사후약방문 식으로 울타리의 강도를 높이거나 차량용으로 교체·보강하는 조치에 그친다.

그렇다고 도심의 모든 인도에 차량용 방호울타리를 설치할 수는 없는 노릇이다. 투박한 외관이 도시 미관을 해치는 것은 차치하고, 장소의 특성이나 비상식적인 사고의 발생 확률을 고려하지 않고 안전성만 강화하는 방식은 예산과 실효성 측면에서 무리가 있기 때문이다.

세상에 완전한 안전은 없다. 국제표준기관인 ISO와 IEC가 공동 작성한 안전관리 관련 지침 'ISO/IEC GUIDE 51'에서는 '안전'을 '허용할 수 없는 위험성이 없는 상태freedom from risk which is not tolerable'로 규정하고 있다. 즉, 허용 가능한 수준까지 위험성을 낮추면, '제로 리스크'가 아니더라도 안전한 상태로 본다는 이야기다. 대기권을 뚫고 낙하한 운석에 맞아 사망하는 희박한 상황을 가정해 안전 대책을 세우지 않는 것도 같은 맥락이다.

하지만 '안심'의 영역으로 가면 논의는 달라진다. 안전이 객관적·과학적·정량적이라면 안심은 주관적이다. '걱정을 떨치고 마음을 편히 먹는 것'을 의미하는 안심은 마음의 문제다. 밤에 선풍기를 틀고 자면 질식해 죽는다는 괴담은 과학적인 안전 상식과 대중이 느끼는 안심이 괴리된 대표적 사례다.

그럼 자동차는 어떨까. 2023년 기준 국내 교통사고 사망자는

2,551명이다. 1991년 1만 3429명, 2013년 5,092명과 비교하면 크게 감소한 수치지만, 결코 적은 숫자는 아니다. 빠르게 움직이는 고중량의 쇳덩어리인 자동차는 그 자체로 흉기이며 교통사고 사망자 수도 그 위험성을 방증한다. 다만 현대사회에서 차량의 보편성과 편의성, 혜택이 그 위험성을 상회하기 때문에, 사람들은 '안심하고 기꺼이 이용'할 뿐이다.

다수의 인명 피해가 발생한 대형 교통사고는 자동차에 대한 안심의 수준을 후퇴시킨다. 사람들은 횡단보도에서 좌우를 더 살피고, 찻길에서 멀리 떨어져 걷는다. 평소 걸어서 하교하던 아이에게 "데리러 갈 테니 혼자 오지 말고 기다리라."고 몇 번이고 당부한다. 이 같은 상황에 이르면, 완전한 안전은 없다는 말은 현실과 동떨어진 수사에 불과하다. 객관적인 안전과 주관적인 안심을 어느 정도 합치하려면 대중이 납득할 만한 절충안을 찾는 노력이 필요하다. 최소한의 안전 기준에도 미치지 못하는 방호울타리 취약 지역을 찾아 개선하고, 볼라드 등 보행 안전 시설물에 대한 기준도 더 엄격하게 세워 지속적으로 점검하는 등 일상의 안전을 담보하는 공공 영역의 변화가 절실한 이유다.

진입 금지를 알리는 고깔 모양의 '그거'

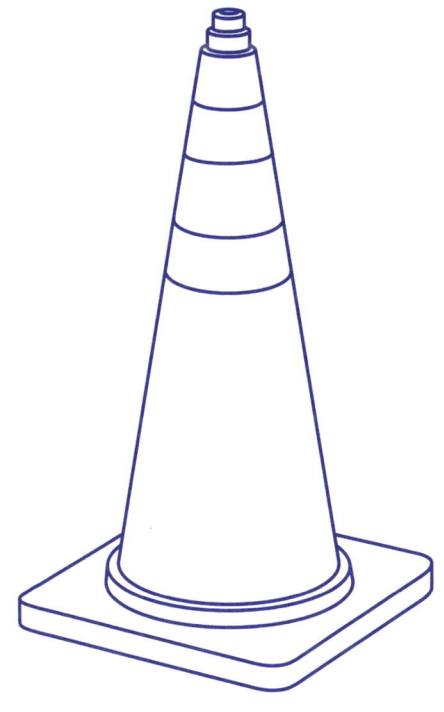

1. **라바콘**rubber cone, 칼라콘, 파일론
2. (미국) 트래픽콘traffic cone, 로드콘road cone, 마녀의 모자witches' hats

라바콘을 보고 있자니 꼬깔콘이 먹고 싶다.

라바콘이다. 말 그대로 고무로 만든 원뿔로, 주로 도로 점검 및 정비 현장이나 건설공사 현장에서 차량이 작업 현장으로 진입하는 것을 막거나 우회로로 안내하기 위해 세워놓는 도로안전 시설물이다. 차량 주정차 금지, 젖어서 미끄러운 매장 바닥, 점검 중인 화장실, 진입이 금지된 구역 등을 표시할 때도 쓰인다.

스포츠에서도 사용된다. 자동차경주나 인라인스케이트에서 일정 간격으로 라바콘을 놓고, 그 사이를 빠르게 혹은 묘기와 기술을 선보이며 이동하는 '슬라롬slalom' 경기가 대표적이다.

교통사고를 획기적으로 줄여준 그거

최초의 라바콘은 미국 로스앤젤레스의 교통당국 차선도색 부서에서 일하던 찰스 D. 스캔런Charles D. Scanlon이 발명해 1943년 특허를 얻었다. 그가 출원한 명칭은 세이프티 마커safety marker(안전 표시물)였다. 라바콘 발명 이전에는 나무로 된 삼각대 등을 표식으로 세워뒀는데 넘어지거나 파손되기 일쑤였고, 자동차에도 심각한 손상을 입혔다. 스캔런은 폐타이어에서 나온 고무로 라바콘을 만들었다. 이는 견고하면서 자동차에 부딪혀도 안전했고, 무엇보다 겹쳐서 보관할 수 있어 공간을 덜 차지했다.

    교통당국 직원의 단순하지만 획기적인 아이디어라고 하니 다른 사례가 하나 더 떠오른다. 고속도로 차선 위에 그려진 분홍색, 녹색 안내선 '그거' 노면 색깔 유도선color lane 말이다. 한국도로공사 소속 윤석덕 차장은 2011년 교통사고를 줄이기 위한 방편으로 색깔 유도선을 제안했다. 이 아이디어는 같은 해 지역 경찰청의 협조를 얻어 서해안고속도로 안산 분기점에 시범 적용됐다. 교통사고 감소 효과가 확인되자 국토교통부에서 정식 승인받아, 전국으로 확대됐다. 윤 차장은 그 공로 덕에 2024년 국민훈장 모란장을 받았다. 해외까지 범위를 넓히면 2008년 일본이 센다이시 아라마치 교차로에 설치한 노면 색깔 유도선을 최초 사례로 본다.

    한국어 어문 규범대로라면 러버콘이 맞는 표기지만 일본식 발음을 차용하면서 '라바콘'으로 굳어졌다. 일제 강점기 시대의 잔재가 언어 속에 남아 있는 분야가 비단 건설업계뿐이겠냐마는 공사장에서는 유독 일본식 표현이 많이 쓰인다. 일용직 건설노동자를 속되게 이르는 '노가다'부터가 공사장에서 일하는 인부를 뜻하는 일본어 도카타どかた에서 따온 것이다. 이 밖에도 공구리コンクリート(콘크리트), 구루마くるま(손수레), 나라시ならし(평탄화 작업), 빠루バール(노루발 못뽑이), 뻬빠ペーパー(샌드페이퍼·사포), 오함마大ハンマー(양손망치), 함바はんば(공사 현장에 딸린 식당) 등이 대표적이다.

자동차 문 손잡이 아래 파란색 스펀지 '그거'

명사

1. **도어가드**door guard,
   문콕 방지 스티커,
   도어 프로텍터door protector
2. (미국) 도어 에지 가드door edge guard

예문

옆 차에서 내리는 꼬마가 풀스윙으로 문을 열었다. 새파란 도어가드만큼이나 내 얼굴도 파리하게 질렸다.

도어가드다. 문콕 방지 스티커라고도 한다. EVA(스펀지처럼 폭신폭신한 성질의 고분자 화합물)로 만든 파란색 사각 형태로 보통 새 차를 출고하는 과정에서 발생할 수도 있는 손상을 방지하기 위해 붙인다. 차들끼리 다닥다닥 붙어 있는 출고장의 환경을 고려한 것이다. 현대자동차 등 국내 완성차 업계에서는 도어 프로텍터라고 부르지만, 소비자 사이에서는 다르게 불린다. 실제로 온라인 쇼핑몰에서 도어 프로텍터를 검색하면 문 옆에 길게 붙이는 형태의 플라스틱 제품이 먼저 뜬다. 이 제품 역시 도어가드와 마찬가지로 접촉으로 인한 손상을 방지하기 위한 장치다.

'문콕'을 막아주는 그거

내장재를 덮고 있는 비닐처럼 차량을 받자마자 도어가드를 떼어버리는 사람도 있지만, 몇 년이 넘도록 붙이고 다니는 경우도 많다. 떼는 사람의 논리는 "시간이 지나서 제거하면 자국이 생길 수 있다."라는 것이고, 붙여놓는 사람의 논리는 "문콕으로 인한 사고를 방지할 수 있다."라는 것이다. 하지만 "'도어가드가 있으니 괜찮겠지'라며 조심하지 않고 여는 사람도 많다."라는 제거파의 반박도 나온다.

완성차 업체는 제거파다. 도어가드를 장기간 부착하면 햇빛이나 주변 환경 노출 등으로 인해 부착면만 색상이 달라질 수 있어 차량 인도 후 떼기를 권고하고 있다.

도어가드는 한국 특산품이기도 하다. 해외 온라인 커뮤니티에는 '한국인들이 차에 붙이고 다니는 파란색 그거 대체 뭐냐', '한국 드라마에서는 왜 자동차에 파란색 사각형(가끔은 날개 모양)이 붙어 있냐' 따위의 질문이 종종 올라온다. 정답은 없지만, 협소한 주차 공간 및 빈번한 노상 주차 등의 교통 사정과 경차를 선호하지 않는 소비자의 취향 때문이라는 분석에 힘이 실린다. 막 출고된 새 차처럼 보이고 싶은 과시욕 때문이라는 추측도 있지만, '도어가드 부착 5년 차' 같은 경우도 많다 보니 설득력은 떨어진다. 아무튼 도어가드는 한국의 고유문화로 알려져 일본 관광객이 기념품으로 사 가는 경우도 있다.

차 문을 열다 옆 차에 흠집을 내는 '문콕'은 한국인만의 걱정거리가 아니다. 영미권에서는 문콕을 '도어 딩door ding'이라고 부르며 이를 방지하기 위한 도어 에지 가드라는 액세서리를 판매한다. 시트로엥Citroen의 소형 SUV 차량 C4 칵투스는 아예 문을 비롯한 차체에 '에어 범프'라는 부드러운 소재를 덧대 문콕을 원천 차단한다. 단점은 못생겼다는 점이다. 포드 역시 '도어 에지 프로텍터'라는 기술을 개발해 문을 열면 자동으로 모서리에 고무 재질의 덮개가 씌워지도록 만들었다. 유레카!

자동차는 이타적인 기술 도입에 매우 적극적이다. 교통사고로 인한 사망자가 워낙 많기도 하고, 대부분의 나라에서 보행자 보호를 법적·제도적 장치로 강제하고 있기 때문이기도 하다. 보행자가 차에 부딪혀 차량 위로 떨어질 경우 충격을 완화하기 위해 후드가 위로 들리는 '액티브 후드 리프팅 시스템'이나 보닛에 에어백을 장착해 앞 유리에 부딪히는 보행자의 부상을 최소화하는 '보행자 에어백', 보행자나 자전거를 감지해 급정거하는 시스템도 모두 같은 맥락이다.

1980~1990년대 도로를 누비던 국산 SUV 차량에는 꼭 금속제 보조 범퍼가 달려 있었다. 캥거루 범퍼 혹은 전투 범퍼로 불리던 보조 범퍼는 원래 무스, 캥거루 등 대형 야생동물이 많이 서식하는 북미와 호주 등지에서 사용하는 액세서리였다. 피할 수 없는 로드킬 상황에서 운전자의 피해를 최소화하기 위한 안전장치지만, 그 외의 상황에서는 흉기로 돌변했다. 특히 보행자 사고에서 치명적이라 점차 자취를 감추게 됐다. 늘씬하고 둥글둥글한 요즘 SUV 차량을 보고 있자면 투박하게 각진 디자인에 금속제 파이프를 두른 옛 스타일이 그리워지기도 한다. 하지만 무엇보다 안전이 제일이다. 누구도 교통사고의 위험에서 자유로울 수 없으니 말이다.

고급 승용차 후드를 장식하는 '그거'

1. **후드 오너먼트**hood ornament, 모터 마스코트motor mascot

친구는 술에 취하면 주차된 차의 후드 오너먼트를 떼는 나쁜 버릇이 있었다.

후드 오너먼트다. 오너먼트는 장식품이란 뜻으로, 크리스마스 트리에 매다는 알록달록한 장식품을 뜻하기도 한다. 후드 오너먼트는 단어 뜻 그대로 자동차의 후드(보닛)를 장식하는 물건이다. 한국에서는 직관적으로 후드 장식이라고 번역하기도 한다.

자동차 브랜드의 상징이 된 그거

차량 전면의 그릴이나 후면 트렁크 문에 붙어 있는 제조사의 로고는 엠블럼emblem이라고 한다. 하지만 여기에 더해 롤스로이스나 재규어 같은 몇몇 고가 브랜드 차량은 후드 위에 입체적인 엠블럼인 후드 오너먼트를 부착한다.

후드 오너먼트는 실용적인 목적으로 개발되었다. 초창기 자동차는 라디에이터 캡이 후드 위로 노출되어 있었고, 여기에 온도계를 달아 냉각수의 온도와 라디에이터의 과열 여부를 파악했다. 보이스 모터미터 컴퍼니Boyce MotoMeter Company가 1912년 특허를 내고 생산한 보이스 모터미터Boyce MotoMeter라는 장치가 그것이다. 여기에 여러 장식이 가미되며 후드 오너먼트로 자리 잡았다. 1930년부터 온도계가 운전석 계기반으로 옮겨지면서 모터미터는 사라지고 후드 오너먼트만 남았다.

대표적인 후드 오너먼트로는 메르세데스-벤츠의 삼각형 별, 재규어의 도약하는 재규어 '리퍼leaper', 벤틀리의 날개 달린 B 등이 있다. 하지만 가장 유명하고 아름다운 후드 오너먼트를 꼽자면 단연 롤스로이스의 '환희의 여신상Spirit of Ecstasy'이다. 상체를 앞으로 숙이고 두 팔은 뒤로 쭉 뻗은 여성과 바람에 휘날리는 드레스를 형상화해 '플라잉 레이디', '실버 레이디'라고 불리기도 한다.

환희의 여신상은 영국의 유명 조각가 찰스 사이크스Charles Sykes의 작품이다—라고 무미건조하게 설명하고 넘어가기에는 아쉬운, 다소 애틋한 사연이 있다. 이야기는 한 자동차광 귀족에서 시작한다. 존 스콧 몬터규John Scott Montagu 경은 영국의 귀족이자 자동차 전문잡지 《더카일러스트레이티드The Car Illustrated》를 창간한 자동차 애호가였다. 그는 1909년 롤스로이스 1세대 팬텀 모델인 '실버 고스트'를 구입했고 절친했던 조각가 사이크스에게 차량 보닛에 부착할 후드 오너먼트 제작을 부탁한다.

문제는 오너먼트의 모델이 내연녀였다는 점이다. 몬터규 경은 열렬히 사랑했지만 신분 차이로 이뤄지지 못한 연인이자 비서인 엘리너 벨라스코 손턴Eleanor Velasco Thornton의 모습을 본뜬 작품을 원했고, 이때 환희의 여신상의 전신인 '위스퍼The Whisper'가 탄생했다. 손가락을 입술에 갖다 댄 매혹적인 여인의 모습은 '누구에게도 말할 수 없는 은밀한 사랑'을 은유하는 듯하다.

런던 사교계의 명사이자 귀족, 자동차광의 롤스로이스를 장식한 위스퍼는 자연스럽게 화제가 되었다. 이후 다른 롤스로이스 소유주들도 자신만의 후드 오너먼트를 달고 다니자 롤스로이스 측에서는 사이크스에게 공식 후드 오너먼트 제작을 요청했다.

이에 사이크스는 파리 루브르 박물관에 전시된 승리의 여신 니케 조각상과 기존 위스퍼의 특징을 조합해 1911년 환희의 여신상을 만들었다. 롤스로이스는 홈페이지에 불륜 일화는 쏙 빼놓고 "환희의 여신상은 뮤즈 엘리너로부터 영감을 얻었다."라고만 밝히고 있다.

1915년 12월, 금지된 사랑은 비극으로 끝난다. 몬터규 경은 1차 세계대전 당시 검열관 직책을 수행하기 위해 연인(이지만 부인은 아닌) 엘리너와 함께 SS 페르시아호를 타고 인도로 향했다. 크레타섬 인근 해역에 당도할 무렵, 배는 독일 유보트로부터 무차별 공격을 받아 5분 만에 침몰했다. 승선자 519명 중 343명이 사망한 참혹한 사고였다. 몬터규 경은 천운으로 구조되었지만, 엘리너는 차디찬 겨울 바다 속으로 사라졌다. 미완으로 끝난 두 사람의 로맨스는 이후 110년을 넘도록 이어지는 '불멸의 아이콘'이 됐다.

롤스로이스가 호사스러움의 끝판왕이다 보니 환희의 여신상 역시 비싸다. 적게는 수백만 원에서 금이나 은 도금, 크리스털 제작 등 구매자의 요구에 따라 수천만 원에 달할 수도 있다. 보행자 사고의 피해를 줄이고 파손이나 도난을 방지하기 위해 충격이 가해지면 후드 안으로 숨는 기능도 있다. 2023년에 출시된 롤스로이스 최초의 전기차 모델인 '스펙터'에는 공기역학 성능을 고려해 새롭게 디자인된 환희의 여신상이 부착되었다. 공기역학을 고려할 생각이라면 빼는 편이 낫지 않을까.

하지만 후드 오너먼트는 보행자 사고 시 치명적일 수 있어서 점차 사라지는 추세다. 미국에서는 1968년 이후 시판되는 신차부터 고정형 후드 오너먼트 사용을 금지했고, 유럽에서도 1974년부터 금지했다. 2010년 벤틀리는 부품 부식 등의 이유로 후드 오너먼트의 자동 숨김 기능이 제대로 작동하지 않을 수 있다며, 미국을 비롯해 전 세계에 판매된 자사 차량 1,400여 대를 리콜하기도 했다. 이러한 흐름에 따라 메르세데스 벤츠의 삼각별은 뒤로 접히는 형태로 바뀌었다가 그릴 엠블럼으로 정착했고, 재규어의 리퍼 후드 오너먼트 역시 포효하는 (하지만 평평한) 재규어 '그롤러' 엠블럼으로 바뀌었다.

후드 오너먼트는 확실히 시대착오적이다. 위험하고, 과시적이며, 성능이나 효율과는 거리가 멀다. 하지만 시대착오적이니까 로망 아니겠는가. 이제는 자동차 박물관에나 가야 만날 수 있는 구시대의 산물, 후드 오너먼트가 테슬라 사이버트럭의 매끈한 후드에서는 느낄 수 없는 매력을 뽐내는 이유다.

겨울철 가로수를 감싸는 볏짚 외투 '그거'

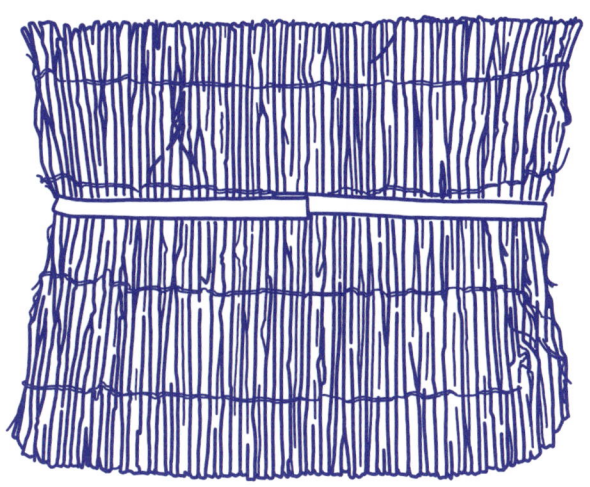

명사

1. **잠복소**潛伏所

예문

"나무가 옷을 입은 것 같지 않아? 귀여워."
그녀가 가로수의 잠복소를 보며 말했다.

잠복소다. 겨울철 가로수에 묶어두는 20~30센티미터 너비의 볏짚, 지푸라기 거적을 말한다. 어른 가슴 높이의 위치에 둘러싸는 방식으로 설치한다. 단어의 의미는 '드러나지 않게 숨기 위한 장소'지만 실은 앞에 '해충'이라는 말이 생략됐다. 해충 월동을 위한 은신처를 만들어주고, 여기로 유인된 해충을 한꺼번에 제거하는 병충해 방제의 한 방법이다. 소나무와 벚나무, 포플러, 양버즘나무 등에 주로 사용한다.

해충 방제를 위해 사용되는 그거

나무에 기생하는 해충은 주로 나뭇가지에 서식하다 기온이 내려가면 월동을 위해 땅이나 낙엽 밑으로 이동한다. 그 시점에 맞춰 잠복소를 설치하면 해충은 따뜻한 이곳에서 겨울을 난다. 이후 봄철이 되면 잠복소를 수거해 태우는 식으로 한꺼번에 해충을 제거한다. 당하는 입장에서는 참 치사한 유인책인 셈이다.

국내에서는 1960년대에 처음 등장했고, 1980년대에 해충인 미국흰불나방과 송충이 방제를 위해 광범위하게 설치되었다. 친환경적이고 효과적인 방제 방법으로 알려지며 익숙한 동절기 거리 풍경이 되었지만, 요즘 들어서는 평판이 좀 시원찮다. 병충해 방제를 위한 다양한 약제가 개발됐고, 도심 환경에서 해충이 눈에 띄게 줄어든 탓이다. 17~19세기 에도시대부터 해충 구제에 잠복소를 활용해온 일본에서도 '해충 퇴치보다 거미 등 익충을 포집하는 역효과가 더 크다'라는 연구 결과를 토대로 1990년대 전후 잠복소 사용을 속속 폐지했다. 해충과 함께 해충을 잡아먹는 거미를 제거할 수도 있기 때문이다.

방제 효과에 대한 의구심이 커지면서 잠복소는 예산 낭비 탁상행정 사례로 전락했다. 나무 한 그루당 잠복소 설치 비용은 약 1만~1만 3000원 수준으로, 지자체에서 관리하는 수목의 규모를 생각하면 적지 않은 예산이 소요된다. 이에 산림청은 해마다 전국 지자체 산림부서에 '잠복소 사용을 권장하지 않는다'라며 설치를 지양하라는 의견을 전달하고 있다. 하지만 여전히 겨울철 거리에는 잠복소가 보인다. 지자체가 관리하는 가로수는 물론, 아파트 단지 내 수목에서도 현역이다. 이유가 뭘까. 첫째, 늘 해오던 일이기 때문이다. 둘째, 동절기를 대비한 티를 내야 하기 때문이다. 반성 없는 관성은 해충만큼 박멸하기 어렵다.

입지가 좁아질 대로 좁아진 잠복소 자리를 꿰차고 있는 '그거'가 있다. 뜨개질로 만든 털실 덮개다. 이 뜨개옷은 '얀 바밍yarn bombing', '그래피티 니팅graffiti knitting'이라고 한다. '직물 폭격', '뜨개질 낙서'라는 이름에서 짐작할 수 있듯이 뜨개질로 만든 직물을 공공 건축물에 입히는 활동과 그 결과물을 말한다. 물론 가로수도 포함이다. 얀 바밍은 2005년 텍사스 휴스턴에서 시작됐는데, 니타 플리즈Knitta Please라는 '익명의 게릴라 뜨개 집단'이 시초다.

얀 바밍은 겉보기에 잠복소와 닮았지만 해충 구제와는 무관한 일종의 공공 설치미술이다. 거리에 따뜻하고 포근한 느낌을 주는 것이 목적이다. 최근 국내 지자체에서는 비효율·예산 낭비 논란이 있는 잠복소 대신 얀 바밍을 택하는 경

그래피티 니팅 작품

우가 늘고 있다. 형형색색 뜨개옷을 입은 가로수들을 보는 행인의 마음은 따뜻해지겠지만, 사실 나무는 따뜻하지 않다. 사람에 비유하면 엄동설한에 발가벗고 있는데 양말만 신고 있는 격이다. 보온 효과는 기대하기 어렵다.

한파로부터 나무를 보호하기 위한 보온재는 이미 있다. 추위에 약한 배롱나무, 모과나무, 복숭아나무 등은 밑동부터 윗가지까지 볏짚이나 부직포 등으로 된 보온재로 꼼꼼히 감싸주면 피해를 막을 수 있다. 물론 붕대로 둘둘 말린 이집트 미라처럼 보여 얀 바밍 같은 심미성은 기대하기 어렵다. 하지만 모든 나무에 보온재가 필요한 것도 아닐뿐더러 얀 바밍처럼 일부만 감싸는 형태로는 방한 효과도 없다.

공원마다 보이는 덩굴터널 '그거'

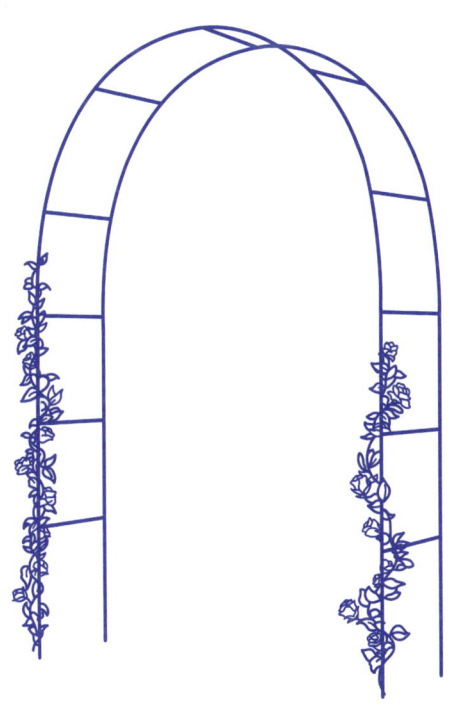

명사

1. **덩굴시렁**
2. (미국) 트렐리스trellis
3. 퍼걸러pergola, 파고라パーゴラ

예문

덩굴시렁을 타고 올라온 나팔꽃 덕에 정원 한쪽에 시원한 그늘이 생겼다.

덩굴시렁이다. 덩굴식물들이 타고 올라갈 수 있도록 격자 형태로 만든 구조물로, 울타리 같은 평면 형태나 입체적인 아치 형태로 만든다. 덩굴시렁을 이용하면 벽면을 식물로 채우거나 넝쿨 통로를 만들 수 있다.

덩굴 식물을 지지해주는 그거

시렁은 원래 한옥에서 처마 아래에 긴 나무 막대 한 쌍을 걸쳐놓은 일종의 선반이다. 상자 등을 올려놓기도 하고, 메주를 매달아놓기도 한다. 덩굴시렁은 말 그대로 덩굴이 타고 올라가는 선반인 셈이다. 온라인 쇼핑몰 등에서는 넝쿨 지지대란 명칭을 쓰기도 한다.

퍼걸러는 덩굴식물을 지붕으로 삼는 휴식 공간이다. 사방이 트여 있다는 점에서 정자와 비슷하지만, 기둥과 골조를 타고 올라간 덩굴이 지붕을 대신한다는 점이 다르다. 흔히 일본식 발음을 차용해 파고라라고 부른다. 퍼걸러는 아파트나 공원 쉼터에 많다. "아파트 앞 쉼터에서 만나." 대신에 "퍼걸러에서 봐."라고 말하면 좀 더 있어 보이지만, 상대방과 못 만날 가능성도 커진다.

퍼걸러에 덩굴 대신 고정된 지붕을 덮으면 가제보gazebo, 한국식으로는 정자라고 한다. 정자는 기둥과 지붕, 마루까지 갖춘 엄연한 건축물로, 시설물인 퍼걸러와 구분된다. 가제보는 정자보다 다양한 의미로 쓰이는데 운동회에서 볼 수 있는 사방이 뚫린 임시 그늘막 캐노피canopy도 가제보의 일종이다.

추수 후 논밭에 동그랗게 말아놓은 커다란 마시멜로 '그거'

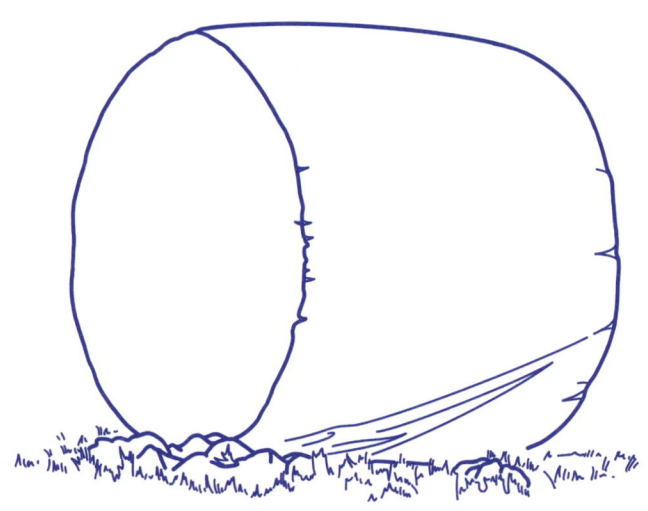

명사

1. **곤포 사일리지**梱包 silage, 압축 포장 담근 먹이
2. 공룡알

예문

추수가 끝난 벌판 위, 드문드문 마시멜로 같은 곤포 사일리지가 놓여 있다.

곤포 사일리지라고 한다. 추수를 마친 들판에 거대한 마시멜로나 두루마리 휴지처럼 줄지어 놓여 있는 그 물건의 이름이다. 지름 1~2미터, 무게 500킬로그램 내외의 원통형 모양으로, 탈곡을 끝낸 볏단을 동그랗게 말아 비닐로 감싼 것이다.

겉보기엔 귀엽지만 사실은 위험한 그거

곤포란 단단히 다져 크게 묶은 더미나 짐짝, 혹은 그런 짐을 꾸려 포장한다는 의미고, 사일리지는 곡물이나 볏단을 밀폐해 발효한 숙성 사료를 뜻한다. 즉, 곤포 사일리지는 '볏단을 단단히 압축한 뒤 밀폐 포장해서 만든 숙성 사료'다. 농가에서는 이런 생소한 명칭 대신 '공룡알'이라고 부르기도 한다. 종종 '덩어리'라고 부르는 경우도 있다.

곤포 사일리지, 그중에서도 사일리지의 역사는 꽤 오래전으로 거슬러 올라간다. 프랑스의 농업경제학자 오귀스트 고파르트Auguste Goffart는 1877년 독일의 사료 보존법인 절임 방식에 착안해 발효 사료인 사일리지에 관한 책을 출간했다. 이것이 미국·영국의 축산 농가를 통해 널리 퍼진 게 사일리지의 시초다. 이후 핀란드 생화학자인 아르투리 일마리 비르타넨Artturi Ilmari Virtanen이 사료 내의

산을 제거하고 공기 접촉을 막는 사료 보존법을 개발해 현대 사일리지의 토대를 만들었고, 그 공로를 인정받아 1945년 노벨 화학상을 받았다.

곤포 사일리지를 만드는 방법은 다음과 같다. 추수 후 트랙터로 볏짚을 모으고, 모은 볏짚을 베일러라는 농기계로 원통형 혹은 직육면체 모양으로 뭉친다. 여기에 발효제 등을 뿌린 뒤 래핑기로 돌돌 싸매면 '하얗고 둥근 그거'가 된다. 이렇게 압축된 볏단은 밀폐된 상태에서 45일 이상 발효 및 숙성한다. 숙성 과정이 끝난 볏짚은 수분과 섬유질이 풍부하고 초산균과 유산균이 풍부한 사료가 된다. 소 입장에선 '김장 김치'인 셈이다.

볏짚을 곤포 사일리지 형태로 만들면 영양소 손실이 적고, 날씨와 무관하게 보관 및 유통이 용이하다. 볏짚을 압축하는 과정에서 공간을 덜 차지하게 되어 보관·유통 효율도 좋아지니 일석이조, 삼조, 사조의 효과를 본다. 축산 농가에서는 사료 값 부담을 덜고, 쌀 농가에서는 부가 수익을 챙길 수 있다 보니 국내에서는 2000년대 초반부터 빠르게 확산됐다.

하지만 곤포 사일리지가 이점만 있는 것은 아니다. 수확을 마친 농지에 볏짚을 그대로 놔두면 퇴비 역할을 하면서(이 과정을 볏짚 환원이라고 한다) 지력地力을 높이고 이듬해 쌀의 생산성이 좋아진다. 하지만 곤포 사일리지로 만들기 위해 볏짚을 다 거둬들이면서 토양의 유기물과 규산 함량이 부족해지는 부작용이 나타났다. 충청남도농업기술원에 따르면 2017년 도내 260개 지점의 논 토양 가운데 규산 함량 기준치에 미달하는 논의 비중이 65퍼센트에 달했다. 유기물 함량 기준에 미달하는 논도 31퍼센트에 이르렀다. "팔지 마세요, 논에 양보하세요."라는 말이 나오는 이유다.

곤포 사일리지를 만들 때 사용하는 비닐이 환경오염을 유발한다는 지적도 있다. 또 곤포 사일리지 도입 이후 철새의 먹이인 낙곡(수확할 때 떨어진 낟알)과 볏짚 틈새의 벌레가 크게 줄어들어 철새들이 굶주리게 됐다는 비판도 나온다.

몽실몽실 솜사탕이나 마시멜로를 닮은 귀여운 곤포 사일리지지만, 그 모습에 반해 함부로 손대서는 안 된다. 농가의 사유재산이기도 하거니와 발효 과정에서 생성되는 사일리지 가스의 성분 중 산화질소NO가 공기 중의 산소와 반응하면 유독 물질인 이산화질소NO_2를 만들어내기 때문이다. 무엇보다 쌓아 올린 곤포 사일리지가 굴러떨어지거나 붕괴되면 500킬로그램에 이르는 무게 때문에 압사 사고 등 치명적인 인명 피해로 이어질 수 있다.

영화 〈고스트버스터즈〉에 등장하는 마시멜로 맨Stay Puft Marshmallow Man이 실은 도시를 박살 내는 괴물이라는 사실을 기억하자. 모든 귀여운 것은 치명적인 무기를 숨기고 있는 법이다.

신장개업 가게 앞에서 춤추는 풍선 '그거'

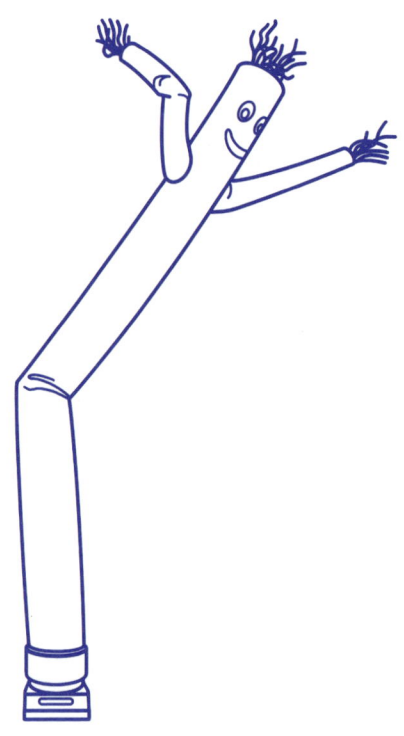

명사

1. **스카이댄서**sky dancer, 에어댄서air dancer
   튜브맨tube man, 튜브가이tube guy
2. (한국) 풍선간판, 에어간판

예문

신장개업한 휴대폰 매장 앞을 지키는 건 나레이터 모델과 스카이댄서 뿐이다.

스카이댄서다. 튜브맨, 에어댄서 등으로 불리기도 한다. 주로 사람 모형이나 원통형 직물 외피에 송풍기로 바람을 불어넣으면 공기가 빠져나가며 춤추듯이 흔들린다.

화려한 퍼포먼스와 함께 등장한 그거

지금은 온갖 신장개업 가게 앞에서 불철주야 춤추는 싸구려 광고물로 혹사당하고 있지만, 원래는 올림픽 무대에서 화려하게 데뷔한 예술 작품이었다. 최초의 스카이댄서는 트리니다드 토바고 출신의 예술가 피터 민셜Peter Minshall과 이스라엘 출신의 도론 가짓Doron Gazit이 1996년 애틀랜타 올림픽에서 처음으로 선보였다.

'마스 맨' 민셜은 영국에서 디자인을 전공했고, 1974년 여동생의 카니발 의상을 만들어준 것을 계기로 고국인 트리니다드 토바고의 카니발, 그중에서도 마스 밴드(특정 주제에 맞춘 화려한 의상과 가면 등을 쓰고 퍼레이드에서 춤추는 것)에 뛰어들게 됐다. 1960년대 영국에서는 트리니다드 토바고 등 카리브해 지역 이민자들이 고국의 카니발을 재현하고자 노력했고, 그 결과 '노팅힐 사육제Notting Hill Carnival'가 탄생했다. 당시 영국에 거주하던 민셜은 노팅힐 카니발의 마스 밴드 작업에 참여하면서 명성을 쌓았다.

'댄싱 모빌'이라고 부르는 민셜의 마스 의상은 단순히 화려한 옷을 넘어 착용한 사람의 퍼포먼스를 따라 춤추듯 움직이는 거대한 작품이었다. 이후 민셜은 1992년 바르셀로나 올림픽, 1994년 월드컵 개막식에 잇따라 자기 작품을 선보였고, 1996년 애틀랜타 올림픽 폐막 행사에서 새로운 작품을 선보이기 위해 풍선을 이용한 작업으로 유명한 예술가 가짓과 협업했다.

1996년 애틀랜타 올림픽 폐막행사에 등장한 최초의 스카이댄서는 '플라이 가이Fly Guys' 혹은 '톨 보이Tall Boys'라고 불렸다. 민셜은 이후 자신의 SNS에서 해당 퍼포먼스를 '바람 꼭두각시Wind puppets'라고 이름 붙였다. 거대한 풍선 인형들이 일제히, 하지만 제멋대로 흔들리는 모습은 장관이었다.

강렬한 데뷔 이후 발 빠른 사업가들은 설치가 간편하고 가격도 저렴한 스카이댄서를 옥외 광고 수단이자 이벤트용 설치물로 도입했다. 구하기 쉬운 재료, 송풍기를 활용한 단순한 구조 덕분이었다. 이후 스카이댄서는 십수 년간 온갖 신장개업 가게 앞을 지켜왔지만, 소란스러운 싸구려 광고물로 전락한 요즘은 도통 찾아보기 힘들다. 미국 텍사스주의 휴스턴에서는 2008년 시 조례를 통해 스카이댄서 사용을 금지하기도 했다. "도심 환경을 시각적으로 해치고 시민의 안전 및 생활의 질적 수준을 저해한다."라는 이유에서였다.

스카이댄서의 인생 2막은 귀농이었다. 허수아비를 대신해 논밭을 지키게 된 것이다. 예상할 수 없는 움직임과 송풍기 소음은 곡식을 탐하는 사악한 새들을 쫓아내기에 안성맞춤이었다. 멋진 이름도 얻었다. 에어레인저air ranger다.

여기까지는 예술 작품이 호객용 수단으로 대중화되는 드라마틱한 이야기지만, 그 이면에는 다소 어른들의 뒷사정 같은 전개가 숨어있다. 가짓이 스카이댄서에 대한 특허 출원을 해버린 것이다. 그는 오랜 시간을 들인 끝에 2001년 '오르락내리락 움직이는 형상을 위한 팽창 장치'라는 복잡한 이름의 특허를 승인받았고 플라이 가이라는 이름을 붙였다. 회사를 설립해 스카이댄서 제조 업체들에 라이선스 비용을 물리기 시작했다.

가짓의 특허는 공기 송·배출 구멍이 두 개 이상인 스카이댄서에만 해당했으므로 저작권을 우회할 방법은 많았다. 하지만 민셜은 스카이댄서를 순수 예술 작품으로 여겨 가짓과 갈등을 빚었다. 민셜의 측근에 따르면 가짓의 만행으로 둘은 법정 싸움까지 갈 뻔했지만, 소송에 드는 시간과 비용 때문에 민셜 측이 결국 포기한 것으로 알려졌다.

아직도 감정의 골이 꽤 깊은 모양인지 2021년 민셜이 본인의 SNS에 1996년 스카이댄서 관련 글을 올리며 디자이너인 본인은 물론, 연출가와 제작자 이름까지 다 올리면서 가짓의 이름은 쏙 빼놓기도 했다. 이후 가짓은 언론 인터뷰 등을 통해 "(플라이 가이에 대한) 비전은 민셜이 갖고 있었지만, 이 작품은 풍선과 관련한 나의 지식과 경험을 바탕으로 만든 내 발명품"이라고 주장했다.

양쪽의 주장이 모두 사실이라면 '디자인 바이 민셜, 메이드 바이 가짓'인 셈이다. 여기서 의문이 하나 생긴다. 발명품이 탄생하는 순간은 언제일까? 세상에 없던 아이디어가 잉태되고 구체적인 디자인이 도출된 시점일까, 시제품 같은 객관적 실체가 만들어진 시점일까.

운명을 가른 두 시간

전화기 발명가의 업적을 놓고 논쟁을 벌인 알렉산더 그레이엄 벨Alexander Graham Bell과 엘리샤 그레이Elisha Gray의 사례를 보자. 그 둘 모두 1876년 2월 14일 미국 특허청에 전화기 특허를 신청하기 위해 방문했다. 당시 벨의 전화기는 통화에 성공하지 못했고, 그레이는 1874년부터 공개적으로 전화 통화를 시연한 바 있었다. 하지만 특허청 측은 두 시간 먼저 도착한 벨의 전화기 특허를 승인했다.

하지만 승부는 여기서 끝나지 않았다. 제3자가 참전한다. 이탈리아계 미국인 안토니오 메우치Antonio Meucci였다. 그는 벨과 그레이의 영혼의 맞대결보다 무려 20년 앞선 1854년에 전화기를 발명했지만, 돈이 없던 탓에 매년 10달러씩 지급해 갱신하는 임시 특허를 얻어둔 상태였다. 운영하던 양초 공장은 파산했고, 전화기의 잠재력을 미처 몰랐던 웨스턴유니언전신회사The Western Union Company와의 특허 관련 논의도 불발로 끝났다. 그 과정에서 전화기 시제품과 설계도를 분실했다는 설도 있다. 이쯤 되면 머피의 법칙이 아니라 메우치의 법칙이다.

'불운의 아이콘' 메우치가 임시 특허를 갱신하지 못한 사이 '두 시간 빠른 남자' 벨이 먼저 특허를 얻었고 곧 소송전으로 번졌지만, 결론은 메우치의 패소였다. 전화기 발명가가 결정된 해로부터 126년, 메우치 사후 113년이 지난 2002년 6월 미국 하원은 공식적으로 메우치를 최초의 전화기 (시제품) 발명가로 인정했다. 더 정확하게는 "전화기 발명에 기여한 메우치의 업적을 인정해야 한다."라는 내용의 결의문을 발표했다.

멀리 돌아왔다. 승자독식 패자독박, 발명의 세계는 차갑다. 최후에 웃는 자만이 최초의 타이틀을 거머쥔다. 민셜과 가짓 중 누가 '스카이댄서의 발명가'로 역사에 이름을 남길까. 남은 사람은 스카이댄서의 춤사위로부터 위로를 받을 터다.

바닷가 방파제 옆에 쌓여 있는 구조물 '그거'

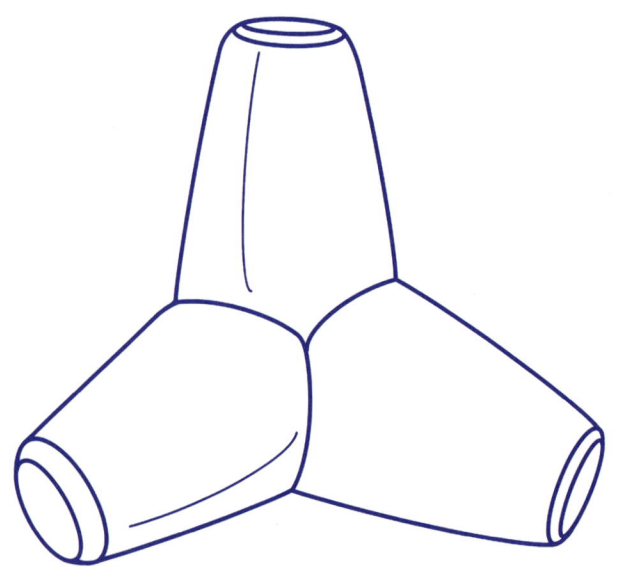

명사

1. **테트라포드** tetrapod, TTP
2. 소파블록 消波 block, wave dissipating block, 콘크리트 이형블록
3. 아머 유닛 armour unit

예문

테트라포드가 명당이라며 그 위에 올라가 낚시를 하는 사람들에 대한 안전사고 예방 대책이 시급하다.

> 테트라포드다. 테트라포트가 아니다. 줄여서 TTP라고 부르기도 한다. 사방으로 네 개의 발이 나와 있는 형태의 콘크리트 구조물로, 파도가 방조제나 방파제를 침식하는 걸 막는 역할이다. 파도의 힘을 흡수하기 위해 설치하는 구조물을 소파블록 혹은 아머 유닛이라고도 하는데 테트라포드도 그중 하나다. 크기에 따라 그 무게가 100톤을 웃돌기도 한다.

파도의 힘을 분산해주는 그거

숫자 4를 의미하는 고대 그리스어 테트라tetra와 발을 의미하는 포드podes를 합친 이름에서 알 수 있듯이 네 개의 꼭짓점을 갖는 정사면체 모양이다. 삼각 커피우유•의 용기를 떠올려보자. 테트라포드의 다리 사이 각도는 모두 109.5도이며, 단순하면서도 기하학적인 형태가 매력적이다. 모양은 사면체인데 눈에 보이는 면은 삼각형이고 땅에 닿는 '발'이 세 개라 삼발이라고 부르기도 하지만, 엄밀히 말해 삼발이는 트라이포드tripod다.

여러 가지 형태의 소파블록 중 유독 테트라포드가 많이 보이는

• 1974년 출시된 추억의 목욕탕 음료 삼각 커피우유 그거의 정확한 이름은 '커피 포리'다. 정체불명의 단어 '포리'는 포장지 재질인 폴리에틸렌 필름에서 유래했다.

이유가 있다. 무게중심이 안정적인 삼각뿔 형태에 여러 개를 쌓아두면 서로의 다리끼리 맞물려 더 단단한 구조물이 되기 때문이다. 또 단순한 구조 덕분에 시공 및 유지 작업이 쉽다. 무엇보다 특허권이 만료돼 기술료를 지급할 필요도 없다. 이러한 강점 덕에 한국과 일본에서 시공 사례가 가장 많은 스테디셀러가 된 것이다.

테트라포드의 강점은 무성한 듯싶으면서도 듬성듬성하다는 것이다. 굴곡진 구조 덕에 여러 겹을 쌓아도 성긴 틈새가 생긴다. 테트라포드 더미와 부딪힌 파도는 산산이 부서지는 동시에 사이사이 빈틈으로 흐르며 빠르게 힘을 잃는다. 강경 대응이 아닌 유화책인 셈이다.

테트라포드는 1949년 프랑스에서 탄생했다. 프랑스 네르피크Neyrpic 산하 도피누아 수력 실험실 소속이었던 피에르 다넬Pierre Danel과 폴 앙글 도리악Paul Angles d'Auriac이 개발했고, 디자인 특허를 얻었다. 이후 1951년 모로코 카사블랑카에 위치한 호슈 누와흐 화력발전소의 해수 취수구에서 최초로 사용되었다.

워낙 크고 무겁다 보니 제작 방식도 독특하다. 테트라포드는 현장에서 만들어진다. 강철로 된 거푸집(주형) 조각을 해안으로 옮겨 조립한 뒤, 그 자리에서 타설(거푸집에 콘크리트를 부어 넣음) 작업을 진행한다. 이후 주형을 제거하고 약 한 달가량 굳혀 콘크리트가 단단해지면 제작 과정은 마무리된다. 다음은 설치 작업이다. 방파제 주변 바닥에 사석(잡석)을 깔아 기초공사를 하고, 큰 덩어리의 피복석으로 고정한 뒤 테트라포드를 크레인으로 들어서 원하는 위치에 놓는다. 가격은 크기에 따라 천차만별이지만 운송·설치 비용까지 합쳐 200~400만 원 정도로 알려졌다. 해양수산부가 발표한 2023년 항만공사 표준시장단가에 따르면 50톤급 테트라포드의 경우 개당 운송 및 설치를 제외한 제작비만 167만 원이었다.

강 생태계 복원에 쓰이는 콘크리트 덩어리

테트라포드만큼이나 흔하게 보이는 소파블록이 있다. 바로 돌로스dolos다. 돌로스는 1963년 남아프리카공화국 출신의 기술자 에릭 모브레이 메리필드Eric Mowbray Merrifield가 선박의 닻 모양에서 영감을 얻어 개발했다. 뒤틀린 알파벳 H 모양이 특징으로 시위 현장에서 참가자들이 서로 팔짱을 껴 스크럼을 짜듯 자기들끼리 얽히고 설켜 질량 대비 높은 안정성을 발휘한다.

메리필드의 일대기를 정리한 웹사이트의 기록에 따르면 그는 자신의 발명품이 널리 쓰일 수 있도록 특허를 받지 않았고, 덕분에 전 세계 방파제에 돌로스가 자리 잡게 됐다. 자신이 돌로스의 진짜 발명가라고 주장하는 오브

뒤틀린 H 모양의 돌로스

리 크루거Aubrey Kruger가 등장하면서 진실이 다소 복잡해졌지만, 두 사람이 모두 사망하면서 진상을 알 수 없게 됐다.

돌로스는 생태계를 위해 쓰이기도 한다. 거대한 콘크리트 덩어리가 환경에 무슨 도움이 될까 싶지만, 사실이다. 북미 태평양 연안 지역 강에서는 돌로스를 설치해 강물의 흐름을 안정화하고, 침식을 방지하며, 연어 서식지 및 강 생태계를 복원한다.

돌로스의 역할을 논하려면 우선 로그 잼log jam에 대해 알아야 한다. 로그 잼이란 강을 통해 벌목한 나무를 운송하거나, 자연재해로 쓰러진 나무가 강이나 하천을 따라 내려오는 과정에서 서로 엉키며 발생하는 정체 현상을 말한다. '일이 정체된 상황'을 뜻하는 단어 로그잼logjam의 어원이기도 하다. 통나무 몇 그루가 모인 동네 반상회 수준의 로그 잼도 있지만, 수백 킬로미터에 이르는 조선왕조 규모의 로그 잼이 600년 넘게 방치된 경우도 있었다. '거대한 뗏목'이라는 뜻의 그레이트 래프트great raft는 미국 남부 레드강과 아차팔라야강에 걸쳐 260킬로미터에 이르는 거대한 로그 잼이었고, 무려 12세기부터 19세기까지 그 자리를 지켰다.

벌목꾼 입장에서야 로그 잼은 운송을 방해하는 장애물이지만, 강 생태계 입장에서는 꼭 필요한 존재다. 로그 잼은 물살을 느리게 만들고 퇴적물을 쌓아 침식으로 인해 하천이 끊기는 걸 방지한다. 연어를 비롯한 어류들의 피난처이자 산란장으로서 중요한 역할을 하기도 한다. 특히 북미 지역의 담수 서식지가 차츰차츰 사라지며 종種의 존망을 위협받는 태평양 연어에게는 여느 때보다 로그 잼이 필요하다. 미국 컬럼비아대학교 산하 워싱턴주 보존 연구소는 2020년 발행한 보고서에서 태평양 북서부 연어 10~14종이 위협 또는 멸종위기에 처해 있고, 5종이 위기 상태라고 진단했다.

로그 잼이 생태계에 미치는 긍정적 영향을 알아본 이들은 '인공적인 로그 잼'을 만들기 시작했다. 이른바 ELJEngineered Log Jam이다. 사람들은 굴착기로 강바닥을 파고 통나무를 쌓고 구조물을 만들었다. 돌로스는 이 과정에서 질량과 결속력, 구조적 안정감을 바탕으로 ELJ를 더 단단하고 안정적으로 만들었다.

일본 기업 후도 테트라Fudo Tetra는 돌로스의 형태를 개량한 돌로스II를 만들고 2004년 이에 대한 특허를 낸다. 이게 무슨 상도의에 어긋나는 일인가 싶지만, 소파블록에 대한 독점적 디자인 특허, 그 중에서도 기존 디자인을 개선해 새 특허를 내는 경우는 꽤 흔하다. 한국에서도 연간 평균 수십 건의 소파블록 특허가 출원되고, 상당수가 등록된다.

돌로스II를 비롯한 일본산 소파블록은 국내 시장에서 큰 비중을 차지한다. 연간 4000억 원 규모(2019년 기준)로 추정되는 국내 시장에서 특허 기술료가 필요 없는 테트라포드가 전체의 61퍼센트를 차지했고, 일본 기술이 23퍼센트, 국내 특허 기술은 16퍼센트에 불과했다. 일본 제품 불매 운동이 한창이던 2019년에는 울릉항 방파제 보수공사에 일본 특허 제품을 사용했다는 보도가 나오면서 논란이 되기도 했다.

어떤 일에도 끄떡없을 것 같은 테트라포드지만, 천지를 뒤엎는 자연의 힘 앞에서는 무력해진다. 태풍이 지나가고 나면 어김없이 테트라포드 손상 및 유실 뉴스가 뒤따른다. 2011년 태풍 무이파, 2012년 볼라벤이 할퀴고 지나간 가거도항에서는 테트라포드 2,500여 개가 유실되기도 했다. 본분을 망각하고 뭍으로 올라오거나 출처를 알 수 없는 테트라포드가 발견되기도 한다. 2017년 울릉도 해안 인근 수면 아래에서는 10톤짜리 테트라포드 197개가 발견됐다. 표식이 사라져 누가 버렸는지 어디서 흘러왔는지 확인할 수 없어서 결국 인근 항만 공사에 재활용됐다.

칠순이 훌쩍 넘은 테트라포드는 앞으로 더 수고할 예정이다. 기후 변화 때문이다. 수온이 상승하면 대기가 불안정해지면서 바다 위 바람은 강해지고, 파고는 더 높아진다. 실제로 한반도를 덮친 태풍의 연 최고 강도는 1980~2020년까지 31퍼센트 증가했다. 유엔환경계획UNEP과 세계기상기구WMO가 공동 설립한 국제기구 기후 변화에 관한 정부간 협의체IPCC의 시나리오는 2100년이 됐을 때 지구의 평균 온도가 산업화 이전보다 최소 2.5도 이상, 지구 해수면은 2019년과 비교해 60~110센티미터 이상 상승할 것으로 예측했다. 해양 재해는 늘어나고 있지만 해안 지역에 거주하는 인구 역시 증가세를 보여 방파제, 소파블록 등 해양 안전시설의 필요성이 커지고 있다. 상황이 이렇다 보니 전 세계 방파제 시장 규모는 계속 성장할 것으로 추정된다.

서부영화에서 바람 따라 굴러다니는 풀 '그거'

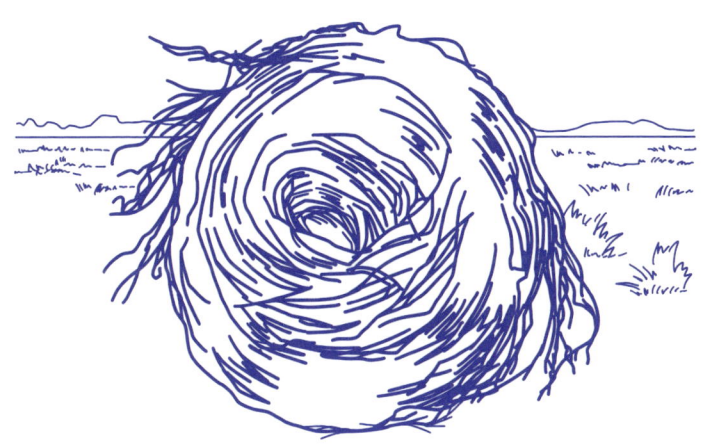

1. **회전초**回轉草
2. (미국) 텀블위드tumbleweed, 윈드위치windwitch

서부영화에 카우보이는 안 나올 수 있지만, 회전초가 없는 건 용납할 수 없다.

회전초다. 윈드위치(바람 마녀)라는 별명도 있다. 하나의 식물 종이 아니라 마른 줄기가 공처럼 뭉쳐 굴러다니는 여러 종류의 풀을 포괄해 지칭하는 이름이다. 지역마다 회전초의 종류는 판이하다. 콩과, 국화과, 백합과, 엉겅퀴 등 다양한 식물이 포함된다. 이 글에서는 미국 서부에서 흔히 볼 수 있는 러시아엉겅퀴salsola tragus에 한정해 설명한다.

씨앗을 퍼트리며 굴러다니는 황무지의 그거

두 명의 총잡이가 서로를 바라보며 서 있다. 허리춤에 갖다 댄 손가락은 미동도 하지 않는다. 술집의 나무 문이 성마른 바람에 흔들리고, 작부의 긴장한 눈빛이 어둠 속에서 반짝인다. 클린트 이스트우드는 세포 하나하나 찡그린 듯한 짜증 섞인 표정을 짓고 그 뒤로 굴러가는 회전초와 모래바람만이 정적을 깨트린다.

미국 서부개척시대 황무지의 상징과도 같은 식물이지만, 실상은 좀 다르다. 우선 서부영화 속 회전초의 이미지로 자리 잡은 러시아엉겅퀴는 19세기에 미국에 유입되었고, 19세기 말에 이르러서야 미국 전역으로 퍼졌다. 서부 시대의 끝자락쯤에나 등장한 셈이다.

이름에서 짐작할 수 있듯이 외래종으로, 유라시아 대초원에서 자생하던 회전초가 아마亞麻 씨와 함께 미국으로 건너와 퍼진 것으로 예상된다. 이런 점은 오히려 '이민자의 나라' 미국과 결이 통한다. 신대륙에서 생육하고 번성하여 그 땅을 정복했다는 점마저도 닮아 있다.

한해살이풀인 회전초는 가을이나 겨울 건기가 되면 마른 뿌리에서 줄기가 떨어져 나와 바람에 이리저리 굴러다닌다. 여유롭게 유유자적하는 것처럼 보이지만, 목적은 꽤 절실하다. 바로 씨앗을 퍼트리기 위해서다. 구르면서 발생하는 충격과 마모를 이용해 씨앗을 땅에 떨군다. 풀더미 크기에 따라 다르지만, 큰 개체는 수 킬로미터에 걸쳐 이동하며 씨앗을 최대 25만 개까지 퍼뜨릴 수 있다

미국 네바다주 농로에 있는 회전초

고 알려졌다.

식물학에 산포체散布體, diaspore라는 용어가 있다. 과일·종자·포자 등이 영양체에서 분리되어 이동하면서 다음 세대의 기반이 되는 조직을 뭉뚱그려 말한다. 산포체는 그 특성에 따라 바람을 타거나 물에 흘러가거나 동물의 털에 달라붙거나 과일을 먹은 동물이 씨앗을 배설하는 등의 과정을 거쳐 자손을 널리 퍼트린다. 회전초 역시 거대한 산포체다.

산포체의 영어 표기인 'diaspore'는 '흩어지다(이산離散)'를 의미하는 그리스어 διασπορά에서 유래했다. 단어를 더 쪼개보면 '너머'를 뜻하는 dia와 '(씨를) 뿌리다'라는 뜻의 speiro가 합쳐진 말이다. 같은 뿌리를 가진 단어가 하나 더 있다. 바로 자·타의로 고국을 떠나 타국에서 살아가는 민족 집단과 그 이동 현상을 뜻하는 디아스포라 diaspora다.

서부영화에서 회전초의 존재감은 그저 황량한 분위기만 묘사하고 퇴장하는 미미한 수준이지만, 실제로는 꽤나 위협적이다. 효과적인 씨앗 분산 전략과 잡초 특유의 왕성한 번식력·생장 속도가 만나면서 기하급수적으로 퍼져 나가기 때문이다. 수백수천 개에 달하는 회전초가 통통 튀며 거리를 뒤덮는 장면은 살짝 귀여운 공포 영화의 클라이맥스 장면이라고 해도 과언이 아니다.

뭐든지 오버사이즈인 미국답게 회전초 역시 사람의 신장을 훌쩍 넘겨 자동차 크기로 자라기도 한다. 잎 끝부분에 가시가 있어서 맨손으로 만지면 찔릴 수 있다. 도로 위를 굴러다니며 교통을 방해하거나, 하수도를 막고, 기계를 고장 낸다. 울타리나 집 벽에 수 미터 높이로 쌓이고 자기들끼리 얽히면서 사람을 가두기도 한다. 농작물이나 자생식물에 필요한 땅의 수분을 빨아들이면서 경쟁자의 생존을 위협한다. 산불과 들불을 일으키는 주범이기도 하다. 공기가 잘 통하는 마른풀 더미라니, 말 그대로 '굴러다니는 불쏘시개'다. 불붙은 회전초가 회오리와 만나 화염 회오리가 되는 장면은 가히 충격적이다. 회전초의 악행을 하나하나 나열해보니, 서부극의 웬만한 무법자 악당은 명함도 내밀기 어려울 정도다.

서부시대의 이미지를 만든 남자, 버펄로 빌

그렇다면 회전초에 서부영화의 감초 역할을 안긴 건 누구였을까. 버펄로 빌Buffalo Bill로 알려진 윌리엄 프레더릭 코디William Frederick Cody다. 그는 거칠고 낭만적이면서 가장 미국다운 서부개척시대의 이미지를 만들어낸 쇼비즈니스계의 선구자였다. 1846년 미국 아이오와주 농장에서 태어난 그는 말을 타고 우편물을 전달하는 우편배달부로 일하다 남북전쟁에 북군으로 참전했다. 인디언 전쟁에서 정찰병이자 안내인으로 활동해 민간인 신분으로 명예 훈장을 수여받기도 했다. 그는 제대 이후 들소 사냥꾼으로 전직해 철도 노동자들에게 들소 고기를 공급했는데, 18개월 동안 무려 4,282마리의 버펄로를 사냥했다. 버펄로 빌이라는 별명은 이때 얻은 것이다.

그의 화려한 경력과 모험담은 당대 유행하던 대중소설에 딱 맞는 소재였다. 그의 일대기는 소설과 연극으로 만들어져 인기를 끌었다. 1883년부터 그는 '와일드 웨스트'라는 이름의 순회공연을 시작한다. 야생동물 사냥과 말 경주, 사격 시범, 노래와 춤, 화끈한 로데오와 실감 나는 역사 재연극에 이르기까지 서부개척시대를 매력적으로 재창조한 종합 엔터테인먼트 공연이었다.

미국 서부 시대의 최고 유명인이자 서부 시대 그 자체인 인물, '버펄로 빌'

쇼는 미국 내 흥행에 힘입어 유럽 전역으로 퍼졌으며, 3만 명에 달하는 관중이 몰리기도 했다. 빅토리아 영국 여왕을 비롯한 유럽 왕족들도 극찬을 아끼지 않았다. 그 시절 버펄로 빌의 인기와 영향력은 '수염 난 테일러 스위프트'라고 해도 과언이 아니었다.

비록 그의 쇼는 서부시대에 대한 고정관념을 만들었다는 비판도 있지만, 사실 그는 무척 진보적인 인물이었다. 아메리카 원주민 인디언을 존중하고 시민권을 지지했으며 여성의 권리와 참정권을 주장하며 공정한 고용과 급여를 보장했다. 그는 한 언론과의 인터뷰에서 여성의 참정권에 관한 질문에 다음과 같이 대답했다.

"맞소. 큰 제목으로 버펄로 빌이 여성 참정권을 지지한다고 적어주시오. 여자가 남자의 자리를 빼앗는다고 투덜대는 작자들은 날 웃게 만들거든. 여성도 남성과 똑같은 일을 할 수 있고, 그렇다면 같은 임금을 받는 게 마땅하지."

버펄로 빌은 서부시대의 상징으로 회전초를 선택했다. 바람과 함께 자유롭게 떠도는 회전초가 서부시대의 방랑자 혹은 개척자, 거친 야생과 닮은 덕이다. 회전초는 와일드 웨스트 쇼의 초창기 홍보 전단지에서부터 등장하며 카우보이와 인디언, 총잡이와 함께 시대의 아이콘으로 거듭난다. 그는 1913년 파산하며 쇼를 끝냈지만, 이후 등장한 모든 서부영화들의 원형으로 남아 명맥을 이어간다. 물론 회전초도 함께다.

일하다

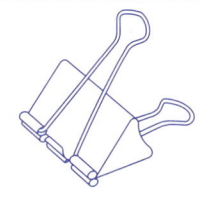

직장에서 만나는 사물들의 이야기

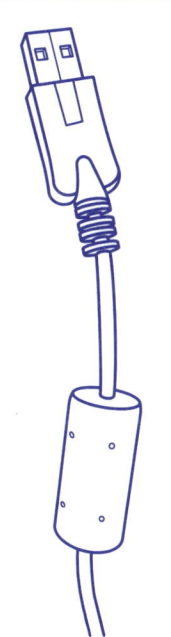

연필과 꼭지 지우개 사이 이음쇠 '그거'

1. **페룰** ferrule

한 수험생이 긴장한 얼굴로 연필의 페룰을
잘근잘근 씹고 있었다.

페룰이다. 연필과 꼭지에 달린 지우개를 연결하는 이음쇠를 말한다. 페룰은 연필뿐 아니라 사물을 연결하거나 고정하거나 끝에 끼우는 용도로 쓰이는 모든 끼움고리와 이음관을 통칭한다. 지팡이나 우산, 깃대의 끝에 끼우는 쇠를 뜻하는 '물미'도 페룰이다. 골프채에서 헤드와 샤프트 연결부를 덮는 플라스틱도 마찬가지다. 붓에서 자루와 붓털을 연결하는 금속관도, 이 책에서 설명한 애글릿도 페룰의 일종이다. 이쯤 되면 기승전페룰, 만물페룰설이다.

연필 끝에 모자처럼 지우개를 달아주는 그거

연필은 펜과 달리 지워진다는 점이 매력적이다. 연필이 없으면 지우개는 고무 덩어리일 뿐이고, 지우개 없는 연필은 깎아 써야 하는 불편한 필기구에 불과하다. 이처럼 불가분의 관계이건만 막상 지우개는 필요할 때 보이지 않는다. 지우개 달린 연필은 이에 대한 완벽한 해결책이었다.

'떼려야 뗄 수 없는 관계면 뗄 수 없게 만들어라'라는 코페르니쿠스적 발명을 한 사람은 미국 필라델피아에 살던 하이먼 리프먼Hymen Lipman이다. 그는 1858년에 '지우개 달린 연필' 특허를 받고,

1862년에 조지프 레켄도퍼Joseph Reckendorfer에게 10만 달러에 특허권을 팔았다. 1860년 에이브러햄 링컨 대통령의 대선 자금이 10만 달러였다는 점을 생각해보면 어마어마한 금액이다. 레켄도퍼는 이 발명품의 가치를 알아보고 통 큰 투자를 단행한 것이다. 하지만 연필 제조회사 에버하드 파버Eberhard Faber가 지우개 달린 연필을 만들어 팔기 시작하면서 소송전이 시작됐고, 1875년 미국 대법원은 "기존 물건들을 단순히 붙여놨을 뿐"이라며 특허무효 판결을 내렸다. 레켄도퍼의 통 큰 투자는 이렇게 실패로 돌아갔다.

리프먼의 이야기는 평범한 발상이 대단한 발명으로 이어진 성공담으로 포장돼 전승되고 있다. 기사나 서적 등에서는 이 일화를 다음과 같이 설명한다. 가난한 화가 지망생이던 청년 리프먼은 건망증 때문에 지우개를 자주 잃어버려 고민이 깊었다. 그는 모자를 쓴 자기 모습에 영감을 받아 양철 조각으로 연필 끝에 지우개를 고정했다. 이를 본 지인이 특허 출원을 권유했고 리프먼은 특허를 매각한 돈으로 인생 역전에 성공했다. 그리고 이 이야기는 전부 거짓말이다.

일단 리프먼은 가난한 화가 지망생이 아니었다. 그는 1817년에 자메이카에서 태어나 미국으로 건너왔고, 지우개 달린 연필 특허를 냈을 때는 1858년, 42세였다. 불혹의 나이에도 화가를 꿈꾸는 '영원한 청년' 같은 비유였을까. 사실 그는 미국 최초의 봉투 회사를 세운 건실한 사업가이자 발명가였다. 그의 배우자는 내로라하는 필라델피아 약학대학 설립자의 딸이었다.

양철 조각, 지금의 페룰로 지우개를 붙였다는 것도 거짓이다. 특허출원 문서 원본을 보면 리프먼은 연필 뒷부분 일부를 흑연심 대신 지우개 심으로 대체한 연필을 발명했다. 즉, 지우개를 사용하기 위해서는 겉을 둘러싼 나무 부분을 깎아야만 했다.

곳곳이 허점투성이인 이야기가 왜 널리 퍼졌는지 모를 일이다. 일본의 웹사이트에도 유사한 이야기가 올라간 것으로 미루어 볼 때 일본의 엉터리 자료들이 한국에 잘못 소개된 게 아닐까 추측할 따름이다.

아마도 가난한 화가 지망생 청년의 인생 역전 성공담이 사람들의 구미를 더 당기기 때문일 것이다. 사람들은 극적인 이야기를 사랑한다. 건실하고 부유한 사업가의 탄탄대로 인생에 작은 성공 한

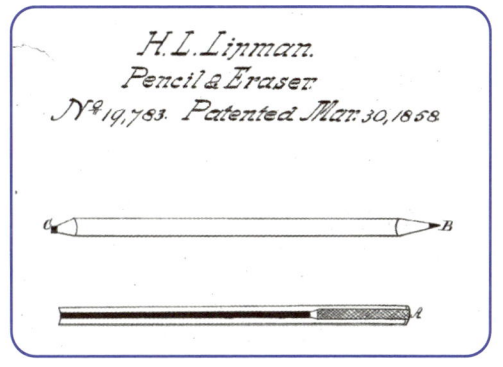

하이먼 리프먼의 1858년 지우개 달린 연필 특허 US19783A. 페룰이 없는 형태를 확인할 수 있다.

방울을 보태는 것보다 언더도그의 '역주행 분투기'가 더 매력적인 법이다. 하지만 남의 인생을 멋대로 각색하는 것은 곤란하다.

노트북 전원 케이블에 달린 원통 같은 '그거'

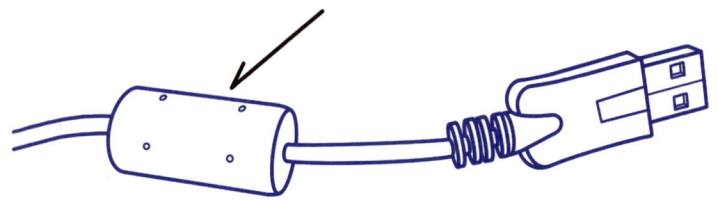

> 명사

1. **페라이트 코어**ferrite core, 노이즈 필터noise filter
2. (미국) EMC 코어, 페라이트 비드ferrite bead, 페라이트 초크ferrite choke

> 예문

페라이트 코어를 이용하면 앰프의 음질이 확실히 향상된다.

페라이트 코어다. 노트북을 비롯한 전자기기의 전원선에서 USB 데이터 케이블 끝부분에 달린 원통 같은 그것이다. 케이블을 감싸 전자파 간섭을 막아주고 고주파 노이즈를 제거하는 역할을 한다. 덕분에 TV의 화질이 좋아지고, 앰프의 음질이 향상되고 잡음이 사라진다. DMB 안테나 수신율이 올라가며, 차량 블랙박스와 내비게이션의 간섭이 줄어들고, 인터넷 속도도 빨라진다.

장착하기만 하면 엄청난 성능을 보여주는 그거

흔히 노트북 케이블에 달린 완제품이라고 생각하지만, 원하는 곳에 누구나 쉽게 장착할 수 있다. 한 오픈마켓 판매자는 페라이트 코어를 냉장고, TV, 라디오, 전기밥솥, 비데 등에도 사용할 것을 권장한다. 한 개보다는 두 개, 두 개보다는 세 개를 달면 효과가 증대된다고도 한다. 불법 다단계 판매업체에서 옥장판을 비싸게 팔아먹으며 무병장수 운운하는 소리 같지만, 페라이트 코어의 경우에는 모두 사실이다.

페라이트는 자성을 띤 세라믹의 일종이다. 산화철 가루에 망간, 구리, 니켈, 마그네슘 등 다양한 원료를 섞어 고온 고압 처리해서 만든다. 원하는 모양으로 만들기 쉽고 저렴한지라 여러 분야에서 활용된다. 장식용 소품인 냉장고 자석에도 페라이트가 쓰인다.

페라이트 코어는 플라스틱 원통 케이스에 도넛 모양의 페라이트 물질이 들어 있어 케이블 등을 감쌀 수 있다. 영미권에서는 페라이트 비드란 명칭이 일반적이다. 실에 꿴 구슬과 닮았기 때문이다. 페라이트 코어는 페라이트의 자성으로 케이블에 흐르는 신호에서 노이즈를 제거하고, 전자기적 간섭을 일으키는 고주파를 차단해 성능 저하를 방지한다.

별도로 판매하는 탈착형 페라이트 코어는 원통형 케이스 내부에 여유 공간이 있어서 케이블을 몇 번 감아 통과시키면 그 횟수의 제곱에 비례해 노이즈 차단 효과가 더 커진다. 물론 페라이트 코어가 만능은 아니다. 오디오 스피커 케이블은 페라이트 코어 때문에 오히려 소리에 안 좋은 영향을 준다는 의견도 있다.

기기와 케이블의 상태에 따라 다르긴 하지만 페라이트 코어의 성은을 입으면 개당 몇백 원 수준의 저렴한 가격으로 확실히 효과를 볼 수 있어 대부분은 이전으로 되돌아가지 못한다. 페라이트 코어를 한 번도 사용하지 않은 사람은 있어도 한 번만 사용한 사람은 없다는 얘기가 괜히 나온 게 아니다(실은 나온 적 없다).

71
키보드 자판에
숫자, 문자 말고 '그거'

~ ! @ # $ ^ & * ( )

명사

1. `   **억음부호**, 그레이브 악센트grave accent, 역따옴표, 백틱backtick
2. ~   **물결표**, 틸드tilde, 지렁이, 스위글swiggle
3. !   **느낌표**, 익스클러메이션 마크exclamation mark, 스크리머screamer, 뱅bang
4. @   **골뱅이**, 앳 사인at sign, 앳
5. #   **넘버 사인**, 우물정, 샵, 해시hash
6. $ **달러 표시**, 달러 사인

7. % **백분율 기호**, 퍼센트 기호
8. ^ **삿갓(표)**, 곡절부호, 캐럿caret, 서컴플랙스circumflex
9. & **앰퍼샌드**ampersand, 앤드사인and sign, 꽈배기
10. * **별표**, 애스터리스크asterisk, 스타star, 곱하기, 백설표
11. () **소괄호**, 퍼렌서시스left·right parenthesis
12. - **하이픈**, 하이픈-마이너스, 줄표, 붙임표, 빼기표, 다시(대시의 일본식 발음)
13. _ **언더바**, 밑줄문자, 언더라인, 언더스코어
14. + **더하기표**, 플러스 사인
15. = **등호**, 이퀄사인
16. \ **역슬래시**, 백슬래시
17. ₩ **원화 표시**
18. | **수직선**, 버티컬바vertical bar, 파이프, 브이바vbar
19. [] **대괄호**, 브래킷bracket, 각괄호
20. {} **중괄호**, 집합기호, 브레이스brace
21. ; **세미콜론**, 쌍반점, 머무름표
22. : **콜론**colon, 쌍점, 그침표
23. ' **작은따옴표**, 홑따옴표, 싱글쿼트single quote
24. " **큰따옴표**, 겹따옴표, 쿼테이션 마크quatation mark, 더블쿼트double quote
25. / **슬래시**slash, 빗금
26. ? **물음표**, 퀘스천 마크
27. . **마침표**, **풀스톱**full stop, **피리어드**period
28. <> **부등호**, 각괄호, 꺽쇠, 레스·그레이터 댄 사인less·greater-than sign
29. , **쉼표**, 반점, 콤마
30. ctrl **컨트롤키**
31. shift **시프트키**
32. alt **알트키**, 얼터너티브키alternative key, 올터alter
33. num lock **넘락**, **뉴머릭락**numeric lock
34. caps lock **캡스락**, 캐피털스락capitals lock
35. esc **이에스씨**, 이스케이프키escape key
36. tab **탭키**, 태뷸레이터키tabulator key
37. prtscr **프린트스크린**

예문

네, 전산실입니다. 전원 껐다 켜보셨어요? 안 꺼지면 알트컨트롤델키 누르시고요.

키보드를 보면 문자나 숫자 말고도 다양한 문장부호가 적혀 있다. 매일 쓰는 친숙한 부호임에도 불구하고 그 이름은 모르는 경우가 태반이다. 숫자 키패드를 포함한 일반적인 레이아웃의 풀 사이즈 키보드는 총 106개의 키를 갖고 있다. 영어·한글 문자 키 26개, 숫자 키 10개, 편집 키 9개, 방향 키 4개, 숫자 키패드 10개, 펑션 키 12개, 특수 키 18개, 문장부호 17개로 구성된다. 워낙 종류가 많으니 헷갈리는 것만 짚어보자.

알고 보면 각자의 이름을 가진 키보드 부호 그거

아포스트로피apostrophe는 영어 시간에 배우는 I'll be back이나 '89(1989년)처럼 문자를 생략하거나 소유격 표시를 위해 사용하며 작은따옴표와 같은 모양이다. 엄밀히 따지면 다른 부호지만 기계식 타자기 시절 키를 아끼기 위해 혼용해서 쓰던 것이 굳어졌다. 이후 컴퓨터에서 문자를 표현하기 위해 1963년 미국에서 내놓은 표준 전산 부호 체계 아스키코드에서도 특수문자 자리가 부족해(32개) 선대 타자기의 근검절약 정신을 이어받았다.

\와 ₩는 과거사가 복잡하다. 나라마다 부르는 이름도, 생김새도 다르다. 먼저 한국어 글꼴에서 ₩는 원화 기호다. 하지만 일본에

서는 ¥(엔화 기호)로 표시되고 영어 글꼴에서는 \로 나온다. 같은 키를 눌렀는데 세 가지 다른 결과물이 튀어나오는 셈이다.

이게 다 일본 때문이다. 일본이 1969년 아스키코드에 대응하는 문자 체계 JIS X 0201을 지정하면서 역슬래시를 엔화 기호로 바꿔 버렸고, 이후 한국에서도 KS X 1003이라는 로마문자 체계를 만들면서 일본의 사례를 참고해 원화 기호를 넣어버렸다. 이로 인해 컴퓨터가 \, ¥, ₩ 세 종류의 문자를 모두 같은 문자로 이해하는 상황이 발생한 것이다.

일반 사용자 입장에서는 역슬래시보다 화폐 기호가 있는 편이 유용하겠지만, 문제는 글꼴 환경에 따라 혼동을 야기할 수 있다는 점이다. 한글 글꼴에서 ₩100이라고 썼다면 일본어 글꼴에선 ¥100으로 보일 테니 기호 때문에 열 배 가까이 액수가 차이 나는 셈이다. 이 문제를 해결하기 위해 어떤 글꼴에서도 ₩, ¥로 보이는 특수 문자도 생겼다.

또 다른 문제는 역슬래시가 컴퓨터 프로그래밍에서는 자주 쓰이는 부호라는 점이다. 도스 시절을 기억하는 사람이라면 'rename c:\game\pm2\dd.lbx dd2.lbx' 같은 식의 명령어를 기억할 것이다. 역슬래시는 이처럼 디렉토리나 파일의 경로를 나타내는 용도로 쓰이며, 한국 한정으로 C:₩Windows₩System32₩처럼 표기된다.

`는 억음부호, 그레이브 악센트라고 한다. 아포스트로피로 혼동하는 경우가 많다. 아포스트로피는 I'm이나 let's처럼 로마자 알파벳 축약어를 문자로 표기하거나 음절을 구분할 때 사용한다. 반면

억음부호는 프랑스어, 포르투갈어, 베트남어 등에 사용되는 발음 구별 기호로, à, è처럼 로마자 위에 붙여 표기한다. 억음부호 역시 타자기 시절의 유산이다. 당시에는 a키를 치고 한 글자만큼 거꾸로 이동해 다시 `를 쳐 à 문자를 완성했기 때문이다. 현재 문자 체계에는 a와 à가 다른 문자로 구분돼 있기 때문에 더는 필요 없는 기능이다.

@의 우리말 공식 명칭이 골뱅이라는 사실을 아는 사람은 드물다. 당연히 별칭으로 생각하겠지만, 엄연히 사전에 등재된 표준어다. 표준국어대사전에서는 골뱅이에 대해 다음과 같이 설명하고 있다.

> 골뱅이. 명사. 1. 수염고둥과의 동물. 원뿔형이며 나사켜에 두 줄의 굵은 나륵螺肋이 있다. 각정은 흑갈색이며, 껍데기의 높이는 6.5센티미터이며 지름은 4센티미터이다. (중략) 2. 인터넷 주소에서 사용자의 아이디와 도메인 이름 사이에 쓰는 기호 '@'를 가리키는 말. 모양을 본떠 지은 말이다.

@의 기원에 대해서는 여러 가지 추측이 무성하다. @이 최초로 발견된 문서는 1345년 마나세스 연대기의 불가리아어 번역본으로, 아멘amin의 a를 @로 표기했다. 이후 @는 15세기 포르투갈 등지에서 25파운드(약 11킬로그램)에 해당하는 무게 단위인 아로바arroba의 약자로 쓰였다. 가격을 나타내는 약어(개당 @1달러)로도 쓰기도 한다.

일상생활에서는 무명에 가까웠던 @가 일약 스타덤에 오르게 된 것은 이메일 덕분이다. 더 자세히 들어가면 인터넷의 전신인 아르파넷ARPAnet이 막 개화하던 1971년 최초의 전자우편을 '발명'한 프로그래머 레이 톰린슨Raymond Tomlinson 덕이다. 그는 이메일 주소 체계를 만들면서 사용자 이름과 컴퓨터 네트워크 주소를 구분해주는 기호로 @를 택했다. 이유는 아무도 쓰지 않는 기호라서 용도가 겹치지 않았기 때문이다. 기쁜데 슬프다.

@의 독특한 모양 때문에 나라·언어권마다 호칭이 다양하다. 원숭이 꼬리(네덜란드), 돼지 꼬리(노르웨이), 코끼리 코(덴마크), 거미원숭이(독일어), 작은 개(러시아), 원숭이(폴란드·불가리아), 달팽이(이탈리아), 쥐(대만), 청어 절임(체코), 고양이 꼬리(핀란드), 벌레(헝가리), 사자(말레이시아) 등이다. 동물의 사육제가 따로 없다.

^는 `처럼 글자 위에 찍는 발음 기호중 하나인 곡절 부호(서컴플렉스)로 쓰이거나 컴퓨터 환경에서 윗첨자 대신 지수(2^3=2의 3제곱)를 표시할 때 쓰이기도 한다. 원래 용법대로라면 거의 쓸 일이 없는 비인기 기호지만, 한국에서는 유구한 역사와 전통의 이모티콘 ^^ 덕분에 활용 빈도가 매우 높다. 서양쪽 온라인 커뮤니티에서는 위쪽을 가리키는 화살표로 쓰인다.

재밌게도 웃는 표정을 나타내는 이모티콘을 보면 동서양의 차이가 명확하다. 일본 홋카이도대학교의 유키 마사키結城雅樹 행동과학과 교수는 동양 문화권에서는 상대의 감정을 눈으로 파악하고, 서양 문화권에서는 입으로 파악하는 경향이 강하다고 발표했다. 이모티콘에도 그 점이 반영돼 동아시아에서는 ^^, ㅠㅠ가, 서구권에서는 :), :(가 각각 웃는 얼굴과 슬픈 얼굴을 나타낸다는 것이다. 영국에서도 표정을 읽는 실험을 통해 비슷한 결과를 도출했다.

이모티콘 :-)의 생일은 정확히 1982년 9월 19일 오전 11시 44분이다. 미국 카네기멜런대학교 컴퓨터과학과의 스콧 팔먼 교수가 교내 온라인 게시판에 올린 :-)가 최초다. 그는 "인터넷에 글만 쓸 수 있었던 시대에는 상대방의 표정을 알 수 없어 서로 다투는 경우가 발생했다."라며 글자로 감정을 표현할 수 있는 방법, 즉 이모티콘을 발명했다. 대단한 업적이다.

이름을 아는 사람보다 모르는 사람이 더 많을 것 같은 &의 이름은 앰퍼샌드다. 꽈배기처럼 꼬인 모양은 '~와(and)'를 의미하는 라틴어 et에서 온 것이다. 필사 속도와 가독성을 높이기 위해 두 개의 문자를 한 글자로 합치는 것을 '합자合字'라고 하는데 et도 합자의 과정을 거쳐 1,000년이 훨씬 넘는 기간 동안 점차 &로 변화했다.

앰퍼샌드의 발음 역시 라틴어에 빚지고 있다. 19세기 초 영미권 학교에서 &를 27번째 알파벳으로 가르치면서 알파벳을 순서대로 외울 때 "……X, Y, Z and per se &(and)"라고 읽혔던 것이 축약되고 원래 의미가 희미해지며 앰퍼샌드라는 이름으로 자리 잡았다. 1837년에는 영어사전에 당당히 이름을 올렸다. 퍼 세이per se는 라틴어 어구를 그대로 가져온 영단어로 '그 자체로by/in itself'란 뜻이다. "……X, Y, Z, 그리고 그 자체로 &." 앤드 퍼 세이 앤드(앰퍼샌드), 참 쉽죠?

et가 &가 되는 마법. 대략 4번째부터 억지가 보인다.

글자 대신 이상한 그림 나오는 폰트 '그거'

명사

1. **딩뱃**dingbat
2. 장식 활자, 심볼 폰트symbol font, 파이 폰트pie font

예문

등산 카페 댓글에 @)──---- 장미 한 송이와 @)))))) 김밥 한 줄 투척하고 홀연히 떠나는 어르신들에게서 딩뱃의 향기가 났다.

딩뱃이다. 숫자나 알파벳 대신 그림 문자만으로 구성된 특수 글꼴을 뜻한다. 원래는 활자를 집자(배열)해서 조판 및 인쇄하는 옛 활판인쇄 체계에서 사용했던 장식용 문자나 공백 문자를 가리키는 단어였다. 활판인쇄가 사라진 현재는 컴퓨터로 자리를 옮겼다. 알파벳이나 숫자 키를 누르면, 해당 문자에 할당된 그림이나 심볼이 대신 출력된다.

장식용 그림 문자 그거

대표적인 딩뱃 폰트로는 마이크로소프트에서 제작한 윙딩체 Wingdings와 웹딩체Webdings가 있다. 왠지 귀여운 이름의 두 서체 모두 윈도에 기본으로 설치돼 있다. 글꼴에 상관없이 똑같이 보이는 특수문자와는 다르다.

2001년 미국 9·11 테러 이후 딩뱃 폰트와 관련한 괴담이 퍼진 적이 있다. '쌍둥이 빌딩'인 세계무역센터와 충돌한 여객기의 편명이 'Q33NY'이며 이 글자를 윙딩체로 변환하면 비행기가 쌍둥이 빌딩에 돌진하는 모습이 등장했다가 해골과 다윗의 별로 바뀐다는 것이다. 물론 헛소문이다. 세계무역센터에 충돌한 비행기는 아메리칸 항공 소속의 AA11편과 유나이티드 항공 소속의 UA175편이었다.

그렇다면 스마트폰과 SNS 등에서 쓰이는 이모지emoji는 뭘까. 이모지는 '그림 문자'를 뜻하는 일본어 에모지絵文字에서 유래한 말이다. 1999년 처음으로 개발돼 일본의 휴대전화 문자 서비스에서만 쓰이다가 2008년 아이폰3G 일본 출시를 기점으로 스마트폰에도 도입됐다. 지금은 만국 공통의 그림 언어로 자리 잡았다. 옥스퍼드 사전은 2015년 올해의 단어로 '기쁨의 눈물을 흘리는 얼굴face with tears of joy' 이모지를 선정하기도 했다. 말이 통하지 않는 외국에서 의사소통할 목적으로 다양한 이모지가 인쇄된 티셔츠를 판매하는 업체도 등장했다.

기존의 문자와 숫자, 기호, 특수문자 등을 조합해 감정을 전달하는 이모티콘은 이모지의 대선배다. 이름은 비슷하지만, 이모지가 일본어에서 유래한 것과 달리 이모티콘은 감정emotion과 기호icon를 합친 영어

기쁨의 눈물을 흘리는 얼굴

조어다. -_-, ㅠㅠ처럼 표정을 묘사해 감정을 표현하는 식이라 일본에서는 가오모지顔文字(얼굴문자)라고 부른다.

서류 뭉치를 철하는 형형색색 집게 '그거'

> 명사

1. **더블클립**double clip
2. (미국) 바인더 클립binder clip, 뱅커스 클립banker's clip, 폴드오버 클립foldover clip

> 예문

더블클립으로 사무실 서류 뭉치를 정리하기 시작했다.

더블클립이다. 영미권에서는 바인더 클립이라고 한다. 당신이 사무직이거나 서류가 오가는 업무를 한다면 책상 위든 서랍이든 어딘가에서 더블클립이 굴러다니고 있을 것이다.

서류 정리에 꼭 필요한 그거

철판을 삼각기둥 모양으로 구부려놓은 더블클립의 철사 손잡이는 용도에 따라 펼치거나 눕히거나 아예 뺄 수도 있다. 더블클립은 전통적인 납작한 클립에 비해 더 두꺼운 서류 뭉치를 안정적으로 철할 수 있고, 더블클립으로 서류들을 철하고 손잡이를 아래로 접어놓으면 손잡이가 차지하는 공간도 최소화할 수 있다. 그 덕분에 더블클립은 스테이플러와 함께 '서류 정리'의 양대산맥으로 군림하고 있다.

디자인만 보면 현대의 발명품으로 오해하기 쉽지만, 더블클립은 100년이 넘는 역사를 지닌 노장이다. 워싱턴DC에 살았던 루이스 E. 발츨리Louis E. Baltzley가 1910년에 발명한 것으로 알려져 있다. 그는 다섯 번에 걸친 디자인 수정 끝에 1915년 특허를 취득했다. 그의 증조부는 최초의 현대적인 재봉틀을 발명한 일라이어스 하우Elias Howe이며, 부친인 에드윈 발츨리Edwin Baltzley 역시 여덟 건의 특허를 보유한 발명가였다. 루이스가 더블클립을 만든 계기도 발명가이자 작가였던 아버지가 원고를 쉽게 철할 수 있도록 돕기 위해서였다. 효자인데 머리까지 똑똑하다.

그럼 더블클립 말고 '그냥 클립'은 언제 만들어졌을까. 철사를 굽혀 만드는 페이퍼 클립은 1867년에 최초로 특허 출원됐고, 지금과 같은 모양은 정확하진 않지만 1870년대부터 생산된 것으로 알려져 있다.

클립을 논하면서 노르웨이와 관련된 일화를 빼놓을 수는 없다. 이 황당한 사건은 최초의 클립을 발명한 사람이 노르웨이인이라는 착각에서 비롯되었다. '노르웨이 민족의 상징' 클립의 탄생 배경이자, 한마디로 축약하면 노르웨이판 자아도취다.

노르웨이의 요한 발러Johan Vaaler라는 사람이 1899년 독일, 1901년 미국에서 클립의 특허를 받았다. 그러나 클립은 이미 영국의 젬 매뉴팩처링 컴퍼니Gem Manufacturing Company에서 생산되고 있었고, 발러의 클립은 완성도와 기능성이 떨어져 널리 보급되지도 못했다. 하지만 노르웨이 국민들은 클립을 '노르웨이의 한 천재가 만든 획기적 발명품'으로 여겼다. 이 허구의 신화는 1920년대 노르웨이 특허청의 직원이 독일에서 발러의 특허권을 발견하고, 최초의 클립 발명가로 보고서를 쓰면서 시작됐다.

2차 세계대전이 한창이던 1940년 나치 독일이 노르웨이를 점령하고 괴뢰정부를 세웠을 때, 클립은 저항운동의 상징으로 사용됐다. 당시 노르웨이의 국왕이었던 호콘 7세는 나치 독일의 최후통

첩을 거부하며 영국에 망명정부를 꾸리고 전쟁이 끝날 때까지 항전했다. 노르웨이 국민은 그 모습을 보며 저항 의지를 이어 나갔고, 애국심을 담아 국왕의 이니셜 H7이 새겨진 핀을 옷깃에 꽂았다. 독일 당국이 이 핀을 금지하고 착용한 사람을 처벌하기 시작하자 대안으로 클립을 선택했다. 마침 클립의 용도란 따로 떨어진 것을 한데 묶어주는 것이라고 보니 '결속'을 의미하기에도 이보다 좋은 건 없었다.

전후 '클립의 신화'는 더욱 공고해졌다. 역사책과 백과사전에는 세기의 발명에 관한 이야기가 덧붙었다. 1989년 노르웨이 산드비카의 한 대학 캠퍼스에는 발러를 기리는 7미터 높이의 클립 조형물이 세워질 정도였다. 다만 발러의 특허가 아닌 영국 젬의 클립 모양인 것이 옥에 티다. 1999년에는 발러의 클립 특허 출원 100주년 기념 우표가 발행됐는데, 여기에서조차 클립은 젬의 모양이다. 이 정도면 알고 놀리는 수준이다. 발러 본인이 보았다면 '내가 만든 게 아니라니까'라며 당황해하지 않았을까.

직장인들이 목에 걸고 다니는 '그거'

명사

1. **랜야드**lanyard
2. 명찰줄, 사원증 목걸이
3. (군사 용어) 피탈방지끈

예문

구내식당 최애 메뉴인 제육을 막 먹으려는 찰나 랜야드에 걸린 사원증이 먼저 식판에 빠지고 말았다.

랜야드다. 끈을 의미하는 프랑스어 lanière에서 유래한 단어로 신분증이나 출입증 따위를 목에 걸 때 쓰는 가는 끈을 의미한다. 국내 온라인 쇼핑몰 등에서는 명찰줄, 사원증 목걸이 등으로 명기하지만, 정확한 우리말은 없다. 국립국어원에서도 랜야드의 우리말 표기에 대해 "해당 단어를 찾을 수 없다."라고 답변을 남겼다.

군대에서 무기를 고정하기 위해 사용했던 그거

외래어표기법에 따르면 래니어드라고 표기해야 하며, 랜야드와 혼용하고 있다. 넥 스트랩, 넥 홀더 등의 표현도 있지만 랜야드나 명찰줄처럼 대중적인 표현은 아니다. 넥 스트랩은 사원증보다는 간편한 휴대를 위해 카메라, 휴대전화와 같은 물건에 끼우는 용도에 가깝다.

엄밀히 말하면 랜야드는 목에 거는 줄 부분만 지칭하고, 사원증이나 사원증 케이스는 포함하지 않는다. 신분증을 끼우는 케이스는 영미권에서 배지 홀더badge holder, ID 홀더 등으로 부른다. 랜야드 중에서 신분증 부분만 잡아당겨서 쓰는 형태는 릴홀더라고 한다.

랜야드라는 용어는 15세기 프랑스 군대와 국가 공인 해적선인

사략선에서 최초로 사용한 것으로 알려져 있다. 원래는 선상에서 호루라기나 무기를 떨어트리지 않도록 고정하는 가죽끈이었다. 흔들거리는 배에서 생활하는 해군뿐 아니라 말을 타고 돌진하는 기병에게도 랜야드는 필수품이었다. 기마 상태에서 무기를 떨어트리지 않고 자유롭게 쓰려면 무장을 단단히 고정해야 했기 때문이다.

근대 유럽의 병과 중 말을 타고 이동해 지상에서 전투하는 승마보병, 드라군dragoon(용기병)은 머스킷이나 리볼버 같은 총기와 세이버 같은 도검 등 다양한 장비로 무장했다. 그들은 도검 자루에 끈을 달아두고 전투 시에 손에 단단히 동여맸는데, 이 끈의 이름은 드라군에서 유래한 드라곤느dragonne다. 지금도 프랑스에서는 목에 거는 긴 랜야드는 랜이에르, 짧은 손목 스트랩은 드라곤느라고 부른다. 프랑스어 발음으로는 드해건에 가깝지만, 루이비통 한국 사이트에서 드라곤느라고 표기하고 있으니 넘어가자.

고려·조선 시대 전통 도검인 환도環刀에도 랜야드가 달려 있었다. 칼자루에 매다는 장식용 끈, 홍조수아紅條穗兒가 그것이다. 홍조수아는 드라곤느와 마찬가지로 손목에 묶는 방식으로 무기를 고정했다.

이후 랜야드는 군복에 권총이나 도검 등을 연결하는 방식으로 발전해 전투 중에 무기를 잃어버리거나 적에게 뺏기는 불상사를 방지했다. 랜야드는 19세기 말에 이르러 영국 왕립포병 군복의 일부로 정착한다. 야전포를 발사하기 위한 핵심 장비를 랜야드에 연결해 군복 가슴 주머니에 넣어 안전하게 보관했다. 군인은 무료해

지면 귀찮은 일을 자처하는 족속인지라, 랜야드 역시 점점 복잡한 방식으로 땋으면서 지금은 군복의 장식 요소가 됐다.

어떤 랜야드는 지금도 현역이다. 총기피탈방지끈이란 이름으로 불리며 경찰의 권총 등에 연결해 총기 분실 및 탈취를 막는다. 총기가 아니기 때문에 국내에서도 판매하지만, 경찰이 사용하는 공식 랜야드(권총피탈방지끈)는 경찰 공무원만 구매할 수 있다. 캐나다 기마경찰RCMP의 행사용 제복에도 랜야드가 있다. 붉은 제복에 어울리지 않는 하얀 끈이 목걸이처럼 걸려 있는데, 이 끈의 끝은 옆구리 권총집 속 권총으로 이어진다.

나는 새도 떨어뜨린다는 군부대 직속 장성도 제대 이후엔 그저 푸근한 옆집 아저씨가 되듯, 민간으로 영역을 넓힌 랜야드는 사원증과 출입증 목걸이 줄로 제2의 삶을 살게 됐다. 목에서 달랑거리는 랜야드는 손에 든 대용량 아이스 아메리카노와 함께 K-직장인을 상징하는 아이템이 되었다. 뉴요커의 여유인 줄 알았던 커피 한 잔은 알고 보니 피곤을 잊기 위한 생명수였다. '훗- 내가 이런 회사에 다닌다고'라는 자부심이라고 여겼던 랜야드는 귀찮은 '개 목걸이' 취급을 받고 있다. 사원증이 좋은 건 회사 근처 커피숍에서 사원 할인을 받을 때뿐이다.

하지만 그 개 목걸이는 누군가의 로망이다. 2017년 잡코리아와 알바몬이 대학생을 대상으로 실시한 직장 생활 로망 설문조사에 따르면 1위가 바로 '사원증 걸고 다니기'였다. 이를 직장 생활을 해보지 않은 사람만 말할 수 있는 순진한 대답이라고, 회사에 의탁한

얄팍한 자존감이라고 폄훼할 필요는 없다. 반짝거리는 새 사원증을 랜야드에 연결해 목에 걸었을 때 느낀 고양과 소속감은 누구에게나 값진 경험이기 때문이다. 나이도 생각도 제각각인 직장 동료들이, 모든 차이를 넘어 한 집단의 소속으로 묶이게 해주는 것은 랜야드가 지닌 힘이다.

비상 상황에 누르는
빨간 버튼과 덮개 '그거'

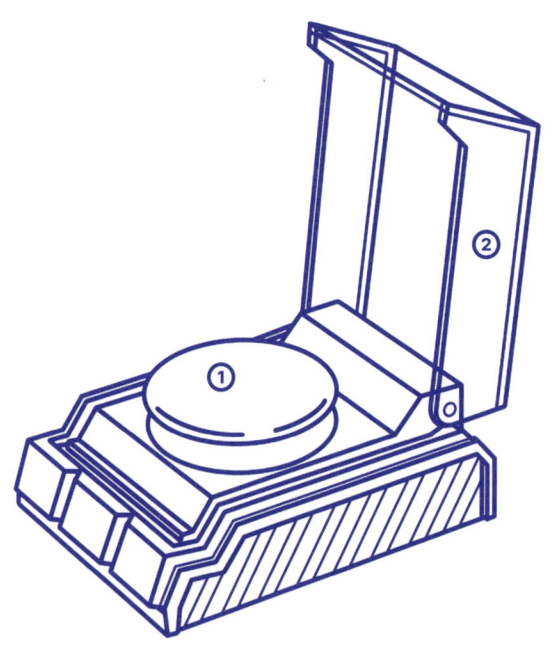

1. (빨간 버튼) **킬 스위치**kill switch,
   비상 정지E-stop 스위치·버튼, EPO
2. (투명한 덮개) **몰리가드**molly-guard

이렇게 크고 빨간 버튼을 만들어놓고는
몰리가드까지…. 더 누르고 싶어지잖아!

킬 스위치와 몰리가드다. 킬 스위치는 비상 상황에서 장치 등을 긴급하게 종료하기 위한 크고 빨간 버튼이다. 비상emergency의 앞 글자를 따서 **E-stop**, 긴급 전원 절단 emergency power off을 줄여 **EPO**라고 부르기도 한다. 생김새대로 빅 레드 스위치 혹은 빅 레드 버튼이란 별칭도 있다. 옛날 액션 영화에서는 클라이맥스 구간에 높은 확률로 등장해 극의 긴박함을 끌어올리는 경우가 많았다.

아무나 누르면 안 되지만, 누구나 누르고 싶게 생긴 그거

킬 스위치는 공장 등에서 기계 설비를 즉시 끌 수 있는 필수 안전장치다. 혼합기, 컨베이어, 사출성형기, 프레스, 분쇄기 등 설비에 사용자의 신체가 끼거나 옷이 말려 들어갔을 때 킬 스위치가 없으면 치명적인 사고로 이어질 수 있기 때문이다. 버튼 외에도 와이어나 페달 형태의 킬 스위치도 있다.

직관적인 작명 덕분에 킬 스위치라는 용어는 제조 공장 밖에서도 쓰인다. 먼저 스마트폰 기본 기능 중에 킬 스위치가 있다. 고가인 데다가 각종 개인 정보가 저장된 스마트폰을 분실하거나 도난당했을 경우, 원격으로 기기의 모든 정보를 삭제하거나 사용을 중지하는 기능이다. 주식시장에도 킬 스위치가 있다. 프로그램 오류 등 착오 주문에 따른 대규모 손실을 막기 위한 '호가 일괄 취소 제도'가 바로 그것이다. 증권사가 킬 스위치를 발동하면 거래소가 해당 계좌의 미체결 호가를 일괄 취소하고 추가 호가 접수를 차단해 대규모 손실을 막는다. 한국에서는 2016년부터 도입 및 시행됐다.

몰리가드는 비상정지 버튼을 덮는 덮개다. 실수로 버튼을 누르지 않도록 보호하는 역할이다. 아무나 누를 수 없도록 막는 보안 장치와는 다르다. 보통은 투명해서 스위치가 보이고, 불투명하더라도 '이 밑에는 매우 중요하고 위험한 버튼이 있다.'라는 암시를 진하게 풍긴다.

사실로 확인된 바는 없으나 도시 전설처럼 내려오는 이름의 유래는 다음과 같다. 1970년대 IBM의 대형컴퓨터 시스템 메인프레임에는 유사시 시스템을 정지하기 위한 빨간 스위치가 있었는데, 한 프로그래머의 딸이 하루에 두 번이나 이 스위치를 작동시키는 바람에 덮개를 만들었다는 것이다. 그 딸의 이름은 몰리였다고 한다.

정말 누르고 싶게 생긴 킬 스위치를 보면 몰리의 철없는 행동이 이해가 된다. 심지어 어린아이도 작동시킬 만큼 간단한 구조니 말이다. 당장 기계를 꺼야 하는 상황에서는 전문가가 아닌 누구라도 쉽게 킬 스위치를 알아보고 재빨리 버튼을 눌러야 하기 때문이다.

하지만 누르고 싶은 충동을 행동으로 옮기는 건 몰리라도 용서

받기 힘들다. 실제로 우리나라에서 철없는 고등학생들이 장난삼아 지하철 비상정지 버튼을 눌렀다가 고발 조치 당한 사례가 있다. 〈철도안전법〉에 따르면 합당한 사유 없이 비상정지 버튼을 누를 경우 2년 이하의 징역 또는 2000만 원 이하의 벌금이 부과될 수 있다.

이메일 제목 앞에 붙는 영문 약어 '그거'

New Message

To

Cc

Bcc

Subject

1. RE: **회신**reply, 응답
2. FW: **전달**forward, forwarding
3. CC: **참조**carbon copy
4. BCC: **숨은 참조**blind carbon copy

김 대리, 그 메일 나한테도 BCC로 보내줘.

RE는 회신, FW는 전달, CC는 참조, BCC는 숨은 참조를 나타낸다. RE와 FW는 이메일의 제목 앞에 'RE:받은 메일 제목', 'FW:받은 메일 제목'과 같은 식으로 표기돼 각각 어떤 메일에 답장을 보냈는지, 어떤 메일을 전달하는지 보여준다. 별다른 제목 수정 없이 계속 답장을 주고받으면 'RE:RE:RE:RE:RE:RE:RE:RE:RE:받은 메일 제목'처럼 괴상한 모양새가 된다. FW는 누군가에게 받은 메일을 그대로 제삼자에게 '전달'한 것임을 나타내는 표기다.

업무에 꼭 필요한 메일 기능 그거

CC와 BCC는 업무 메일에서 자주 보는 아리송한 단어다.

CC는 메일을 수신할 사람을 정하는 방법의 하나다. 받는 사람 이외에 해당 메일을 '참조용'으로만 받는 사람들을 뜻한다. 한꺼번에 수신인으로 보내지 않고 왜 굳이 수신과 참조로 나눌까? 업무에서는 '내 일은 아니지만 일단 알고는 있어야 하는 상황'이 많기 때문이다. 메일을 보낼 때 누군가를 CC로 지정한다는 의미는 "당신에게 하는 말은 아니지만 업무상 관련이 있으니 참고하시라."가 되겠다.

여기서 CC란 카본 카피의 약자로, 카본은 카본지, 즉 우리말로 하면 '먹지'다. 기계식 타자기에서 한쪽에 검은 칠이 돼 있는 먹지를 종이와 종이 사이에 끼운 상태로 글자를 입력해 여러 벌의 사본을 얻는 데서 유래했다. 1800년대부터 1980년대까지 종이 서류나 서신으로 업무를 처리하던 시절, 해당 업무 편지가 누구누구에게 전달됐는지 편지 말미에 명기해둔 것에서 '참조'라는 뜻으로 굳어졌다. 영미권에서는 CC가 '참조로 메일을 보내다'라는 의미의 동사로 굳어져 "CC me, please(참조로 나에게 보내줘).", "I CCed you(참조로 보내놨어)."라고 쓰기도 한다. 한국의 국민 메신저 앱인 카카오톡과 비슷하게 쓰이는 셈이다. 이제 카카오톡은 '메시지 보내다'라는 의미의 동사로 더 자주 쓴다. "나한테 (카)톡해줘.", "아까 톡했어."

BCC는 숨은 참조다. 수신이든 참조든 다수에게 동일한 메일을 발신하면, 받은 사람들의 이메일 주소가 서로에게 노출된다. 아무리 한국에서는 개인정보가 공공재라지만 개인의 이메일 주소가 원하지 않는 타인에게 노출되는 상황을 피하고 싶다면 숨은 참조를 활용한다. 또 업무 메일 사본을 누가 받는지를 굳이 알리지 않거나 숨겨야 할 때도 BCC는 유용하다.

CC는 19세기 말 20세기 초 융성했던 기계식 타자기의 유산이다. 기계식 타자기는 복사기와 워드프로세서, PC와 이메일의 등장으로 이제는 역사 속 유물이 됐지만, 우리는 지금도 타자기가 남긴 흔적에서 살고 있다. 쿼티니 두벌식이니 하는 자판 배열을 비롯해 줄 바꿈에 쓰이는 엔터 글쇠(↵) 역시 타자기에서 유래된 것이다.

리턴키라고 불렸던 엔터키는 타자기에서 종이를 끼워 넣는 캐리지 부분을 처음 위치로 되돌리는 캐리지 리턴키(줄바꿈키)에서 따온 것이다. 애플 컴퓨터에서는 지금도 리턴키라고 쓴다.

이메일의 참조 기능처럼 종종 쓸모를 다해서 사라진 것들이 남긴 흔적을 발견할 때가 있다. 한 시대를 풍미했던 무언가의 흔적이라 생각하면 조금은 다르게 보일지도 모르겠다.

참고 문헌

프롤로그
스티븐 킹, 김진준 역, 《유혹하는 글쓰기》, 김영사, 2017.

먹다: 음식에 관련된 사물들의 이야기
조지 오웰, 이영아 역, 《엽란을 날려라》, 현암사, 2023.

마시다: 마실 것을 둘러싼 사물들의 이야기
Harpman, L. and Specht, S., Coffee Lids, Princeton Architectural Press, 2018.

걸치다: 몸에 걸치고 다니는 사물들의 이야기
Raspe, R. E., The Surprising Adventures of Baron Munchausen, 1785.
Cole, S., The Story of Men's Underwear, Parkstone International, 2018.

살다: 집집마다 있는 사물들의 이야기
엘러리 퀸, 《엘러리 퀸의 새로운 모험》, 시공사, 1995.

쓰다: 생활을 편리하게 만드는 사물들의 이야기
엄단웅, 《령마루》, 문예출판사, 1980.
Borgmann, D. A., Language on vacation, Charles Scribner's Sons, 1965.

거닐다: 걷다 보면 보이는 사물들의 이야기
홍석준, 〈'뚱딴지'의 단어 구조와 사전 뜻풀이 분석〉, 《한국학연구》 제62호, 2021.

그림 출처

44, 45, 57, 90, 91, 167, 243, 250, 268, 271, 290, 307, 313쪽: ⓒ shutterstock

63쪽 위: 손영호 / 실용신안 20-2001-0028955 랩칼

63쪽 아래: 김상붕 / 실용신안 20-2005-0024801 톱니형 칼날을 가지는 팩 절단용 기구

89쪽: Mason, J. L / U.S. patent 22,186, U.S. patent 102913

201쪽: Wheeler, S. / U.S. patent 459,516

212쪽: Heim, E. and Matz, C. / U.S. patent 244,891

265쪽: ⓒ National Insulator Association

323쪽: Lipman, H. / U.S. patent 19,783

가름끈	㊾	도어스토퍼	㊵
간장 츄루츄루	㊾	돈가스망	⑦
곤포 사일리지	㊽	등호	㊹
골뱅이	㊹	딩뱃	㊼
과일망	④	뚱딴지	㊽
귀이개	㊸	똑딱 프레임	㊶
귤락	③	라바콘	㊿
넘락	㊹	란돌트 고리	㊻
넘버 사인	㊹	래시 탭	㉕
느낌표	㊹	랜야드	㊼
니캅	㉝	랩칼	⑫
달러표시	㊹	레이지 수잔	⑧
대괄호	㊹	리포그램	㊼
더블클립	㊽	마침표	㊹
더하기표	㊹	몰리가드	㊽
덩굴시렁	㊽	물결표	㊹
도어가드	㊽	물음표	㊹
도어노커	㊳	메이슨자	⑰

뮈즐레	(15)	소스 보트	(6)		
밑줄문자	(71)	속손톱	(48)		
발코니	(42)	수직선	(71)		
백분율 기호	(71)	숨은 참조	(76)		
버블랩	(46)	쉼표	(71)		
별표	(71)	스카이댄서	(66)		
볼라드	(59)	스커트	(22)		
볼 체인	(34)	스툴	(36)		
부등호	(71)	스푸너리즘	(57)		
부르카	(33)	스플래시 스틱	(21)		
부토니에르	(31)	슬래시	(71)		
브레드 클립	(2)	시프트키	(71)		
V날 밀대	(47)	십스틱	(19)		
블리스터 포장	(54)	아일랜드 식탁	(41)		
삿갓	(71)	알트키	(71)		
세미콜론	(71)	애글릿	(28)		
소괄호	(71)	애너그램	(57)		
소변구	(32)	앰퍼샌드	(71)		

약장	35	족집게	47
양말 코핀	29	중괄호	71
얼음부호	71	지관	44
역슬래시	71	쯔란	5
옥춘당	14	차도르	33
왈자고리	24	참조	76
외시경	39	처네	55
워치 포켓	27	천사채	11
원화 표시	71	체크아웃 디바이더	53
유니보컬릭	57	캡스락	71
이에스씨	71	커피 리드	20
이합체시	57	컨트롤키	71
인조대잎	13	컨페티	50
자차이	9	컵 슬리브	18
작은따옴표	71	케이퍼	10
잠복소	63	코털 가위	47
잰말놀이	57	콜론	71
전달	76	큐티클 손톱깎이	47

큐티클 트리머	㊼	화구통	㊲
크리센트	㊸	회문	㊼
큰따옴표	㊼	회신	㊼
킬 스위치	㊼	회전초	㊻
택핀	㉖	후드 오너먼트	㊻
탭키	㊼	히잡	㉝
테트라포드	㊻	힐 풀 탭	㉚
트위스트 타이	②	힙 플라스크	㉓
파일	㊼		
팬그램	㊼		
팬캡	④		
펀트	⑯		
페라이트 코어	㊼		
페룰	㊻		
프린트스크린	㊼		
플런저	㊺		
피자 세이버	①		
하이픈	㊼		

그거 사전
대체로 즐겁고 가끔은 지적이며 때로는 유머러스한 사물들의 이야기

초판 1쇄 2024년 10월 4일
초판 6쇄 2025년 7월 15일

지은이 홍성윤

발행인 문태진
본부장 서금선
책임편집 원지연   **편집 2팀** 임은선 김광연
교정 조유진   **일러스트** 안현경 @ahnkkyung   **디자인** 형태와내용사이

기획편집팀 한성수 임선아 허문선 최지인 이준환 송은하 송현경 이은지 김수현 이예림
마케팅팀 김동준 이재성 박병국 문무현 김윤희 김은지 이지현 조용환 전지혜 천윤정
저작권팀 정선주
디자인팀 김현철 이아름
경영지원팀 노강희 윤현성 정헌준 조샘 이지연 조희연 김기현
강연팀 장진항 조은빛 신유리 김수연 송해인

펴낸곳 ㈜인플루엔셜
출판신고 2012년 5월 18일 제300-2012-1043호
주소 (06619) 서울특별시 서초구 서초대로 398 BnK디지털타워 11층
전화 02)720-1034(기획편집)   02)720-1024(마케팅)   02)720-1042(강연섭외)
팩스 02)720-1043
전자우편 books@influential.co.kr
홈페이지 www.influential.co.kr

ⓒ 홍성윤, 2024

ISBN 979-11-6834-228-6 (03900)

- 이 책은 저작권법에 따라 보호받는 저작물이므로 무단 전재와 무단 복제를 금하며, 이 책 내용의 전부 또는 일부를 이용하시려면 반드시 저작권자와 ㈜인플루엔셜의 서면 동의를 받아야 합니다.
- 잘못된 책은 구입처에서 바꿔드립니다.
- 책값은 뒤표지에 있습니다.
- ㈜인플루엔셜은 세상에 영향력 있는 지혜를 전달하고자 합니다. 참신한 아이디어와 원고가 있으신 분은 연락처와 함께 letter@influential.co.kr로 보내주세요. 지혜를 더하는 일에 함께하겠습니다.